大学　青春　人生

——北理人的成长印迹（2015—2019）

主　编　王泰鹏

北京理工大学出版社

BEIJING INSTITUTE OF TECHNOLOGY PRESS

图书在版编目（CIP）数据

大学 青春 人生：北理人的成长印迹：2015－2019 / 王泰鹏主编. —北京：北京理工大学出版社，2020.7
ISBN 978－7－5682－8758－6

Ⅰ.①大… Ⅱ.①王… Ⅲ.①高等学校－德育工作－北京－文集
Ⅳ.①G641－53

中国版本图书馆 CIP 数据核字（2020）第 132583 号

出版发行 / 北京理工大学出版社有限责任公司

社　　址 / 北京市海淀区中关村南大街 5 号

邮　　编 / 100081

电　　话 / （010）68914775（总编室）
　　　　　　（010）82562903（教材售后服务热线）
　　　　　　（010）68948351（其他图书服务热线）

网　　址 / http：//www.bitpress.com.cn

经　　销 / 全国各地新华书店

印　　刷 / 保定市中画美凯印刷有限公司

开　　本 / 710 毫米×1000 毫米　1/16

印　　张 / 14.75　　　　　　　　　　　　责任编辑 / 申玉琴

字　　数 / 242 千字　　　　　　　　　　　文案编辑 / 申玉琴

版　　次 / 2020 年 7 月第 1 版　2020 年 7 月第 1 次印刷　　责任校对 / 周瑞红

定　　价 / 52.00 元　　　　　　　　　　　责任印制 / 李志强

编　委　会

前言

　　"回首大学时光，思考青春岁月，书写人生愿景"。每年开学第一天，迈入北京理工大学的新生都会收到的一份特殊的礼物——《大学 青春 人生——北理人的成长印迹》。从 2007 年起，连续出版 14 本，这套书影响了几万名北理工学子。2019 年"大学 青春 人生"优秀学生事迹报告会成员、徐特立学院毕业生国文杰说道："四年前我曾在这里深深地受到《大学 青春 人生》里学长们的鼓舞，从那时起我以他们为标杆，努力追求充实而有意义的大学生活。"

　　这本书精选了 2019 届毕业生离校前写的部分德育答辩论文。每一篇文字都是大家成长过程中的真诚流露，或总结得失，或分享经历，或抒发情感，字里行间跃动的是一个个鲜活的生命。一届届优秀学子铭刻下了他们在北理工的成长印迹，也通过文字将他们的思想和情感一年年传递下去，形成了北理工特有的学生德育载体。

　　北京理工大学作为中国共产党创办的第一所理工科大学，始终紧密围绕立德树人根本任务和人才培养中心工作，以培养"胸怀壮志、明德精工、创新包容、时代担当"的领军领导人才为己任，将思想政治教育贯穿教育教学全过程。德育答辩工作是学校德育体系的重要一环和特色工作，从 2003 年开始，每名本科毕业生在毕业前，都要回望自己四年的大学生活，写下思想成长轨迹，确立新的人生目标，与老师同学真诚交流，积蓄能量，踏上新的征程。2006年，学校制定了《北京理工大学关于在本科毕业生中开展德育答辩工作的实施意见》《北京理工大学本科生德育答辩工作实施办法》等指导性文件；2008年，学校在大一年级本科生中全面开展德育答辩论文开题工作；2009年，学校在大三年级本科生中全面开展德育中期检查工作；2013年起，学校全面实施"一年级工程"新生入学教育系列活动。

以德育答辩制度的三个关键环节为切入点，学校有针对性地开展深度辅导，帮助学生规划大学生活、树立理想信念、思考人生价值，引导学生通过总结反思进一步明确发展目标、厚植爱国主义情怀、培养爱国奋斗精神，不断加强品德修养、增长知识见识、增强综合素质，将个人发展与国家发展联系起来。在不断凝练时代内涵的同时，德育答辩逐步发展成为学生全面规划、实施、修正和总结个人发展，接受评价和指导的系统成长成才重要载体。

《大学 青春 人生》这本承载着一代代北理工人的独家记忆的德育答辩优秀论文集，将成为北理工人的精神标识，长此以往、坚持不懈地传承下去。

编委会

目 录

第一篇　领航志 /1

　　树立远大理想，勇于挑战自我 /3

　　　　　　　　　　　　机械与车辆学院　朱漫福

　　北理工的四个夜晚 /7

　　　　　　　　　　　　光电学院　李中石

　　我的北理工故事 /11

　　　　　　　　　　信息与电子学院　徐　晨

　　面对大世界·凭借大思维·解决大难题 /16

　　　　　　　　　　　　徐特立学院　国文杰

第二篇　大学道 /21

　　走过青春年少 /23

　　　　　　　　　　　　机电学院　侯婷婷

　　大学思，人生悟 /27

　　　　　　　　　　　　光电学院　蓝雨汐

　　迷途漫漫，终有一归 /31

　　　　　　　　　　　　光电学院　刘　璇

　　大学之歌 /36

　　　　　　　　　　　　光电学院　吴与伦

终点，起点 /41

                自动化学院　韩思聪

大学，学做大海 /45

                自动化学院　史麟哲

梦中北湖月，一生北理人——谨以此文献给我即
将结束的北理生活 /50

                计算机学院　王佳乐

我的大学 /54

                化学与化工学院　杨　卓

用四年的时间成长 /58

                化学与化工学院　昝铭玮

追求卓越，做时代的开拓者 /62

                法学院　任文佑

打卡！我的大学 /67

                法学院　朱芸妤

不忘初心，方得始终 /71

                设计与艺术学院　王泽坤

德育答辩论文 /75

                设计与艺术学院　黄秋也

为大学时代写一页莽撞篇章 /80

                设计与艺术学院　王　淙

静水流深 /85

                徐特立学院　李展宇

第三篇　青春行 /89

心怀过往，砥砺前行 /91

                宇航学院　张宝超

最后一课 /95

                宇航学院　韦宗玖

青春 /99

                机电学院　杨子传

爱是最好的课程 /103

                光电学院　齐向前

每一段经历都注定珍贵 /107

光电学院　张嘉忆

流年笑掷　未来可期 /111

信息与电子学院　汤雨禳

成长中前进 /115

信息与电子学院　王启宁

雕刻属于自己的大学生活 /122

信息与电子学院　叶宏远

奋斗青春 /127

自动化学院　潘淼鑫

心怀爱与勇敢，不断前行 /131

自动化学院　沙小琴

经验学校 /135

计算机学院　林书阳

我在北理的那些事 /141

计算机学院　吴日锭

北海虽赊，扶摇可接；东隅已逝，桑榆非晚 /145

法学院　宿　琳

紧追时代步伐，与伟大祖国共成长 /150

徐特立学院　俞云开

第四篇　人生梦 /155

遇见未来更好的自己 /157

光电学院　张子艺

渡越怅惘，满怀曦光 /161

信息与电子学院　宫麟伟

追忆往昔，憧憬未来 /165

信息与电子学院　黄惠民

德育结题——致我们奋斗的青春 /170

信息与电子学院　詹天予

我的大学 /174

信息与电子学院　张　帆

人生一战·人生一站 /178

　　　　　　　　自动化学院　杨启霖
不积小流，无以成江海 /183

　　　　　　　　自动化学院　张　辰
我与我的大学四年 /187

　　　　　　　　计算机学院　郭振宇
德育答辩——我的大学 /191

　　　　　　　　计算机学院　蒋浩然
每个人都是自己的盖世英雄 /195

　　　　　　　　化学与化工学院　李佳珍
年少有为 /199

　　　　　　　　化学与化工学院　刘泽伟
大学，在我与我的"角逐"中成长
　——追忆四年生活，铭记三句箴言 /204

　　　　　　　　生命学院　张栩阳
愿你出走半生，归来仍是少年 /208

　　　　　　　　数学与统计学院　程芃傑
遇见，更好的自己 /214

　　　　　　　　人文与社会科学学院　马昌明皓

第五篇　德学思 /219

从四面八方走来，我们在北理工相遇。这里是枝繁叶茂的人文渊薮，也是众星闪耀的科技殿堂。仰望着星空的我们，只要努力奋斗，定能品尝到甘甜的果实。

第一篇 领航志

树立远大理想，勇于挑战自我

机械与车辆学院　朱漫福

老师，同学们，大家好，我是朱漫福，是机械与车辆学院2019届的本科毕业生，非常开心也非常荣幸能够回到母校，站在"大学 青春 人生"的舞台上，与大家分享四年来我的点滴成长，也希望能给2019级的学弟学妹们带来一些有关目标和规划的思考。

还记得四年前，刚入学的那个秋季，周围的一切都还很陌生。我不太会跟人主动说话、不太会聊天，也不太会跟人交朋友，大多数时候我是一个人。但还好有军训这个过渡期，让我慢慢了解同学、熟悉生活。更重要的是，军训期间我得到了我认为大学期间最珍贵的精神滋养。我永远也忘不了每天军训完、拖着疲惫的身躯、回到宿舍阅读《大学 青春 人生》这本书时的美好时光。每天阅读这本书，看学长学姐们丰富多彩的大学生活和一段段奋斗拼搏的故事是我最快乐、最幸福的事情。四年时光白驹过隙，我在想：我付出了什么，收获了什么？答案应该蕴藏在理想、奋斗、本领、担当之中，这也是我今天想跟大家分享的主题——树立远大理想，勇于挑战自我。

每个人都有自己的理想，但无论理想是什么，它都不可能是一蹴而就的。我们应该把它分解成一个个的"小目标"，去一点一点接近。定个小目标是非常重要的。比如前段时间，我看到一个学弟发的朋友圈，说定个小目标吧：拿徐特立奖学金。回顾大学四年，我的生活大概围绕着两个小目标——课程学习和科创比赛——进行。

首先，我们来谈谈课程学习。

刚入大学的时候，我就有一个想法——要好好学习。大家听了是不是感到很可笑？你们经常听到的可是"到了大学你们就解放了"。但在这里，我想提醒一下大家，要正确理解这句话，特别是正确理解"解放"二字。"解放"是自由的意思，但不是想干什么就干什么。没有约束不能带给你自由，只有自律才能带给你自由。"解放"让我拥有了大把的时间，我想用它来好好学习。因为我发现我没有任何特长和过人之处，如果大学期间再不好好学习、掌握技能的话，等到了社会上就没有什么竞争力可言。我的父母只是普普通通的农民，我只有依靠自己才能给他们带来更好的生活。思来想去，我觉得只有一条路是长远之计——好好学习。

但现实是——不是你想好好学习，你就能学好的。记得大学第一堂课，就是微积分。尽管我有听说过大学老师讲课很快，尽管我有预习，尽管我数学基础不是特别差，但微积分第一堂课还是给了我当头棒喝。稍微一个走神，我发现自己听不懂了，我甚至不知道老师讲到哪一部分了。那一刻的感觉，仿佛是掉进了迷宫里，无论如何也走不出来，那种绝望，每一分每一秒都是煎熬。终于，下课铃响了，我觉得自己得救了。经过大学第一堂课的洗礼，我明白了一件事，很多时候我们失败不是因为我们小看了对手，而是高估了自己。我再次审视自己：我不是个聪明人，不是那种反应灵敏、能够抢答的人，不是那种不去上课、不认真听讲也能应付考试的人。我想，要好好学习，要有个好成绩，对我来说，大概只有一条路了，再努力一点，再勤奋一点，静下心，钻进去。

我开始认真预习课程，每一个概念我都会仔细推敲，每一个公式我都会自己推导，每一道例题我都认真去算，每一次上课我都专注去听，每一道课后习题坚持去做，每一个错误仔细分析，每一次课后坚持总结。就这样，坚持着，努力着，迎来了第一次微积分期中考，（大家猜，我考了多少分？）我，考了满分。所以，好好学习的第一步，预习、上课、复习、总结初见成效。

那有了第一步、第二步、第三步以及之后的无数步都仿佛是水到渠成的事情。四年里，每一门课程我都会像学习第一门课微积分这样，认真预习，专心上课，及时总结，最终取得了平均学分绩94.7的成绩，所学71门课程中有9门课拿到满分。到此，好好学习的小目标算是初步达成。

其次，来谈谈科创比赛。

好好学习确实使我具备了较好的理论知识和专业基础，但作为一名机械工程专业的工科生，我深知，仅仅懂得理论是远远不够的，还必须加强自己的动手实践能力。于是，从大二下学期开始，我的小目标逐渐从课程学习转移到了科创比赛方面。

身为机械与车辆学院的学生，每个人都知道车队在学生科技创新活动中发挥的重要作用。在大二结束的时候，我以一名暑期实习生的身份加入了节能车队。实习期间，我经常是第一个来到车队的人，遇到问题不懂就问，学长学姐们经常耐心解答。我看了学长们的示范，就会想：那个结构为何如此设计？这个步骤为何如此进行，原理是什么？如果是我，我会设计成什么样，还有没有什么改进的地方？暑期实习结束后，我被顺利选拔为电车车手。大家可能看我现在穿着这身车手服，还算英姿飒爽，也看到我们试车时的速度与激情，看到了我们夺得亚军时的辉煌，却不曾了解到背后付出的辛劳和汗水。

2017年8月底，我迎来了期待已久的试跑。但第一次试跑就遭受了挫折，因为驾驶时转把拧得太重，车辆还没有启动，就因为电流过大，烧断了保险丝。对我来说这是个不小的打击，但我很快调整好了状态，投入到训练当中。暑假期间，我们几乎每天都要顶着三十五六度的高温，驾驶着封闭的赛车、穿着防火的车手服在操场跑四五十圈。电车要想跑出个好成绩，应尽量匀速行驶，这对车手的臂力来说其实是极大的考验。为了控制好体重并稳稳地握住转把，我每天早上7点起床，逼迫自己进行并不喜欢的长跑运动，傍晚再进行一个小时的室内减脂和力量训练。9月，大三开学后，很多时候不得不放弃午休和吃饭，充分利用课程表的空白时间段抓紧试车，为10月的比赛做准备。

终于，2017年10月底，我和队友们一起，出征Honda中国节能竞技大赛。然而，首次练习赛却充满挑战。由于比赛场地在广州肇庆国际赛车场，赛道十分复杂，这让习惯了在平整操场上驾车的我很不适应。并且由于车内噪声太大和信号接收问题，导致我和领队的通信时断时续，所以我不仅多开了一圈，而且在第二圈时，行驶速度就已经不符合赛事要求，导致练习赛没有成绩。练习赛的失利和第二天正式比赛的来临，使我的心情压抑到了极点。"安全第一，不要太有压力。"队友们的鼓励让我感受到了温暖。为了这次比赛，大家付出了一年的努力，我不能轻易放弃。于是我静下心来，和领队们一遍又一遍地观看视频，剖析行驶过程中出现的问题，并重新制定了驾驶策略。正式赛前夜，我无心入睡，把对应每一个弯道、每一个上下坡的驾驶策略牢记在心，在脑海中模拟了无数遍的比赛场景。终于，正式赛中，我们完美配合，发挥出色，斩获亚军。我还记得我下车后，一位队员跑过来说，当他们看到赛车顺利通过终点的那一刻，领队的声音都颤抖了，他们激动地把对讲机掉在了地上。那一刻，我真正感受到了团队的力量，感受到了身为节能车队人的自豪和荣耀。

大三的这段车手经历与车队生活，让我终生难忘。我想，是母校北理工给我了这样一个成长的平台，让我不仅具有了扎实的基础知识，而且还有机会造赛车、开赛车，学会了应对压力、战胜自我。在车队我也收获了众多的实践经验，又继续参加了全国大学生机械创新设计大赛，取得了首都一等奖的好成绩，参加比赛的五名成员也分别保研国内高校和出国深造。

到现在，大家还记得刚入学时我定下的两个小目标吗？课程学习和科创比赛，它们都已实现。

我们从四面八方走来，汇聚在北理工。北理工，是一个底蕴深厚、平台广阔的大舞台，只要你有梦想，你敢于拼搏，敢于奋斗就一定能够品尝到甜美的果实。临别之际，想分享给大家三句话，也用以自勉。

"当你感到迷茫时，那就去学习吧。"这是我本科辅导员送给我们的第一句话，至今我记忆犹新。当你来到一个陌生的环境，你感到迷茫、不知道干什么时，那就去学习吧。学习总不会有错，充实自己，不断积累，让自己站得更高，看得更远。总有一天，量变会引起质变，你也会收获更多意料之外的惊喜。

"你想要比别人优秀，就要付出比别人更多的努力。"这是大三时专业课老师送我的一句话。当你已经在努力学习，又身处上课、考试、比赛、实验室等多面夹击之中时，该怎么办呢？那就去付出更多的努力吧。你想要获得更多，就要付出更多的努力。所以，不要再患得患失，缩手缩脚，就勇敢去做吧。

"每个人的寻梦之旅，总是以'新手的运气'为开端，以对'远征者的考验'而结尾。"这是巴西作家保罗·柯艾略在《牧羊少年奇幻之旅》中的一句话，我也时常细细品味。当你已经付出了很多的努力并品尝到了甜美果实时，那就把所有的果实当作"新手的运气"吧。你永远不知道下一个挑战是什么，它随时都可能降临。我希望我们面临每一次挑战时，都像大一刚开学时这样，对陌生的事物心怀敬畏，对熟悉的事物保持尊重。

我想，真正的胜利不是你比别人做得好，而是你比之前的自己做得更好。所以，2019级的学弟学妹们，我希望你们能经受住考验，成为比原来的自己更优秀的人！祝福你们！

北理工的四个夜晚

光电学院　李中石

尊敬的各位领导、亲爱的学弟学妹们：

大家好！很高兴看到这么多新北理人的面孔，首先欢迎大家加入这个大家庭！刚刚来时看着崭新的体育馆和雨后春笋般的新校舍，当真是应了那句"你毕业母校就装修"啊！所以也要恭喜各位，加入北理工一定是你们正确的选择。

我是李中石，是光电学院 2015 级本科生，也是一名研一新生，本科期间曾担任校学生会副主席，现在是一名学生党支部书记。很荣幸站在这里和各位聊聊我的大学时光，将自己成长的点滴和大家分享。如果从 2015 年 9 月 8 日算起，我已在北理工度过了 1 507 个夜晚，四年的故事太多太长。那么不妨找四个难忘的夜晚吧，希望用这四晚勾勒出我四年的北理工情怀。

2016 年 11 月 12 日 21：30，在综教演艺厅里，由我主持的第四十一届深秋歌会正在火热进行。一年来，除了主持，我还尝试了很多新鲜的活动。是的，和大多数同学一样，初入大学的我也是迷茫的。面对从未有过的"放养式"管理和大把的自由时间，很少有人能做到目标明确，冷静且清醒地朝着一个固定目标去努力。但这并不可怕。在新的生活节奏下，我给自己定下了"多尝试、广发展、深探究"的思路，去积极参加比赛、体验活动，锻炼本领，感受快乐。努力做到每个方面都懂一点，并争取在某个方面懂得多一点。事实证明，这样的思路为我的发展打下了一个比较广泛的基础，也让我的大一充实而丰富多彩。

大家从高中迈入大学，正如一只羽翼未丰的雏鸟离开了温暖的巢穴，突然面对着无限的蓝天白云，向往着自由，但一时又手足无措。手足无措又怎样？那就上下求索。当时的我也许不能清醒地知道自己未来将要做什么，但至少不愿浑浑噩噩地度过大学生活，更不愿让人生中珍贵的四年重复在宿舍、食堂、教室的回放里，将来难免令人叹息。摸索带来的便是忙碌，大一的我是校学生会办公室的小干事，也是京工演讲团的一名业余主持人；是递交了入党申请书的积极分子，也是为班级出谋划策的宣传员。许多早出晚归的日子我都会告诉自己，忙碌换种说法也是充实。不要害怕忙碌，事实上，我的组织、合作、表达等能力都得到了初步训练，在课业任务、学生组织和兴趣爱好之间的协调也让我更加抗压，更加善于面对多线程任务的处理。当然，我也没有忘记身为一名学生的主要任务。初入大学，课业的难度、深度和自主学习的要求都让我一时难以适从，在这种情况下，我努力保持着良好的听课和笔记习惯，课下充分利用时间勤加练习。

第二个夜晚是 2017 年 8 月 20 日 4：30。那时的我正在中关村校区北门把迎新物资装车准备出发，迎接新一批北理人的到来。人的精力是有限的，我们总要慢慢从四处尝试转向一个渐渐明确的目标，这也就是成长。就这样，我决定留在了校学生会，大三、大四又继续连任了校学生会主席团成员，也光荣地加入了中国共产党。你们是不是觉得，"共产党员""学生干部"也许听上去是认可、是机会，但是我更觉得是责任、是要求。如何真的做到一个党员一面旗帜，如何能让学生会"大气谦和、服务校园"，其实是对我的更高要求和更大挑战。

学生会这个地方是我本科四年的重要组成部分。我大一加入的是学生会的办公室。这个部门并不直接面向同学们举办活动，我们的任务是保证学生会这个组织的高效运转。那时，我和伙伴们审批了数不清的批条，整理了数不清的物资，在每一个服务校园的活动背后默默奉献着。我们还首创了办公技能小课堂，从写作技巧、Word 应用和 PPT 制作等方面对同学们进行入门培训，广受好评。大三以后，我的思维层次也逐渐提升，我开始思考学生会到底是什么，同学们真正需要的什么。于是，我们为学生骨干强化章程意识，编写了工作手册，让行动有章可循；我们不断完善品牌活动，用深秋歌会、荧光夜跑等文体盛宴点亮校园；我们推行"开门办校会"的理念，打通信息渠道……如此种种。所谓服务校园，便是用最真诚的态度办同学们喜欢参加并且能受益的活动。看着自己的微薄之力让周围变得更加美好是一件快乐的事。

学校广阔的平台给我提供了走出去的机会。2018 年，我经过重重考核入选首都大学生英才学校和团中央全国青马工程，在更高的平台去服务国家，贡献力量。在"一二·九运动"纪念亭、中韩青年论坛、红旗渠、井冈山、中非论坛、国庆庆典等活动中，我践行着初心使命……这些难能可贵的经历都让我进一步认识了祖国社会之辽阔、基层天地之广阔、理论信仰之壮阔，让我的心志更上一层楼。这样的历练不仅让我增长了见识、提升了自我、收获了幸福，更锤炼了我的视野和胸怀。我想，我们都应有一些课本和校园之外的"心事"。我们生逢其时，就不能也难以把自己和他人、国家、社会割裂开。在这个喧闹又寂静的时代，我得担当，得有作为。而想必在座的每一位同学也都对即将到来的大学生活摩拳擦掌，那么就不要顾虑，不管你有什么样的梦想，都请勇敢去尝试，去追逐，一定会有收获。

第三个夜晚是2018年12月21日23：00，考研前夜，我抱着教室固定座位上厚厚的一摞资料走回宿舍。我不禁回想100天前，看着身边早已复习了小半年的同学们，我才刚刚上网查考试大纲。因为原本信心满满能够保研的我，却跌了个大跟头，意料之外地与保研资格失之交臂。那段时间是迷茫的，我查询过弱势学校的弱势专业，我去过招聘会，我报过选调生，我甚至提前开始做来年备考。但迷茫之后，我选择了勇敢面对。在那100天里，我度过了大学四年最紧张不安也是最紧锣密鼓的一段学习时光。即将熄灯的校园是我的战场，堆成小山的草稿纸和用光的一把把笔芯都成了我的武器。中关村南大街每天早上泛红的朝霞、夜晚渐渐升起又落下的星空都被我尽收眼底。

我是学光电的。记得在做光学工艺实习时，我们曾亲手体验了一块光学玻璃从毛坯变成透镜的蜕变过程，那便是磨砺。三个月后，当我看到超出复试线113分的考研成绩时，当我取得初试复试都是专业第一名的成绩时，所有的磨砺也成了财富。我想，在座的每个同学可能都是一块玻璃，也许将来我们会成为不同的光学元件，在不同的仪器上熠熠生辉，但磨砺的过程都是痛苦而无法抗拒的。我们也许会沉闷，但绝不沉沦；也许有迷茫，但绝不迷失。还有一句话，凡所过往，皆为财富。

第四个夜晚是2019年的5月10日21：00，我被评为了第八届青春北理年度榜样人物。捧着奖杯，拿着这个沉甸甸的小梦想，我深知这荣誉绝不属于我一个人，它是学校、老师的培养和鼓励，是多少同学朋友们的包容并肩，更是四年间校内校外无数人的爱与被爱。站在领奖台上，我有点激动，也有点凌乱。我不禁回想这四年究竟对我意味着什么。这四年里，我积极让自己在思想上更加进步；这四年里，我坚信实践的重要性，不断拓宽视野；这四年里，我努力尝试着学生工作的新突破，为进入更大平台不断磨炼；这四年里，我不断提升学业水平，先后获得五次学业奖学金；这四年里，我广泛培养兴趣爱好，两千人毕业晚会、国家大剧院合唱舞台都有我的身影……这四年有激动，有泪水，有快乐，有拼搏，有荣誉，有挫折，有心满意足的美好，也有不尽如人意的遗憾——我感谢这一切。我始终记得，光电学院最受人爱戴的周立伟院士曾亲切地鼓励我们成为有品德、有学问、真材实料的人才，虽然不知道能不能实现，但是我也想跟周院士一样，在一步一个脚印的人生路上，留下爱国、奋斗、追梦的闪亮足迹，把小我融入大我，青春献给祖国！

学弟学妹们，学长的北理故事讲完了，而大家的北理故事才刚刚开始。北理工给你们提供了无限的可能和机遇，邀请你们去勇于尝试、勇于探索，去拥抱社会、开阔胸怀，笑对磨砺、感谢挫折，朝着未来肆意翱翔。希望大家接过北理人的光荣与梦想，树立北理人的情怀与志向，锤炼北理人的视野与修为，把北理工自己独有的"延安根、军工魂"铭刻在身，书写属于你们的新的精彩篇章！谢谢大家！

我的北理工故事

信息与电子学院　　徐　晨

各位老师，亲爱的学弟学妹们：

大家好！我是北京理工大学信息与电子学院 2015 级本科生徐晨。今天，想和大家分享一下我在大学中的成长轨迹，以及我对大学生活的一些看法。

四年前高考报志愿时，我本来选的全是感觉读起来比较轻松，男女比例又很理想的财经类和综合类大学。但是很多人都跟我说，北理工真的很不错，低调、实力、有担当，于是我就在第一志愿填写了北京理工大学。但是我当时真的对专业兴趣不足，而且男女比例也让我十分担忧。

四年之后，再回头看时，我发现自己竟然从兴趣缺失走到了信心满满，这其中有对培养和影响我的恩师、学长的感恩感动，更有自己在这个健康向上的大环境里熏陶而出的感慨感悟。正是在北理工的四年里，我学会了明辨是非，学会了独立思考，学会了终身学习，学会了认识自己，也学会了承担责任。四年的成长到成熟，我有收获成绩和荣誉，但今天我想分享的是经过四年的熔炼，更使我的初心得以发光，并能身体力行地践行和坚持。

一、胸怀大志，细嗅蔷薇

首先与大家分享一句自勉的话：树筑大志于胸，细嗅蔷薇于心。

作为一名青年大学生，我觉得有太多的事情值得我们去承担。我曾多次在新闻中看到过，因为我们民众普遍缺乏基本急救知识，导致一些在公共场所突发心脏类疾病的病人错过最佳的抢救机会，造成严重的后果。我很受触动，想为此做点事情。进入大学后刚好有机会参加了急救培训并通过考核，我成为北京市红十字会急救员，随后我组织并带领年级上百名同学开展了急救培训，教给大家最基本、最必要的急救技能，希望有更多的人可以在紧急情况下有能力伸出援手挽救生命，避免类似悲剧的发生。

另外，像这样的场景大家可能都不陌生。不少同学在食堂用餐之后会把垃圾随手丢在餐桌上，用餐后也不会收拾带走。尤其是用餐高峰期，一座难求，为数不多的空餐桌上却又特别脏。这对于端着盘子找座位的同学或者收拾餐桌的阿姨来说，真的很闹心。于是我在"i北理"公众号上发出了食堂清桌的倡议，号召同学们食堂就餐后主动清理餐桌，为别人带来方便。在此，我也顺便向各位学弟学妹提出倡议，请大家在食堂用餐后，主动清理餐桌上的垃圾。维持餐桌清洁就是维护自己的礼仪。

我热衷于各种各样的志愿活动，累计无偿献血 2 000 mL，曾经作为国际义工赴斯里兰卡开展英语支教活动，也曾作为志愿者参与"一带一路"国际合作高峰论坛、亚洲文明对话大会等重要活动的志愿服务。每一次志愿活动我都全身心地投入工作，把奉献社会、服务他人当成一种责任和追求，来提升自己的价值、开阔自己的心胸。通过志愿服务，我认识到，默默奉献的工作就如沧海一粟，而正是这沧海一粟构成了川流不息，构成了波澜壮阔，志愿者们以无私之心从小事做起，将他们的社会价值和家国情怀付诸实践。

在日常生活之中，我从来不是一个沉默的袖手旁观者。遇到宿舍楼里的水龙头拧不紧，我会立刻向宿管阿姨报修；遇到图书馆卫生间里的冲水坏掉，我会主动联系图书馆负责老师解决；遇到老人摔倒在路上时，我会挺身而出，在能力范围内尽可能伸出援手。我想在自己的能力范围内尽可能发光发热。我认为我们这代人不仅仅承担着科学技术上民族复兴的大任，同样承担着从小事做起，推动社会一点一滴变化的责任。这就是我说的既要胸怀大志，又要细嗅蔷薇。

因此，大学阶段能够拥有明辨是非的能力，能够拥有承担社会责任的勇气，能够拥有一颗不被时间磨平的初心，才是一个当代青年人该有的样子。

除此之外，大学也是一个进行思想淘洗的地方。无论是思修、毛概这样的思想政治理论课，还是形势政策、时事论坛、红色实践这样的实践教育活动，我们都有机会去了解党、了解先进思想，从而对自己的思想进行洗涤和升华。2016 年，我在同级本科生中第一批加入中国共产党，也曾担任信息与电子学院 2016 级本科第二党支部支部书记，组织开展党支部的组织生活，担负起教育、管理、监督学生党员的责任；同时也尽自己所能，帮助支部内的学弟学妹们成长。我也曾作为学院唯一一名本科生代表获得"北京理工大学优秀共产党员"荣誉称号。入党对于我来说不仅仅是政治身份的改变，它更像是一剂强心针，让我在坚持实现个人社会价值、争做先锋模范的道路上有了更高的要求和不竭的动力。

二、找到属于自己的良性循环

接下来想和大家聊聊大学里的学习生活。大学里，我们可以自由支配自己的时间，选择自己的生活方式。纵然大学里学习成绩不是衡量自己的唯一标准，但学习作为一个学生的本分，它是通往未来很多很多种可能性的一个敲门砖，更是我们能否在未来承担起青年责任的试金石，它是我们每个人最起码应该做好的事情。

刚入大学时的我和好多同学一样，忙着参加各种各样的课外活动，忙着参与学生工作，把自己的大部分精力都投入这些新鲜事物上。第一个学期下来，班级工作做得很好，但学习成绩只排到了年级前三分之一。但对此，我很满足，甚至有点小骄傲。一直到大一下学期张雷老师的课上，张老师经常会请一些优秀的学长学姐来做经验分享。我发现这些学长学姐有一个共同点，就是他们的学习和课外活动做得都非常好。我一下子就看到了自己和这些优秀学长学姐之间的差距。随之也对自己提出了更高的要求，高要求带来的就是高付出。从大一下学期开始，我每天都挣扎着七点钟离开被窝，晚上不到十一点半绝对不回宿舍。每天早晨起床都先照照镜子，为什么照镜子呢？看看自己是不是还有头发，如果没秃，太好了，今天我又能好好学习了。对于每一门课程，我都会把课本上的所有内容完完整整读上至少两遍，同时在笔记本上做两遍笔记。这样的学习方法需要花费大量时间，但是当我第二次甚至第三次思考相同的内容时，会感觉到自己对知识的理解明显比以前深入了、扎实了。当然，我也会在学不动了的很多个下午去篮球场上打几个小时篮球，就这样，我不断平衡着自己的状态，慢慢把这种充实和忙碌变成了习惯。大一下学期结束时，我的排名到了年级近四百名同学中的前十名，学生工作做得也很出色，还有很多很多其他的收获。这真的超乎了我的想象，也像给我打了一针鸡血。我尝到了努力的甜头。万事开头难，这之后的一切就变得相对容易了起来。虽说事务越来越多，课程越来越难，但我的能力也在不断地打磨下水涨船高。在上面的这段经历里，我做的最主要的事情就是尽快树立一个合适的目标、找到适合自己的学习生活方法并适应忙碌充实的生活节奏。剩下的事情就交给惯性，它把我带到了一个良性循环里。

在自己的良性循环里摸爬滚打四年，我收获颇丰。最终，我获得了北京大学、清华大学等高校的保研资格，并在与来自复旦大学、南京大学、南开大学等学校的同学的竞争中脱颖而出，以面试总分第一名的成绩保送至北京大学前沿交叉学科研究院，直接攻读博士学位。

因此在宝贵的大学生活里，大家需要尽快找到自己想要的东西，进入自己的良性循环，而不是在犹豫拖延中放纵自己，浑浑噩噩度日，最终一无所获。

三、思想引领，服务同学

学生工作可能是大多数同学会接触到的东西，也是贯穿我大学四年的关键词。学生工作不仅仅是完成任务那样简单。当你真心服务，真心成就了同学，当你做了有意义、正能量的事情，当你保持独立思考，做到思想引领，就会发现，学生工作是一件责任重大而又有成就感的事儿。

我做学生工作的初衷是提升自己的能力，但做着做着，就发现我工作的好与坏，关乎到了班级的走势，关乎到了很多同学的利益。从大一鼓起勇气竞选班长开始，这一干就是四年。做班长的四年，我绞尽脑汁想把每一次班级活动办得既有趣又有意义，也尽力在班级里营造良好的学习氛围，带动大家一起进步。虽然很多时候会占用大量的个人时间，但是当你看到班级同学做什么事情都能像拔河一样拧成一股绳，当班级开始斩获大大小小荣誉的时候，一切付出都值得。

在担任班长期间，我带领班级获得北京市先进班集体、首都高校优秀团支部、北京理工大学十佳团支部等诸多荣誉，更重要的是，给大家留下了很多很珍贵的共同回忆。

我也曾担任学院学生会的副主席，承担着更大的责任，也付出更多的精力。但是，这些经历让我有机会、有平台去做一些有价值、有正能量的事情。从学生会的经历里，我认识到思想引领才是学生工作的灵魂所在。

当然，四年的学生工作做下来，我收获了很多看不见的软实力，包括与人相处的方式、处理事情的条理，以及更强大的抗压能力等。这些纸面上体现不出来的东西在很多人生重要的阶段，给了我巨大的帮助，在我以后的道路中也将体现更大的价值。

最后，借用习总书记的一句话给学弟学妹们一个建议："新时代中国青年，要有家国情怀，也要有人类关怀。"希望大家能保持独立正确的思想，做有意义、有价值、正能量的工作。希望大家能够真心成就同学，真心服务同学，真心珍惜同学。这样一来，就收获了无比珍贵的回忆，也会成就自己。

作为一名刚刚毕业的北理工人，我身上的北理工烙印清晰又深刻。这四年里，我在胸怀大志、明德精工、创新包容、时代担当的目标中成长，收获了专业知识，收获了尊敬的师长和可爱的朋友，更收获了将复兴大任扛在肩上的使命感。虽然离开了母校，我依然很激动能够有机会向学弟学妹们分享自己的大学感悟。在未来的道路上，我希望不负母校，希望带着北理工的烙印，和千千万万北理工人一起，创造出更多辉煌的成绩。

面对大世界·凭借大思维·解决大难题

徐特立学院　国文杰

尊敬的各位领导老师，亲爱的同学们：

大家好！我叫国文杰，是北京理工大学徐特立学院 2015 级本科毕业生，现在我校计算机学院攻读硕士。四年前我曾在这里深深地受到《大学 青春 人生》里学长们的鼓舞，我以他们为标杆，努力追求充实而有意义的大学生活。四年的时光匆匆而过，今天能有机会站在这里，我感到十分荣幸，希望我能把四年前收获的那份激情传递给大家。

首先，我要祝贺所有在场的学弟学妹们，你们从小学，初中，高中，一路披荆斩棘，历尽千辛万苦，终于来到这里——我党创办的第一所理工院校，红色工程师的摇篮。也许，诸位昔日寒窗苦读之时，曾有"上大学得解脱"的想法，然而我要说，这里才是我们人生征程真正的起点。那我们征程的目标是什么？北京理工大学旨在培养我们成为未来的政治家、军事家、外交家、科学家、艺术家、企业家，我们要在未来成为各行各业的领军人物。我们要努力成为一个有大担当的人。我们的目标应该是，当我们走出学校，面对大世界的时候，能够凭借大思维，解决大难题。

而正所谓"不积跬步，无以至千里，不积小流，无以成江海"，所有伟大梦想的实现，都离不开时时刻刻的奋斗。

一、认识自己，做适合自己的选择

大学生活如何度过，由我们自己来选择。而选择的背后，是要明确自己真正想要什么。

大一开始的时候，我是一个不敢表现自己的男生，我决定挑战自己，我选择当班级临时负责人，主动与同学们交流，或许是幸运，我之后成功被选为班长，也入选了北京理工大学京工演讲团，大一的选择，注定了我将在北京理工大学完成自己的蜕变，在我校"团结、勤奋、求实、创新"的校风和"实事求是，不自以为是"学风的影响下，我以"真诚待人、雷霆待事、知行合一"作为自己的行为准则。

在即将升入大二的时候，我遇到了我大学的第二次选择：是留任演讲团，还是告别这个社团？一边是学生工作，一边是学习。带着对京工演讲团的情怀，我选择了"两手都要抓，两手都要硬"，留任京工。大二一年非常忙，举办了北理演说家和挑战主持人大赛，每一次的活动和决策，不仅锻炼了我对整体大局的把握能力，也让我认识到细节决定成败。而为了保证成绩不被落下，我必须学会合理安排自己的时间，每次下课，我都是第一时间冲入图书馆，趁热打铁，完成作业，巩固知识，也在那时我找到了适合我自己最高效的学习方法，就是第一时间独立完成作业。出乎我的意料，我的成绩在大二比大一进步很多，而这也为我大三争取专业第一、参加科研竞赛打下了坚实的信心基础。我真正地理解到，当一个人可以把时间精准控制，一定可以事半功倍。

在大三下学期，徐特立学院的同学们已经有接近80%的同学有海外交流经历，我也希望拓宽自己的视野。跟大多数理工科同学不一样的是，我选择了"杜克大学创新创业项目"，这个项目是商业领域。在获得不同思维的同时，我参观了杜克大学的工程学院和计算机学院，在那里我看到了深深吸引我的东西，我看到了人工智能解放生产力的巨大势能，我看到了区块链能够解放生产关系的巨大潜力，这是我选择跨专业保研至计算机学院先进网络与数据安全实验室的原因。大四的时候我们班级的同学有12个选择直博，3个选择保研，大家都在自己喜欢的不同的专业，也许我的选择是看起来最奇怪的一个，但我相信，我们每个人都找到了自己真正想做的事情。

我想，这所有的一切都离不开北理工给我们搭建的平台，离不开学校给我们创造的机会。现在我在计算机学院做区块链相关研究，回看这一切，如梦如歌。虽然与科班出身的同学有一定差距，我却不再心急焦虑。学弟学妹们，你们对自己的发展大方向，也应当有深刻的思考。现在的努力奋斗，都是为了在未来，我们能有能力选择自己想要的生活。

二、一滴水只有放进大海里才永远不会干涸

一个人可能走得很快，而一群人可以走得更远。作为班长，我想，要想班级每个人都优秀卓越，离不开一个团结温暖的班集体作为后盾。

于是，我努力着在日常的学习生活中营造家的感觉。在学习方面，面对课业压力大的情况，为帮助同学们渡过难关，在期末考试月，我都会组织班级同学慕课串讲。我安排每位同学轮流当一次小讲师，为的就是让所有人都体验到备课、授课的经历，大学以来，全班不及格率为零，优良率达到83%，这是我们共同努力的成果。

在生活方面，冬至组织大家包饺子，端午给大家送粽子，在女生节为女同学准备惊喜，在元旦为每一位同学准备贺卡，我们一起去洛阳吃大盘鸡，去天津做社会实践，也许这些小事儿看起来微不足道，但我们的班级凝聚力就在这点点滴滴中汇聚起来了，我们也建立起了革命般的友谊。我还记得冬至准备包饺子，我从北食堂三层的卖饺子的窗口买了50块钱的猪肉馅和15块钱的面团，向食堂师傅借来擀面杖和菜刀，生活委员带着海底捞的火锅底料，从同学家那里借来锅，在理学楼207跟同学们一起兴奋地煮饺子。烟花再美，不过瞬间，记忆短暂，却是永恒。我相信所有活动的回忆，在十年后二十年后，仍然会闪闪发光。

我从刚入大学时的那个青涩的"国班长"，成长为现如今的班级的服务者、奉献者。在这个过程中，我越来越多地体会到，任何一个个体，都会在奉献和担当的过程中收获更多的东西。"一滴水只有放进大海里才永远不会干涸"，这所有的一切，都源于我对集体的热爱，源于我对"成才一定是成群的"的责任，源于我"真诚待人、雷霆待事"的人生信条。我相信班级有了良好的班风，同学们可以更好进步，同学们取得了傲人的成绩，班级可以更好发展。

当然，止于营造一个团结温暖的班集体，保持不错的成绩就够了吗？不，我觉得不够。我来自徐特立学院，徐特立老院长曾经提出教育、科技、经济"三位一体"协调发展的重要思想，他说："其中，科学是国力的灵魂，同时也是社会发展的标志。"于是，我努力让同学们接触最前沿的科技理论，我经常组织班级同学一起参加各个学术大佬的报告会。2018年6月7日，我带领全班同学参加了何梁何利基金杰出获奖科学家科技成就报告会，报告会上彭士禄、黄旭华两位科学家分享了他们的人生故事。两位院士是我国老一辈科技工作者的杰出代表，我校校友彭士禄被人尊称为"核动力道路上的垦荒牛"，黄旭华将毕生心血倾注在中国核潜艇的事业上。倾听了老一辈科学家的故事，全班同学都感触良多。我们能感受到前辈们在艰苦的科研环境下那股不屈不挠的志气，我们能感受到前辈们在面对国外的科技封锁时那拳拳爱国之情。这也坚定了班级的每一位同学要向所有的科学家前辈们学习的信心，立志要积蓄正能量、提振自信心，以他们为榜样，弘扬中国科学家精神，争做新时代创新先锋，为建设世界科技强国再立新功！

三、甘于奉献，敢于担当

我们的目光不要仅仅停留在班级和学校，我们要走出校园，走进社会，走进基层，了解中国发展和国情，了解我们的祖国需要什么，我在大二的时候参加了北京理工大学赴四川仪陇的红色实践团，进入祖国扶贫攻坚的第一线，在基层，扶贫干部与人民努力奋斗，脚踏实地改善民生，从露天的卫生设施到整齐划一的小二楼，从交通备受困阻到热闹欢祥的农家乐，我深刻地体会到，一个人的价值，体现在对他人、对社会的有用性上，如果离开了祖国需要、人民利益，任何孤芳自赏都会陷入越走越窄的狭小天地。而作为党员，我们更应该勇做时代的奋进者、开拓者、奉献者，到祖国最需要的地方去建功立业。我很感谢学校为我们提供了参与社会实践的平台，让我在亲身参与中认识国情、了解社会，受教育、长才干。

学弟学妹们，我们应当认识到，我们的视野和格局不应仅仅局限于自己毕业后可以找到什么样的工作，我们应当对这个世界有更深刻的思考，要认识到，国家的前途、民族的命运、人民的幸福，是当代中国青年必须和必将承担的重任。当我们有能力去做一些什么，一定要敢于发光发热！国际形势风云变幻，中国正在走向快速发展的新时代，而我们，是祖国的未来！

正所谓"知者行之始，行者知之成"。每一项事业，不论大小，都是靠脚踏实地、一点一滴干出来的。"道虽迩，不行不至；事虽小，不为不成。"勇敢去尝试吧，去参加社团，去参加科研竞赛，去祖国的大好河山社会实践，在集体中敢于担当，在困难面前积极创新，在生活中厚植家国情怀。北京理工大学，一定会让我们拥有深刻的思想、高远的格局，在我们步入社会的时候，面对大世界，凭借大思维，解决大难题！

大学是一曲华章，百转千回，也有曲终人散的一刻。但离别并非雨恨云愁之结局，而是后会有期的间奏。青山不改，相信再见时，每个人都离梦想更近了。青春，无悔！

第二篇　大学道

走过青春年少

机电学院　　侯婷婷

时光如水，岁月如歌，不知不觉间，大学生涯已经接近尾声。过去的时光、一件件小事，都清晰整齐地存储在记忆的格子中，打开其中一个，当初的笑语泪歌仿佛就在昨天。

一、我的大学流水账

（一）新征程

炎热的七月，接到了录取通知书的那一刻，我心里满是欣喜和向往，还伴随着一些忐忑。在陌生的校园里，与父母告别后，原本我以为会泪流不止，但却被应接不暇的事情分散了离别的愁绪，迅速地进入了军训的状态，每天都要晨跑、站军姿、踢正步，每天晚上都感觉自己像散了架一样，在床上倒头就睡。在此期间，我开始慢慢地与同学、室友熟悉起来，也逐渐了解了校园环境。随后，大一的生活以频繁的社团招新、学生会竞选宣告正式开始，我开始忙碌于各种各样的社团活动、大量的课程论文和作业等，周日我还选修了基础西班牙语的课程。我还加入了宣传部，学习摄影、修图、制作海报、视频。大学生活看似自由、无拘无束，但若想要做好每一件事，可能花费的时间比高中还要多，心里偶尔也会感觉有一丝茫然，不知道自己所做的事情有何意义。

（二）寻找兴趣点

转眼间到了大二，我加入了学院学生会担任宣传部部长，开始真正投入策划、举办活动，在这个过程中，我学会了如何与他人更好更高效地沟通交流，也让我感受到了兴趣给自己带来的快乐。至今我还记得自己制作的第一张海报被贴在宣传栏上，第一个视频在活动上被循环播放时的成就感。从初中起，我就喜欢用摄影记录身边的生活，电脑里至今还保留着初高中时期的照片。我还选修了数码摄影技术与艺术课程，开始在每个周末穿梭在北京的胡同里拍摄作业，法源寺的紫藤萝、恭王府的编钟、故宫的御猫、玉渊潭的樱花都留存在我的相机里，见证了我一个人走过的路。在专业知识的学习上，大二的课程难度比大一要高出许多，大学物理、材料力学的作业题有时花费一个小时的时间都没有办法解出来，理论力学更是差点挂科，让我第一次感觉在学习方面有些许吃力。下学期末尾，我决定修法学双学位，这是我当初想学但阴差阳错没有录取上的专业。

（三）繁忙的学习生活

大三伊始，我们搬到了中关村校区，开始了在新的校园里的学习，专业课的课程排得非常密集，有些课程从未接触过，难度也很大。这些科目在两个学期中对我们进行了轮番轰炸，常常会处于旧的课程还没有考试，新的课程就已经开课的状态，感觉自己每天都处于在上课或是在赶作业的状态。除此之外，周末两天，我都要进行双学位的学习，每天的课都保持在 8 个小时左右，最忙的时候，一个月我都没离开过学校，到了学期末，更是一周四五门考试。曾经有一段时间，感觉自己心里的那根弦已经快要绷断了。但是对于自己当初的选择，我从不后悔，学习法律让我对生活中的一些事情有了更加深入的认识和更加理性的思考，也是以另一种方式完成最初成为一名律师的梦想。回想整个大三学年，我从未考虑过自己以后要走的路，只是秉承着要把眼前的事情做到最好的信念一步一步走下去。

（四）初步接触科研

很幸运，三年来，我的学习成绩一直保持在还不错的水平，大四开始，我获得了推免资格，因为面试时间的重合，我放弃了别的学校的复试，决定留在本校本专业继续我的研究生生涯。随后，我进入了导师的实验室，开始接触一些项目和相关的工作，逐步去适应自己身份的转变。当时身边的同学朋友大多在准备考研或者出国，自己一个人待着的时候，我常常会感受到十分茫然。过去的三年，我从未考虑过自己以后想要从事什么工作，转眼间要毕业了，我还不知道自己想要的是什么。为了从这种挫败感和孤独感中走出来，我开始准备翻译资格考试，毕竟在不知道自己能做什么的时候，选择学习总是没错的。到了大四下学期，大家未来的路大多尘埃落定，我们开始了毕业设计，用三个多月的时间去完成一个完整的闭环的研究，对我来说是一件从未接触过的事情，在实验室师兄的耐心指导和帮助下，我最终完成了毕业设计和论文。

二、大学生活总结与感悟

（一）提升综合能力

在学习生活中，我们要立足于自己本专业的知识，不断地向外发散，锻炼自己的各项能力。在大学四年里，我们不仅要修完所有的学分，还要通过英语四六级等其他的考试。知识与能力不能简单地画上等号，我们要培养科学的思维方式和较强的实践能力，构建自己的思维模式，找到适合自己前进的道路。大学是沟通社会的桥梁，同时也是一个小型的社会，我们可以在其中得到锻炼，为自己走向社会打下良好的基础。

我们还应该积极地参与学校的各种课余活动或者志愿活动。整个大学生涯，我参加过多项志愿活动，包括首都高校运动会、中非合作论坛等，在这个过程中，还认识了很多优秀的同学，他们自信、责任感强、善于和他人交流，跟他们合作让我受益匪浅。学校举办的运动会、啦啦操比赛、"一二·九"合唱我都参加过，这也是在紧张的学习生活中帮助我们放松、舒缓压力的方法。

大学四年不算短，但也并不长，好好利用这些时间充实自己的知识，锻炼自己的能力，会让我们进入社会生活更从容，但是虚度光阴，把时间浪费在游戏、电子书上，绝对会一无所获，甚至我们掌握的知识都比不上高中时期。

（二）学会适应环境

大学是人生发展的特殊时期。高中毕业前，我们面临着激烈且严酷的学业竞争压力，因此青年期为寻求自我同一性进行的探索实践被推迟到大学时期。失去了高考这个明确的目标，我们迷茫不知所措，我们在人际交往中不能做到像学习那样游刃有余，我们会接触太多未知的陌生的领域。在这个时候，我们一定要学会自我调节，主动去适应环境，多与亲友沟通交流。在与他人相处的过程中，要学会换位思考，学会宽容和忍耐，客观地看待问题，善于反思，改正自己身上的不足。

（三）坚定、执着

心态是决定未来高度的重要的因素之一，我们要有足够高的目标和雄心，坚定地向自己的目标一步一步迈进，无论现实多么残酷都不应散尽自己的雄心。执着是一种难得的品质，丢弃急功近利和浮躁的心，功到自然成。每当感觉疲倦的时候，我都会告诉自己要对当初的决定负责，半途而废只能一无所有，付出的时间和成本都会付之东流，而坚持下去，总会有所收获。

（四）面对离别

如今再看校园，每个角落都有回忆，每一处我都能回想到发生过的事情，甚至能想到当时的心情。看到食堂的饭菜，我就会想起当时陪我吃饭的人，我们的对话。这里是我度过了四年最自由时光的地方，一草一木皆有情。虽然一个假期过后，我还会回到学校，继续进行自己的学业，但身边的同学、朋友很多都会离开，学业也会进入一个全新的阶段，学习、生活方式都会改变，一切都要从头开始，崭新的生活、机遇和挑战，会一一而来。

三、结语

想到当初刚进入校园的我，感觉恍若隔世，这几年我成长了很多，懂得了很多，学会了自己做决定，也懂得了对自己的选择负责。简言之，就是爱和责任。生而为人，要用一颗善良的心去对待他人，多去关心父母，我们的长大也意味着他们的老去，珍惜身边的朋友，很多时候是他们支撑我们渡过难关。大学毕业的我们都已成年，更要懂得责任的含义，学会承担责任，对自己的父母负责、对社会负责，做一个遵纪守法、道德水平高的青年人，做一个有专业素养的社会工作者。

明天是美好的，前路是崎岖的，而我们拥有了一份弥足珍贵的回忆，一段终生难忘的经历，一种无法割舍的友情，伴随我们走向下一段旅程。

大学思，人生悟

光电学院　蓝雨汐

还记得高考成绩出来的那些日子，我和爸妈几乎是废寝忘食地抱着高考志愿手册在比较、筛选。我从小就期盼着将来能在北京上大学，经过几天的思考，最终在志愿书的第一志愿上落下了"北京理工大学"六个字。很幸运的是，我如愿成为北京理工大学的一员。

大学四年，好似四季的变迁，生命中那段风华正茂的青春时光因感动、执着和疯狂而变得五彩斑斓。四年前，满脸稚气的我们刚走进大学校园，转眼间便要走到大学之路的尽头。但三毛说："岁月极美，在于它必然的流逝。春花、秋月、夏日、冬雪。"不必太伤感，不论时光几经离合，记忆早已融入我心底。

一、人生规划要趁早

我想大概是从大二暑假开始，我才后知后觉地把人生规划提上日程。在那之前，我不知道我本科毕业之后要做什么，继续读研虽然是基本已经确定的事了，但是我还不确定我要在国内读研还是国外读研，也不知道研究生毕业之后我要找一个什么样的工作。大学四年真的过得飞快，仿佛人生被加上了助跑器一样，现在回想大一时候的自己，一幕幕记忆都似乎发生在昨天。所以如果不提前思考自己的未来，几年时间一眨眼就晃过去了，本科阶段如此，研究生阶段亦是如此。我们要做跑在时间前面的人，如果只是一味地等，很有可能最后会没有认真自我思考，而是随大流，这样人生就会多走一些弯路。

大一的时候，我的成绩一般，位居专业的 25% 左右，那个时候没有什么规划，总觉得保研、出国跟自己无关，所以一点也不在意成绩，每次考试都是抱着及格就好的心态。我属于慢热型，从小到大，只要到了新的学习环境，少则半年，多则一年，才能慢慢适应，成绩才会慢慢提升。对此我早已习惯，但是上了大学才发现这个漫长的适应期正是让我之后疲惫不堪又深感无力的祸根。大二暑假，妈妈跟我表达了她希望我出国的想法。没有什么规划的我一直以来读书的重要目的就是让父母开心，于是我开始收集有关出国留学的信息。先准备了语言，从大二暑假一直到大三下学期初，这期间随着思想越来越成熟，考虑的东西也越来越多，我不断地在思索：自己是否要出国读研？这真的是我的意愿，还是单纯为了满足妈妈的心愿？后来发生了一个意外，家里一个亲戚的突然离世彻底让我断了出国的念头，我不愿意离开我的家人太远，我希望在他们需要我的时候能够尽快到达他们身边。如果在国外，那几年我大多数时间只能通过视频看到我的家人，可是时间不等人呀，特别是家里的老人，一想到要在离家很远的地方读书我就不舍。前途很重要，但家庭对我来说也很重要，我更愿意在努力开拓自己未来道路的过程中能多陪伴家人，毕竟，没有他们，就没有我。因此我决定回南方读研，浙大是我的第一选择。确立了目标，纠结也来了，我的成绩正好处在尴尬的保研边缘，这意味着我必须做好两手准备，因此整个大三期间我的弦都绷得很紧，压力也比较大。当时的我无数次在深夜辗转反侧的时候问自己为什么大一的时候不想着要保研而再努力一点，又希望自己的成绩对于保研一点希望都没有，这样我就不用这么辛苦地两面兼顾，专心复习考研就好。但是时间不可能重来，我在这个时候才深刻体会到提早开始规划人生的重要性。

如今毕业在即，我也该尽早定下读研期间的规划，"理想是一步一个脚印踩出来的坎坷道路"，但前提是，你需要有理想，不能一味地只求上进。

二、别让"尽力就好"成为懒惰的借口

大家在鼓励或安慰别人的时候总说：尽力就好。但实际上，在开始一项任务之前，自己给自己打气时，"尽力就好"往往会成为没有完成好任务的借口。因为大多数人是眼高手低的，在设立目标时往往想的会比实际能做到的好那么一点点，而且在实际完成过程中有可能出现之前预想不到的障碍，这就是很多人在没有完成好任务之后产生深深挫败感的原因。但如果一开始的时候就告诉自己：我一定要做到最好，而不是尽力而已。时刻督促自己不放过每个细节，即使最后完成的情况比目标逊色一些，你会失落，但这并不是你不够努力造成的，而是你目前的能力暂时还没有到达预期的水平，这个时候你才能说你是真的尽力了。不必难过，因为能力可以提升，但懒惰却很

难医治。我们还年轻，谁都不是一出生就能成为超人，只要你方法和目标是正确的，随着时间的沉淀，努力的你一定会活成当初你期待的样子。

毕业设计刚开始的时候，由于保研的要求是毕业论文获得"良"以上即可，爸爸妈妈就告诉我不要太辛苦，尽力就好。虽然我也对毕业论文的结果没有什么苛求，但是从小养成的认真习惯还是让我不自觉地总想把事情做好。同时，因为心理上没有负担，我在整个毕业设计完成过程中有着前几学期所没有的轻松感和愉悦感。在这样放松的心态下完成的毕业设计不仅达到了要求，还获得了导师的认可，我也从中提高了自己的工程能力。

三、"充电"的方式不止一种

（一）学生组织，广阔的平台

大一和大二的生活有一部分被一个叫做"外联部"的部门占据。我本是一个安静的人，若不是因为加入了学生组织，我想我的大学生活恐怕会失去很多乐趣。还记得大一的时候，部长们手把手教我们如何更好地与人沟通、怎样呈现精彩的演讲。我们分成小组，走出校园尝试拉赞助，一次次的碰壁并没有使我们沮丧，反而激起了大家的斗志。这段时光为我以学习为主的平淡大学生涯里添上了浓墨重彩的一笔。到了大二，自己成为部长以后，与学弟学妹们一起进步与成长的日子也是值得怀念的。也许有人会说，加入社团和组织是在浪费时间。可我觉得，只要是用心付出、真正融入学生组织这个集体中，就不可能没有收获。

（二）强健体魄，奋斗的基础

都说"身体是革命的本钱"，好在我身体还不错，这几年没生过什么大病。心灵自由和身体自由缺一不可，感谢我的强健体魄帮助我顶住压力，不至于在心理崩溃之前身体先罢工。可能是从小接受的教育的缘故吧，我一直以来都很重视身体健康，大学四年在舍友和同学眼中树立了崇尚养生的形象。我坚持下来的事情不多，运动算一个，即使在考试周忙得没有整段时间能运动，我也会在学习间隙进行拉伸。虽然我没有成为一个运动达人，但长期的运动习惯的确让我拥有了"女汉子"般的体魄。

（三）静心独处，灵魂的休憩

人是一种社会性动物，但也要学会和自己相处。在自己一个人待着的时候，需要学会如何打发时间，学会利用空闲时间自我"充电"。我平时不太喜欢看剧、打游戏，虽然这也是一种打发时间的方式，我更喜欢做运动、看看书，甚至做做家务。因此我很少会感到无聊，而是总感觉时间不够用，有太多的事等着我去完成。有一句话是这么说的："You are what you eat."我想，把它改写成"You are what you do"应该也是合适的。如果你每一天都过得很充实，这自然会体现在你的精神风貌上。三毛说过："读书多了，容颜自然改变，许多时候，自己可能以为许多看过的书籍都成了过眼云烟，不复记忆，其实它们仍是潜在的。在气质里，在谈吐上，在胸襟的无涯，当然也可能显露在生活和文字里。""腹有诗书气自华"也是这个道理。更何况，和朋友相处时，聊天也是需要谈资的，要是没有阅读的熏陶和思想的沉淀，与人交流多多少少会遇到一些阻碍。

分别之际，最想说的就是感谢，感谢出现在我生命中的每个人、每件事，不管是开心的、难过的、疯狂的，抑或是感动的，我都会全部留在心间。没有你们，我的大学生涯就是不完整的。

大学是一曲百转千回的华章，终有曲终的一刻。但离别不是心枯泪干的无奈，而是再次重逢前的间奏。相信再见时，每个人都离自己的梦想更近一步。青春，无悔！

迷途漫漫，终有一归

光电学院　刘　璇

一、初境——乱花渐欲迷人眼

还记得四年前初到北京理工大学，满怀憧憬和向往，开始了大学生活，像一只飞出笼子的鸟，每一片羽毛都沾满了自由的光辉。高数课上的垂死挣扎、社团活动中的生龙活虎、户外活动的跃跃欲试，都是我大一的样子，像极了一匹脱缰的野马，到处飞奔，大一的活动很丰富，却也很迷茫。外界的诱惑太多，不知道哪里才是适合我的道路。心理落差也极大，真切地体会到了什么叫山外有山、人外有人。大一的成绩很一般，没有奖学金，没有荣誉。夹杂着迷茫、酸楚、新鲜，我喝下了大一的这碗蜜。

二、感知——山重水复疑无路

经过一年的磨炼、自省，我逐渐调整自己的心态。从众多的社团、学生组织中选择了光电学院共学会，正逢信息一部拆分，原来的信息一部共学会要拆分成以学院为单位的组织，因此相当于成立一个新的学生组织。我在大二担任了光电学院共学会的宣传部部长，负责新的微信公众号的建立和运营，负责换届宣传等工作。大二虽然忙碌，但是有了明确的方向，有充分的动力。在大二的时候，与一群优秀的同学去红色圣地延安进行社会实践、去青海挑战环湖骑行、去夜爬华山等待日出，这些难忘的经历给我的大学生活增添了许多乐趣。

大二专业分流的那段时间，我认真思考了很久，想明白了自己的爱好在哪，于是选了冷门的测控技术与仪器专业，测控的课程偏机械一些，比如工程力学、精密机械设计基础、自动控制原理等。找准了自己的定位，听课也没有那么痛苦了，成绩也渐渐有了起色。正是这个正确的决定，让我在以后的学习等诸事中游刃有余。

三、渐进—博观而约取，厚积而薄发

终于从五环外的良乡校区搬到了三环的中关村校区，多了些热闹、繁华，也多了一些拥挤，宿舍由原来的豪华的上床下桌、白地板、带阳台的四人间变成了狭小的上下铺四人间。

大三，我参加了机械赛，在光电创新实验教育基地备赛，从组队到最后比赛差不多贯穿大三一整年。机械赛是个持久战，中途也有些人坚持不下去而放弃，因此需要有足够的决心和毅力。我就主要讲一下参加机械赛的整个过程。

（一）得而复失的参赛机会

最开始是在大二第二学期期末看到机械赛的通知。机械赛是组队参赛的形式，由于找不到合适的队友，我去了光电创新教育基地，暑假的时候负责组队和培训。但是由于种种原因我暑期未能参加基地培训，因此我错过了第一阶段的组队和培训。

在大三开始，我选修了张忠廉教授的"电子科学与技术设计""实验与制作Ⅰ"。一次偶然的机会，得知老张老师要以北京学院的名义出一支队伍，可以有其他学院的人参加。于是，我抓住这个机会，组队，开始准备，从此就和4002结下了不解之缘。老师要求我们每天晚上9：30到11：30在基地，也就是在4002教室外边讨论方案。

（二）天马行空的方案设想

这届机械赛的主题是"关注民生，美好家园"，内容是：解决城市小区中家庭用车停车难问题的小型停车机械装置的设计与制作；辅助人工采摘包括苹果、柑橘、草莓等10种水果的小型机械装置或工具设计与制作。这个题目很难，限制的因素太多，对于第二个内容，施展的空间很小。从2017年10月一直到寒假，我们几乎没有什么实质性进展，每次都提出一个点子，然后其他人推翻，周而复始，方案到寒假也没有定下来。寒假，我们在学校多留了一段时间，继续商讨天马行空的方案。

（三）一边摸索一边过河

2018年3月左右，我们终于确定了初步的方案。当搭建出来整体的实物框架时，我看着那12根铝型材感觉格外亲切。好在有基地的老师指导，张老师比较有经验，给我们指出哪些地方需要细致，哪些地方需要改动。基地里有机器机床，钻、磨、车、铣、削、锉基本都可以在这里完成，我们亲力亲为，从大框架的搭建到小垫片的钻孔均由我们自己完成。正式网上报名在2018年4月，需要填报作品相关信息，如简介、创新点、应用等，填写这些材料需要十分仔细，顺序都不能错。

（四）市赛前的熬夜爆肝

北京市赛是在5月中旬，一共两天。第一天，所有队伍参加小组答辩，第二天，部分队伍参加二轮答辩，专家评审，没有问答环节。市赛前还差一些细节没有完善，我们队的几个人熬夜准备，非常辛苦。我负责准备答辩PPT及制作海报传单。第一天的比赛比较顺利，我们队给评委留下了不错的印象，以小组第一的名次晋级，此时已经拿到北京市一等奖。第二天的答辩表现得中规中矩，再加上演示配合，我们顺利进入国赛网评阶段。

（五）国赛阶段，调整心态

国赛网评阶段需要准备3分钟的作品视频、海报、计算说明书、实物照片等。任务很烦琐，又是熬夜干完。

网评阶段通过后，就需要准备7月去杭州比赛。出发前要准备的东西很多，需要完善补充作品细节，需要准备必要的维修工具和零件，需要把作品装箱，需要制定运输保护措施……把作品装箱送上车的那一刻，所有人松了一口气。我是个很佛系、很随缘的人，抱着长见识的心态去比赛。参加杭州比赛的队伍大部分都是国家一等奖，我们也跻身于"大部分"的行列中。

总的来说，机械赛是一个需要很强动手能力和全局设计能力的比赛，要以认真严谨的态度对待，以一个合格的工程师的要求来规范自己。

在准备比赛的同时，另一件很重要的事就是提高专业课成绩。竞赛不代表全部，成绩也在保研中占有很大比例。所以说，我整个大学的转折点就是大三这一年。我虽然大一大二成绩一般，但好在没有挂科，正好满足竞赛保研的要求。于是我就搭上了保研的这班车。

四、尾声——是终点也是起点

大四对我来说是比较轻松的一年，主要任务是完成毕业设计。毕业设计是对大学四年的总结和检验。在即将步入研究生阶段的时候，能提前了解科研过程，了解论文书写规范，令我受益无穷。选择继续读研，继续深造，不仅仅是对学术的追求，更是对自我人生价值的追求。毕业设计让我更加清楚地认识到，科研从来不是一件容易的事，科研者是漫漫黑夜中的探索者，是巍巍高山上的修行者，是郁郁森林里的狩猎人。

心怀感激。四年里，良师益友的相伴，父母的支持关爱，是我大学生活中最珍贵的部分。

感谢指导教师金伟其的悉心指导和鼓励，在论文上给予很多帮助和指点，在生活上给予关怀和开导，让我能顺利完成毕业设计。感谢光电学院的其他各位老师四年来对我各方面的照顾和指导。

感谢4002的老师和同学，感谢张忠廉教授对我长期的指导和信任，感谢张丽君老师和王冬晓老师对我课程上的帮助，感谢4002基地的每一个拼搏的人、每一盏深夜的灯，让我有勇气努力奋斗。感谢机械赛的队友在比赛期间一起奋斗，一起努力，我们获得的不仅仅是国家一等奖的荣誉和学院的保研资格，还有珍贵的科创经验。备赛期间的那段日子是大学里最难忘的一段时光，一群人朝着一个共同的目标努力，在坚持不下去的时候有同行者的鼓励，有引路人的指导。

感谢室友李亚婷、潘陈馨钰、齐向前的朝夕相处，感谢她们的鼓励和包容。有幸与这三位优秀的同学成为室友，在她们的激励下，让我不断前行，不断进步。

感谢父母对我学业的支持和鼓励，对我的信任和无条件的付出，让我能心无旁骛地完成大学学业。

把握机会，勇敢前行。保持着乐观的心态，既不杞人忧天，也不无所畏惧。身边朋友说我是个佛系的人，其实佛系，要看怎样理解，在挫败面前不让沮丧的情绪阻挠你进步的路，在成功面前保持云淡风轻的态度，即胜不骄，败不馁，这便是我所理解的佛系。面对什么都不要太着急，有时候放松下来反而会游刃有余。

放松能带来动力。雕刻师不需要告诉自己的手指该做什么。外科医生不会告诉自己的手术刀做什么。运动员也不需要指导自己的身体。工作到了一个自然而然的节奏，身体便会自己思考。

虽然大学四年不是那么完美，但是努力过就不后悔。

迷途漫漫，终有一归

大学之歌

光电学院   吴与伦

有人说，人生就像是一首组歌，有的委婉，有的平静，有的高亢，有的激昂。大学四年，就是这生命组歌中的一个单曲，我们的每一次经历，就是这单曲中的一个音符，或短或长，或抑或扬；它们相互交织，诉说着这色彩斑斓的生活，也诉说着我们远大的理想。我们的大学之歌，都已接近尾声，当初构思时为这首歌立下的基调，计划的章节是否达成已无法更改，但无论如何，曲已谱完，分享予众，才是曲艺之美。下面，我的大学之歌，请众位欣赏。

一、当初的愿望实现了吗？

（一）年少轻狂的我

大一的时候，我们每个人都进行了开题，当时的我，初入大学，对更广阔的生活懵懂无知却又充满向往。经历了一个学期的成功后，在给自己这四年定目标时，不免有一些轻浮。基于无限的自信，我给自己定下了许多高远的目标，就像《星星点灯》中所唱的："不知道天多高，不知道海多远，自以为天下无敌，能够把所有困难踩在脚下。"

当时的我，期望着自己可以在成绩上一直独占鳌头，在学生工作中全面开花，在学术上驾轻就熟，在生活上摆脱单身。但是我忽略了，这是一个广阔的舞台，不是只有我拥有这音乐厅的入场券，所有人都可以开自己的演唱会，我不是一个全能的歌手，我不能霸占着舞台的中央。经历了四年，现在再审视自己的目标，我会变得更加沉稳，理想可以高远，但必须要一步一步实现。

（二）风雨中这点痛算什么

说到这首歌的细节，不得不提其中的一次低潮。我记得那是大三时的模电实验考试，由于在正常上课的时候我和我的同桌都能够很顺利地完成所有的实验，甚至还可以帮助别的同学，所以我对于这门考试十分自信，以至于在考试之前都没有复习。然而考试的时候，一切都变了，由于实验的习惯不是很好，以及没有复习一些设备的操作方法，我在花费了大量时间搭完第一道题的电路后没有得到想要的结果。我惊慌了起来，完全乱了思路，随着一次又一次的失败，我的心态崩了，最终我没有做出任何一道题。我记得当时整个人都在崩溃的边缘，因为我知道，挂科就没有办法保研，那我之前的所有努力都会化为泡影。幸而我的面前还不是一条死路，由于模电实验考试还有一次补考的机会，虽然最后的成绩只能及格，但不至于挂科，所以我必须抓住这最后的机会。这时，我的内心告诉自己，这点挫折不算什么，"风雨中，这点痛算什么，擦干泪，不要怕，至少我们还有梦"，于是，我认真准备了这最后的机会，成功保住了我的保研名额。

（三）歌曲评价

让我评价我的这首歌，总体而言是一首不错的曲子，如果说开头和结尾都精彩绝伦，那么中间的部分则是差强人意，这体现在我大三时的懈怠。由于我找到女朋友的目标并未实现，所以这首歌少了一个声部，但还好我还有家人，我还有朋友，在大家的帮助下，这首歌也不单调。歌曲的章节由于我丰富的生活而显得特别多彩，虽然学生工作这一章在我看来并不和谐，但给我未来的创作提供了许多的经验，是这首歌中不可或缺的部分；学术章节显得有些单薄，毕竟只涉及了建模的领域，在整体方向把控上有一些跑偏。尽管有这些或那些的瑕疵，我对我的这首曲子还是很满意的，我会将这首曲子好好收藏。

二、我要飞得更高

（一）我的未来不是梦

这首歌虽然已经结束，但之后的歌曲已然开始。在这四年中，虽然有所起伏，但是我最终还是成功进入清华大学继续学习。进入清华，这是一个我在高中时就憧憬的梦想，而现如今，这已经由梦变为了现实。我要感谢我的母校，是她给我提供了一个良好的学习环境；我要感谢我的老师，是他们给了我专业的才能；我要感谢我的同学，是他们给了我家的感觉。我的未来已然确定了方向，现在要做的就是踏踏实实地走下去。

（二）新的开始，新的征程

清华的学习是一个新的开始。在毕业设计的几个月里，我已经初步感受到了未来读博的压力，我将在这段日子里更加贴近社会的实际生活。

未来的研究不同于大学本科，将会更加系统化。在这段时日里，我每天都是在办公室和实验室进行研究工作，虽然会有一些枯燥，但是作为学习生活中最为重要的一段时日，我将会学习到更加深层次的知识和更加科学的研究方法。

这是一次新的征程，我会把握这次难得的机会，提升自己的能力，为未来打下坚实的基础。

三、我们就这样各自奔天涯

在大学四年的生活中，我有很多的同学，认识了很多朋友，而当这段时日结束时，我们就这样各自奔天涯。

我的室友们，无论是在良乡还是中关村，都是我前进的重要推动力。记得刚来大学时，从未寄宿过的我十分不适应脱离家庭一个人在外的生活。然而我的室友们，他们对我的关心与支持，让我觉得这就是我的家。

杨晨奕视野开阔，他让我见识了很多新鲜的事物，同时在他的帮助下，我重新开始学习钢琴；韦良奇心灵手巧，十项全能，在宿舍中是不可或缺的调和剂，就是有点懒；王晓旭对生活各个方面都特别认真，同时具有令人羡慕的身体素质，在良乡对我的体育课有很大的帮助；杨爽作为我的老乡，慷慨大方，为人豪爽，兴趣广泛；高原人脉广，乐于与朋友共享欢乐，并且还有女朋友，是我在人际交往中的好榜样。正是有了这些各具优点和特色的室友，极大地丰富了我的大学生活，他们是我大学之歌中不可或缺的一个声部。

我的年级同学们，也在我的生活中举足轻重。首先要感谢的，是我们班集体的干部们，他们在平常的生活中，除了学习，还要肩负起班级的工作。虽然事务众多，他们还是能够井井有条、一丝不苟地完成，这种默默奉献的精神值得我钦佩。其次，就是我的好朋友们，在我无聊寂寞的时候，能够给我带来欢乐，尤其是谢宜轩和吕国庆，在这段大学生活中，与他们的相处总是充满了欢声笑语。最后要感谢我们年级的众多"大神"们，与他们的学术交流总是能让我受益匪浅，像左宏志、孙浩珈、吴金华等同学，是我取得进步不可缺少的学习伴侣。

春天的花，夏天的雨，秋天的风，冬天的雪，这四年就在这光阴变换中悄悄溜走，虽然我还能和一些同学留在北京继续学业和工作，但是很多人，就要分别了。光阴带走了我们的故事，但带不走我们的情谊。"来日后会相予期，去去莫迟疑。"但愿我们还有再相见的日子。

四、浪是海的赤子

大学的四年，是我初步走入社会的四年。我已不再是高中时期只懂得学习、不谙世事的少年，而是需要为社会做出更大贡献的青年团员了。在大一，期待着展翅高飞的我雄心勃勃，立志要为社会做出贡献，现在看起来，我也确实做到了，除了做志愿者、做学生工作之外，我还成为社区大学生志愿者。在这些年的生活中，我深刻体会到了自己的社会价值，也明白了我和我的祖国之间，不可分割的关系。"我的祖国和我，像海和浪花一朵，浪是那海的赤子，海是那浪的依托。"祖国哺育了我们，而我们则需要报答她。

在大一的时候，我毅然地加入了"世界树"，成为一名社会志愿者，我在"世界树"学习到了社会志愿者必备的素质，学习到了一些专业技能，更结交了很多的朋友。大二的时候，我担任了光电学院分团委书记助理，在这一年的时间里，我渐渐熟悉了如何去管理一个团体，如何去处理繁杂的事务。虽然我觉得这一段的工作并不是很完美，我的管理也不是很好，但是我算是比较成功地为这个团组织打下了良好的基础，使得其能在今后长足进步。除此之外，我在大一成了南通市虹桥街道的大学生志愿者，帮助"孙爷爷谈心室校外辅导站"和虹桥街道关工委开展了多次对于中小学生的教育活动，也多次荣膺"优秀大学生志愿者"称号。

这些经历都丰富了我的生活，是我这四年中不可或缺的乐章，它所唱出的，是我对于这个世界的热爱，是我对于我身份的认同。

五、尾声

这四年的生活是丰富多彩的，这首大学之歌虽然只是组曲中的一曲，但是却是具有重要意义的一曲。它是人生中的一次衔接点，在它之前，只能看到无尽的学习生活和稚嫩年少的我，曲目虽然轻快但是缺少内涵，但在它到来之后，虽然歌曲永远不会再那么欢脱，但对于社会的认知带来了更深的意义。感谢这四年，让我成长，给我力量，我将会在这个广阔的平台上，继续创造属于我自己的辉煌之歌！

终点，起点

自动化学院　韩思聪

时间犹如白驹过隙，在刺眼的阳光下初到良乡的日子仿佛还在昨天，今天就已经要离开这里了。回想这四年大学生活的一点一滴，每一个学期都过得忙碌又充实。经过独自在外上学的这些日子，我比四年前的那个自己有了很大的变化。德育开题、中期以及最后的答辩帮助我记录下了我大学生活的许多个重要结点，到了最后这篇德育答辩的文章，我想从坚持和勇敢两个方面来记录自己这四年的经历和改变。

一、坚持

（一）学习

当初考上北京理工大学的我心中并不是非常欣喜，因为自身心理素质的原因，我觉得自己高考没有发挥好。但是到了这所学校以后我发现周围的同学们都非常优秀，所以我决定不再纠结于过去对自己考试结果的不满，而是提起精神好好度过之后的这四年。

大一班会的时候班主任不断提点我们好好学习，加上我觉得自己总是在大考中失误，所以平时好好努力比较适合我。第一学期的高数学起来比我想象中要吃力，想到我的目标，我觉得我应该付出比别人更多的努力。于是我决定坚持早起，每天以一个良好的状态开始学习。起初有些不适应，但是早上的良乡校区非常安静，教室里面人比较少适合自习，去食堂吃饭也不用排队。慢慢地，我开始习惯这样的生活节奏，之后的四年我每一天都在 $6 \sim 7$ 点起床，然后开始一天的学习和生活。

面对课业，我基本能坚持做到上课认真听讲，下课做作业，有不会的问题时和同学们讨论，考前早些开始复习。说起来其实也没有什么秘诀和技巧，越到后面越发现，其实当你想要做好一件事的时候，只需要静下心来，踏踏实实地按照自己的节奏和计划去完成它，就会收获不错的效果。但是是否能真的踏实地去做会成为决定结果的一个重要因素。

经过三年的努力，我最后的成绩排名是第 13 名。虽然并不是很靠前，但是我对这个结果很满意，因为它和我付出的努力是正相关的。我在这个过程中也收获了许多感悟。最后保研时我选择了回家，去了西安交通大学网络安全学院，并选择了攻读直博。我现在发现其实路还很长，希望未来的自己能比大学时更努力、更踏实，在这条路上坚定不移地走下去。

（二）锻炼

高中时候的我是一个不太爱运动的人，尤其讨厌跑步，导致上大学以后发现自己体能实在是很差，每次体育课的 1 800 米都跑得格外艰难。从大二的第二学期开始我决定开始健身，一个是想增强自己的体能，另一个是想通过健身来调节生活。

一开始真的非常艰难，跑步跑得不快也不久，器械不知道该怎么正确地练习。好在有小伙伴一起，互相监督，互相鼓励，在第一个学期坚持了下来。到了大三以后课业非常繁重，我本来觉得自己应该没时间做这件事情了，但是我发现运动可以帮我在学习后放松，并且提高睡眠的质量，我还是坚持了下来。加上我在网上学习了许多相关的知识，并且请了私人教练帮助自己更正确地练习，健身这件事情我很好地坚持到了现在，并将它变成了我生活方式中不可缺少的一部分。

直观来讲，健身帮助我减轻了体重，加强了体能。以前跑 1 800 米气喘吁吁的我现在能在不是很费劲的情况下跑 4 000 米，情况好的时候可以跑 6 000 米。从原来只知道练习有氧变成了现在会结合有氧与无氧练习，注重提高身体的肌肉含量。更重要的是，这件事情丰富了我的课余生活，在繁重的课业之余为我留出了一片天地，让我在放松之后能更好地投入学习和工作。我也学习了许多相关的知识，并且在饮食上更加注意，整个人的状态都比之前更好。

二、勇敢

（一）学生工作

在大学期间，我主要担任了支部的团支书一职并参与了新闻中心的工作。

于我而言，团支书这个职务让我学会了如何去组织活动，如何协调整个支部，并且帮助我养成良好的工作习惯。而新闻中心则更像是一个美丽的意外。

在刚入学的时候，我本打算不参与其他学生工作，因为团支书的事情并不少，我还要兼顾学习。大二的时候学部拆分，学院决定成立新闻中心，当时人手很少，加上我对摄影一直很有兴趣，最后还是决定参与。大二那年我还是影像部的副部长，只有 3 个小部员。深秋歌会、篮球赛、运动会等活动我都是从头跟到尾，对大二的印象就是每个周末都去学院举办的各种活动拍照，真的非常忙碌。但是那段时间既充实又快乐，因为我和新闻中心的整个团队都全情投入。我们每周开会都会积极地讨论新奇的点子，除了给活动拍照写稿之外，我们一直努力地打造属于我们新闻中心自己的风格。

我们这群人因为爱好和热情走在了一起，而我也感觉非常幸运，能参与到新闻中心的工作中。在大二大三这两年的时间里面，我对新闻摄影有了更深的理解，也对新媒体这个新兴的部分有了更加具体的认识。虽然这个工作一点也不轻松，但是我因为它认识了许多有趣的人，见识了许多新奇的场面，也将自己的想法呈现在了大家的面前。真的是一段宝贵的经历，一段美好的回忆。

我本以为自己的大学生活就会在书本中度过，没想到我大二勇敢迈出的这一步，给我带来的是一段精彩的回忆。

（二）出国毕设

大二的时候了解到学校里面有大四出国完成毕业设计的项目，因为周围有许多高中同学出国学习，但我一直对这方面并不是很了解，所以想尝试一下。大二的暑假我学习了一段时间托福，但是由于大三第一学期的课又多又难，这件事情逐渐被我淡忘了。直到大三的第二学期，我发现如果期末拿不出托福成绩，那肯定就没有机会参加这个项目了，于是我开始准备托福考试。

大三第二学期的课程仍然很多，而且因为想要保研，我还是以课内学习为主，学英语的时间只能想办法往出挤。我一直以来虽然能坚持早起，但是晚上睡觉却不早，总是到了十一点多还在做自己的事情。为了留出时间学英语，我开始尝试着早睡，然后早上 6 点起床。因为第一节通常没有课，这样早上能留出接近两个小时的时间来学英语。那段日子每天都很辛苦，却很充实。大清早起来，校园里面静悄悄的，我洗漱完，吃完早饭就直奔教学楼开始背单词和做题。

一开始早睡还挺困难的，一个是生物钟没调过来，再一个是手头上的事情总是不能及时做完。我逐渐学着提高效率，每天事情一定要在晚上十点之前做完，十点半睡觉，这样第二天就可以六点起床。这对我来说是一种全新的生活方式，早睡对于现在的大家来说可能比早起更困难。因为忙碌的生活，大多数人觉得夜深之后才是真正属于自己的时间，可以玩玩手机、听歌、聊天，等等。但是在实践了这样的生活方式以后发现，在提高效率的同时，我的精神状态有了很大的改善。因为不再熬夜，我上课的时候不再打瞌睡，为了早睡我会抓紧时间把要做的事情做好，那一阵每天都活一个高效、有活力的状态。

经过了三个月的学习，最终我也如愿考取了符合要求的分数，在大四第二学期来到丹麦奥尔堡大学做毕业设计。这里是一个全新的环境，我也面临着语言、时差、生活习惯等多方面的问题。但是我都把它们视为人生的一种全新的体验。接受和体验新的环境也是一件很有意思的事情。

现在想来，自己一步一步为了想做的事情不遗余力努力真的是一件又幸福又奇妙的事情。如果我当时退缩了，因为大三的课程而放弃了考托福，那我就没有办法经历这样一段与众不同的时光了。

三、结语

四年的大学生活，喜怒哀乐，精彩的、印象深刻的事情着实太多，在这一篇文章中无法详尽地叙述，但是，是它们带来了现在这样的一个我。上大学之前的我对自己总有太多的不满，经过了这四年，我的确有尽力地去改变自己身上的许多缺点。虽然我还是有很多不足，但是这样一个一点一滴正在变化和进步的我让自己感到满意和开心。坚持良好的生活和学习习惯更好地帮助我管理自己，而面对很多事情不再退缩和放弃的态度让我的大学生活变得更加丰富多彩。

回望四年，很感谢遇到的每一个老师、同学和朋友，他们影响了我的生活，让我对自己、对世界都有了不一样的认识；也很感谢我自己，能尽力去做很多以前不会做的事情，勇于尝试和突破；感谢北京理工大学，来到这里是人生的一大幸事。曾经以为考上大学就万事大吉了，现在大学要毕业了，却发现其实人生才刚刚开始。希望未来的路上，还是能不断学习、不断进取，做自己想做的事情，过自己想过的生活。

大学，既是终点，也是起点。

大学，学做大海

自动化学院　史麟哲

　　时光荏苒，每年"毕业季"这个词都会被拿出来用来用去，可是没办法，除了这个词似乎没有更合适的了。感慨之余，我也珍惜这时光，怀念这时光，感谢这时光。格外感谢大学的时光，给予我对生活的体验。大学的时光，我回忆起来，如此浩瀚，让我拥有了充实的岁月，更让我学会做一个全面发展的人，让我有了愿望去做一个浩瀚的人、一个如大海的人。大海，咆哮过后，都会归于浩瀚，归于平静。这种特质，在我看来，是一种气量、一种能力。不断接触这个世界，如大海一般保持浩瀚；无论什么风浪，都归于平静，如大海一般沉稳；有坚实的思想和知识根基，犹如大海一般的深邃。

一、何为大学

　　大学四年过得真的很快。嗖嗖几下，曾经军训踢着正步的我们，到了毕业设计答辩的日子。回想起自己对于大学的印象，已经发生了变化。

　　大学四年，也像一个围城，没进来的人还带着自己的想法要进来，像我们几乎快要走出围城的人，回头看看，唉，原来是这么回事，即便恍然大悟了，也不再拥有过去。回想一下，刚刚来到大学时候，没什么打算，希望自己不负好时光。现在到了毕业的时刻，摸摸左胸口，嗯，初心还在，与开始不同的是，几年起起落落的大学生活，让自己的心声越来越强烈。好像从上学开始，我没有太过偏科的毛病，成绩都属于中上游。到了大学，似乎延续了这个习惯。这场大学旅行中，我更愿意做一个 open - minded 的人，做一个随时更新、全面发展、不拘泥于某个角落的人。学习不再是生活的全部，但我觉得，每件事都有要去学习的地方，遇到的每个人都有要去学习的闪光点。

　　记得之前白岩松说过一句话："在年轻的时候，应该玩命地尝试，做加法，你不知道自己有多少可能，也不知道命运会给你什么机缘，你不试是不会知道的。"其实我的认识，就是要做一个视野开阔的人，保持对事物的好奇、接触的勇气和坚持下去的动力。在四年里，可以尽可能去体验不同的事情，形成自己的价值观，然后认识自己，知道自己可以做什么、不可以做什么，多维度地提升自己。想起大一时候，去参加了海外项目，晚上溜达看到地下通道里满满的流浪者，我才体会到在祖国生活的幸福感。经历了很多科创活动和比赛，也才认识到自己在技术、团队方面的不足。坚持到健身房锻炼，让我拥有了良好的日常心态。没事看看电影、写写影评，赞叹一下优秀的编剧和剪辑师，也许说不好多年以后会走进剧组。

保持视野开阔，在坚持接触新鲜事物之外，当然也要避免做什么都做得不好的问题。所以，还要有一些主线剧情，无论保研、出国还是工作，都是要看成绩说话的，那没办法，首先要踏踏实实学习，好好认识自己的专业，通过开阔视野，找到自己的感兴趣的内容，或许多年之后，可以打一口深井。

大学的时光，是不断认识我自己、认识世界的过程，要保持思考、不断更新自己。有时候前进的路上，可能走着走着就走到了死胡同，或者开始坐井观天，能够及时跳出当前处境重新思考一下，也许很多事情就会变得不一样。

二、独上高楼，望尽天涯路

大一初来乍到，结束了军训，便开始了向往已久的大学生活。大家都在逐渐地适应这里，每天处理着不同事情，希望在大学的时光里做一个优秀的人。很多时候，不再像之前一样，大学的很多困难、问题都要自己去解决，很多事情都要独自去探索。

因为刚刚结束高中坚持早起的生活不久，生活作息还很规律，每天早上的早操打卡没有给我带来太大的困扰。然而到了大一下学期及大二的时候，早起这件事却变得越来越困难。反思了一下，还是因为自己晚上睡得不够早，躺下还会花一些时间在玩手机上，改掉这个习惯以后，早上听到闹钟起床似乎也变得没有那么困难。

大一的课程，比较重要的是高等数学、线性代数、工程制图这些了。我的空间想象力还不错，数学基础也可以，高数和工程制图都没有让我觉得不适应。但是线性代数这门课，是自己从未接触过的，课本里满是烦琐抽象的解题步骤，一度让自己怀疑人生。当时老师上课讲授的内容十分跳跃，由于几次课没有做好预习，导致我在课上跟不上老师的节奏，最后好像滚雪球一样，自己不懂的越来越多。意识到这些，我才突然醒悟过来，赶忙开始了亡羊补牢的计划。记得有几个周末，我泡在图书馆查阅高等代数的参考书籍，查补自己不会的知识，经过一段时间的努力，到了期末总算是把这门学科吃透了，最后也取得了一个不错的成绩。那段为线性代数课程奋斗的时光，给了我一种学习上的自信，让我有了努力学好大学课程的动力。就这样，大一的期末，我的成绩拿到了专业的第二名，也获得了一等奖学金。

大一的日子里，我按照自己的兴趣加入了学院的学生会文艺部以及学校的社团联合会，从那以后，每周的例会、活动安排得满满当当。甚至一段时间，自己为了这些大大小小的活动忙得不可开交，一度失去了重心。有时经过一天的课程，晚上还要去开两个例会，接近十一点钟，才拖着疲惫的身躯回到宿舍。虽然每天都很充实并且和小伙伴们度过了快乐的时光，但是自己追求的是什么呢？被这个问题困扰着，几个晚上没有睡好。某次走到北湖边，看着平静深邃的湖水，我想：人的生活也该是这样，再多的波澜最终都要回归平静，而深邃才是一个人的终极底蕴。于是我明白，只是一味地忙碌，而忽视自己的目标和成长，是得不偿失的。于是我退出了社团联合会，积极认真参与学生会的工作，并且合理安排自己的学习工作时间，做好学生工作的同时也让自己的学习目标得到了实现。大学的岁月，总会有一次，"独上高楼，望尽天涯路"。独自站在夜空下的高楼，平静地望向远方，望向遥远的未来，望进自己的内心，找到自己的路。就这样，大一的时光匆匆流逝……

三、为伊消得人憔悴

大学的学习过程，很大程度是在课堂、作业、考试中加深自己对于理论知识的理解。理论是科学的根基，题目、考试的训练是对理论能力的一种应用检验。但是作为自动化专业的学生，在很多的基础课程之后，应该通过动手实践来拓展理论知识的维度，并且通过科创活动加深对于专业、工程问题的认识。带着这样的想法，我的大学生活始终被科创活动所贯穿。大一的时候，和要好的高中校友组成一个队伍，准备参加大学的第一次大创。当时我们还是门外汉，甚至不知道怎么开始，连太多的调研都没有做，想到打乒乓球时捡球很麻烦，就一拍脑门，考虑制作一个"乒乓球捡球机器人"。几个人又是画图又是写报告的，终于把立项书交了上去。在接下来的一段时间，连基础课程还没完成的我们，更不用说技术能力，于是项目迟迟没有进展。但我们没有放弃，在课余的时间，为了项目我们主动寻找机会去学习技术，从 solidworks 三维建模培训、到 51 单片机、arduino 单片机培训，都积极报名，认真实践，总算是入了科创的门。一次在和老师的交流中，我们意识到自己的项目缺乏调研，并且存在很多技术上的不现实性。于是在老师的建议下，我们更换了题目的内容，并确立了具体的目标。几经周折，有了合理的目标和计划，总算是在暑假开展了开发工作。暑假的两个月，几乎天天泡在实验室里，解决一个个的技术问题，在那个夏天，每天面对着代码、机械结构，尝试实现自己的想法，有时顾不上吃饭，甚至顾不上擦头上的汗水。记得有一次，我因为接线时误触了没有包扎好的开关接头，那里连接着 220V 的电源，瞬间我就触电了，这件事现在想起来还心有余悸。最终我们在大创的答辩中获得了优秀的成绩，这也是我们努力迈出的第一步，也让我们明白为热爱的事情奉献，即便"衣带渐宽人憔悴"也不悔恨。

四、蓦然回首，却在灯火阑珊处

大三时候，自动化专业的学生需要面对众多的课程、实验、考试，但作为我来说，还要继续进行科创比赛。经过前两年的积累，我也期待着在全国机器人竞赛的赛场上和各地的高手们一较高下。于是，我在机器人队参加了全国大学生机器人大赛的备赛工作。这一年和队员们一起商讨方案，认真准备，我专心做好关于技术方面的工作，希望负起自己的责任。但是，不知不觉时间流逝，忙于技术和课程的我，似乎没有意识到队伍内的问题，大家似乎提不起干劲，备赛中的各个开发环节一拖再拖，以至于到了比赛前的训练，我们还在解决一些没有攻克的技术问题，大家的压力都比较大，所以最后比赛的成绩也不是很好。结束比赛后的很长一段时间，我认真思考了自己的问题，向来沉迷技术的我，似乎也没有对自己的团队负起责任。这次比赛的失败让我意识到，不管是做一件事情，还是打一场比赛，除了自己分内的事情，更要对自己的团队负起责任，不能把所有责任甩给自己的队长，既然参加这个团队，就应该为团队的团结工作做努力。团队的团结、沟通做不好，其他事情也都是不现实的。于是在之后的比赛里，我格外注重这件事，后来的"恩智浦"智能汽车竞赛中，我们拿到了全国一等奖的好成绩。

大三这一年，我收获了甜蜜的爱情，收获了专业知识和技能，更多的是在心智的成长，对自己负责，对身边的人负责，对自己的努力负责。我学会从一个更高的维度去看待问题，去整体地把握一件事情。如果说大一、大二平静的努力像大海的那种沉稳、平静的话，那么学会在思考问题中成长，应该是大海的深邃吧。

大四保研后的日子，说轻松也不轻松，除了课程和一些科创的任务需要完成，我还想利用这段最后的本科时光提升自己的其他方面。我拿起了自己的尤克里里，练习了一段时间的弹唱，相信这会是我一直坚持的爱好。坚持健身，让我的生活态度和平时的状态都很好，坚持锻炼也提升了我的抗压能力。此外，我特地学习了视频制作，希望通过视频记录自己的生活。随着信息技术的大发展，视频作为一种新媒体方式即将获得普遍应用，相信这会是一种有趣的体验、一项有趣的技能。

回首过去，大学追逐梦想的奋斗时光悄然逝去，连那些光的影子也渐渐消逝。从一开始追寻丰富多元的生活、追寻稳健的学习和科创节奏，到追寻自己的心智和态度，我明白了成长的过程，是从走进热闹的夜市，到走出、走远，最后看着远处的阑珊灯火，看着过去的精彩，认识了现在的自己……

漫漫成长之路，不知不觉已经走完了大学四年的青春岁月。美好的征程中，我有成长与前进，探索了自己的价值，探索了自己的生活方式，经历了轻松、快乐或者紧张的岁月，实践人生的种种可能，发现自己的价值，突破自己的心智。感谢四年的时光，让我经历了大海一般浩瀚的生活、平静沉稳的努力、深邃的思考。想起德育开题对自己的要求：

不虚度光阴，不贪图安逸；

灵魂有头脑；

阳光、乐观、有朝气；

学有所长，个性优良。

不由嘴角上扬，终于可以自信地说，大学的时光，我没有虚度！

愿大学生们都能收获自己的美好回忆！

梦中北湖月，一生北理人

——谨以此文献给我即将结束的北理生活

计算机学院　王佳乐

当背着行李站在北京西站的候车大厅里，橙黄夕阳从巨大的玻璃穹顶上泻下，我跟着人群慢慢地向前挪移……这一切的一切都与四年前一样，只不过心境却不一样了。时间的车轮缓缓驶过，荏苒的时光就这样慢慢消逝。穿了新衣，点了鞭炮，又是一年芳草绿，捉不住的时光毫不留情地越出手指的缝隙。

光阴倒转，熟悉的校园和亲爱的同学、老师，都让我觉得所有的故事都不曾走远。可是，当我站在这里，我才发现——自己真的"老"了。2015年6月8日，当高考结束的时候我还没有考虑过大学是什么样的生活。2019年6月8日，当又一年的高考落下帷幕，维纳斯的背后又隐藏了多少个难以忘记的昨天。

就像那首歌唱的——"记忆中最美的春天，是我难以再回首的昨天"。如果把生活比作一段将理想变现的历程，我们不再是一叠面额有限的现钞，而是即将上市的股票。如同从一张白纸起步书写，前程无远弗届，一切皆有可能。可是今天，我甚至缺少一份抒发过来人心得的勇气。

回顾在北理工四年里的点点滴滴，酸甜苦辣都尝过。生活就像一个万花筒，转来转去仿佛又回到了起点，毕业季不要有太多的感伤，因为青春尚与我们同在，人生的精彩才刚刚开始。

一、乱花渐欲迷人眼，浅草才能没马蹄

漫长的暑假过后，我来到了向往已久的北京，来到北理工。大学里的一切对于我来说都是新鲜的，无论是偌大的校园，还是熙攘的人群，更有那弥散在空气中的严谨积极的学风，都深深吸引了我。漫步在北湖的小道上，心

中万分欣喜，因为通过高中三年的努力，我终于进入了这所全国知名的高等学府。我知道这里有更多的资源让我们充实自己，这里有更多的机会让我梦想成真。

不知何时悄悄喜欢上北理工校园的安逸与舒适，走在校园的林荫道上，总能让人变得从容与笃定。还记得北湖畔那自由的黑天鹅吗？走进北湖，就如同走进莫奈的画作之中，雪白的鹅轻盈踏着北湖边的淤泥，优雅地仰起高傲的头。校训石前，"德以明理，学以精工"的校训昭示着一代又一代的北理工人团结勤奋，将北理的未来勾勒得更加绚烂，为实现中华民族伟大复兴的中国梦贡献更大的力量。静谧又神秘的图书馆里，多少个日日夜夜，见证了我在此发愤图强，用知识武装头脑，用辞藻充实内心，雕刻时光，筑梦前行。

北理工的春，鸟语花香。蓬勃的生机在校园中孕育，正如青春焕发的我们，洋溢着无尽的朝气与希望。北理工的夏，骄阳似火。操场边的白杨洒下片片阴凉，为我们拂去燥热，挥去不安。北理工的秋，一丛金黄。笔直的银杏树如同排排哨兵守卫着母校芳华，静静分享收获的喜悦。北理工的冬，傲雪凌霜。正如你严谨的学风、庄严的魂魄，展现了你不畏严冬、矢志军工的卓越追求。即将离开这个不知不觉间已经爱上了的学校，有一种难言的情愫涌上心头，我说不清道不明。

曾经，大家怀揣着青春与梦想从五湖四海来到你的怀抱，或许这四年，我们丢失了太多这样的机会，但心里饱含感恩。我爱这郁郁葱葱的树木，爱这敦实朴实的建筑，也爱这辽远澄澈的蓝天……我们可能在焦躁不安里错过了路边那一树树盛开的玉兰，也可能在满不在乎的一瞬间错过了中心花园圆润饱满的蒲公英随风起航。不论是中关村的你还是良乡的你，都已经变成了一道剪影，在迟到的归属感里变成了一种标签。

二、一年好景君须记，最是橙黄橘绿时

迎新季的欢笑声仿佛还在耳边，我却已步入了毕业季。何其幸运，我们的毕业季迎来了新中国70华诞和北理工79周年校庆，精彩的活动丰富了我们的毕业季生活，我也更深刻感受到北理工79年的风雨华章。86岁高龄的王越院士仍然坚守在工作岗位上发光发热，每周四晚上为62名本科生讲述信息系统与安全对抗课。年逾古稀的毛二可院士每天仍然骑着一辆老旧的自行车穿梭于校园，用自己的研究让科学造福生产科研。从未屈服于病痛的古志

民教授离世的前一天仍在病榻上细致耐心地指导学生的博士论文。近几个月以来，我一直跟着计算机学院宋红老师做毕业设计项目，每一次汇报我都从老师那里受到深刻的感召和启迪，宋老师一直叮嘱我"要学，会学，多学，考研失利那就再来，要有远大目标"！老师们的难忘经历和铭心感悟闪耀着"脚踏实地，仰望星空"的光芒，让我深刻感受到北理工精神是在一代代北理工人的努力奋斗中传承下来的，前辈们的故事为我们每一位青年学子点亮明灯。

回味四年时光，在北理工的日日夜夜里，有所失去，更有所得到，有不尽如人意的失落，更有美好的回忆，有太多的人和事值得我去怀念。我们能在此相遇，是上世千万次的回眸修得的缘分。是老师们的谆谆教诲，让我学会如何爱与如何珍惜被爱，这是教诲，是传承，我会永远珍惜。感谢你们的教诲，感谢你们的付出和关爱。是你们，让我懂得了"君子食无求饱，居无求安，敏于事而慎于言，就有道而正焉，可谓好学也已"。

四年来，从校学生会宣传部到软件学院学生会宣传部部长，从团支部书记到党支部宣传委员，参加的各类活动还历历在目，获得了学校学院各类奖项几十个，但似乎真的到了该说再见的时候了。向这段充满欢声笑语，充满浪漫欢愉，充满豪情壮志，也充满酸涩青葱的学生时代告别。这个学校给了我四年，也给了你四年，未来还会给更多的人四年。

在大学中，我也交到了很多很好的朋友。大学的友情看似平常，实则很珍贵，我们真的应该珍惜朋友，珍惜大学友谊。或许正是因为有这些友谊的存在才让我的大学生活变得如此富饶而美丽！

三、纵使晴明无雨色，入云深处亦沾衣

来看看你的脚下，这就是你要走的路；来看看你的未来，那就是你的未来；向着未来，一步一步地走去。

——《向着未来》

我行走着，在路上，脚下的路依旧很长，没有终点地向前延伸着，值得回忆的过往，想要珍惜的现实，很多很多。我一路颠簸而来，回首身后的风景，免不了会有一番感叹。生活就是这样，我所能做的，只是一路欣赏，且行且思考。

世界那么大，我想去看看。我想去感受那"杨柳岸，晓风残月"的婉约柔情，我想去领略那"大漠孤烟直，长河落日圆"的辽阔际远，我想去体验

那"乱石穿空，惊涛拍岸，卷起千堆雪"的震撼之景。四年来，上海、南京、苏州、杭州……未来，依然在路上。

未来的日子，我期待着自己的改变。万丈高楼平地起，唯有韧者强无敌。努力拼搏，只争朝夕。我将以自己不懈的奋斗，实现自己人生的规划，为自己的宏伟蓝图秀出光彩的一笔，为中华民族的伟大复兴贡献自己的力量。

马克思曾慨叹，法兰西不缺少有智慧的人但缺少有骨气的人。今天的中国，同样不缺少有智慧的人，但缺少有信仰的人。正因为如此，学校给我们的教育才显得格外珍贵。从母校的教诲出发，四年大学生活给的我最大启示是：当许多同龄人都陷于时代的车轮下，那些能幸免的人，不仅因为坚强，更因为信仰。不用害怕圆滑的人说你不够成熟，不用在意聪明的人说你不够明智，不要照原样接受别人推荐给你的生活，选择坚守、选择理想，选择倾听内心的呼唤，你才能拥有最饱满的人生。

习近平总书记在北京大学视察的讲话中希望新时代的青年人要爱国，忠于祖国、忠于人民，要励志，立鸿鹄志，做奋斗者，要求真，求真学问，练真本领，要力行，知行合一，做实干家。总书记的嘱托是我们毕业季最宝贵的礼物，"爱国，励志，求真，力行"是我们未来人生路上的万用锦囊。我们一定要牢记总书记的嘱托，不辱时代使命，不负人民期望，真正成为合格的社会主义建设者和可靠接班人，为实现中华民族伟大复兴的中国梦而奋斗。

最后，感谢尽心培养我们的各位老师，感谢陪伴我们成长的所有兄弟姐妹，感谢北京理工大学，感谢计算机学院！衷心地祝愿北京理工大学越来越好，祝愿计算机学院越来越好！

我就要走了，赤裸着双足，背上整整四年的酸甜，回到天南海北的人海中去。再见北理工，再见计算机，在不会老去的时光里，我将永远想念你。且看我们，乘风破浪，扬帆远航！

日月盈昃，辰宿列张。北理工，我不曾离开……

我的大学

化学与化工学院 杨 卓

经历过大学生活的人有很多很多，但是这即将结束的四年时光对于我来说，是第一次，也是最后一次。时间是最好的良药，因为它可以帮你忘记痛苦，但是时间也可以模糊了快乐，所以我们需要文字，帮助我们留存无形的回忆。

一、迷茫

一个灿烂的夏天，一纸红色的录取通知，在父亲的陪伴下，我带着沉重的行囊离开家乡，来到了繁华的北京。记忆中大一的我处在迷茫的困境中，然而当初的自己还不懂迷茫是什么。

在新鲜与陌生中，我开始了军训。再也不是那个高一军训时想家会仰头看着天不让眼泪掉下来的 15 岁中学生，这次的我更加坚强。"勇于认错、知错就改"是我的大学第一课，这来源于一个清晨，因为没有穿深色袜子而害怕地站出来，我被辅导员罚着绕操场跑了两圈。

军训结束了，生活也渐渐步入了正轨。霎时间，新生中涌起了一股参加社团的浪潮，我也被席卷其中。在成功通过了三个学生组织的面试后，我的生活好像一下子有了着落。新鲜与喜悦感过后，便只剩下了忙碌。疲于应对的我选择了只留在学生会的权益联络部，放弃了当时更具归属感的另一部门，也许是源于长久的对于学生会的向往，也许是出于锻炼自己沟通能力的期待。后来的我经常想，如果当初做了不同的选择呢？

弥漫着包子味的微积分课堂，课程进度飞快的无机化学，风度翩翩的近现代史老师，还有似懂非懂的工程制图，这是我对大学学习的初印象。靠着高中那股子认真劲儿，我开始了课前预习、课后复习，但是很快就发现，要学习的内容实在是太多了，而我根本没有足够的时间和精力去应对。当时的我没有想着与谁沟通，矛盾不安伴随着我度过了最初的几个月。一个学期下来，排名33/138，三等奖奖学金，还不错的成绩，我兴奋地拨通了家里的号码。

如果说在学习上有什么最大的遗憾的话，那就是大一下学期没有认真地学 C 语言。C 语言是一个全新知识领域的敲门砖，然而当时我只当是一门不喜欢并且坚信自己永远学不好的课。直到考前突击时，同学告诉我：其实 C 语言只要肯花时间认真学就能学好，你们非计算机专业的，很多都不愿意学。

博古通今的气质、自信优雅的迷人、成熟幽默的态度，这是我在大一多样的课程中感受到的来源于老师们的人格魅力。英语课堂之外，我给自己列了张电影清单，《燃情岁月》是我最喜欢的一部，不知道是不是源于内心对自由的向往。也不知从何时开始，我爱上了随手拍照留下生活中的美。

二、尝试

又是一年九月，开学那天，艳阳高照，我往返于南北校区之间引导新生，希望把学长的火炬传递下去。开学季也是转专业季，大一下学期排名58/137，这意味着我并没有转专业的机会。当初我自己填报志愿"化工与制药专业"来了这里，眼看着周围的优秀同学转去了别的专业，想着他们转到一个全新的专业虽然可能会面临着课程的挑战，但是也能结识更多新朋友、学习新领域。我也开始问自己：我未来要做什么？夜晚，和室友在校园散步，那天我下了决定：我想努力一把试试看。轻描淡写的一句话，看起来草率的决定，却从那个时候开始在心里生根发芽了。成绩排名从6/114到2/114，我在大二拿到了一等奖奖学金，这也为我之后选择的专业方向和保研之路奠定了基础。

"尝试"，是我在大二的关键词。那段时间热爱读书，便加入了读书会；热爱话剧艺术，便勇敢地参加面试加入了太阳剧社。在读书会的那段时间，我结识了一位学长，他也曾一度成为我的心灵导师。得益于他，我很幸运地与一群有趣的伙伴们夜游香山。登上山顶，看着灯火辉煌的北京城，那份惊喜不言而喻。忘不掉的还有夜色中同伴们围坐一圈的欢声笑语和等待日出的感动，为了这些，再辛苦都是值得的。

三、探寻

进入大三，到了争取保研资格的关键一年，学习氛围浓重起来。但是，我彼时的关键词并非"学习"，而是"探寻"。

刚开学，得知了一位同学即将入伍的消息。对于这位记忆中体格瘦弱、学习优异的同学，我感到不可思议并且由衷赞叹。临行前见到他，彼时的他内外都洋溢着一股坚定。我曾经想要成为一个说走就走的背包客，至今没有实现，原因当然有对可能存在的危险的担忧，但我想更重要的是我缺乏那股决绝和坚毅，停留在一闪而过并立即被自我否决的念头。

"我们的一生应当怎样度过？"这个问题从出生就开始伴随着我们，答案需要用尽一生来寻找。当这个想法出现在脑海中时，另一句话也随之出现："人最宝贵的是生命，它给予我们只有一次。人的一生应当这样度过，当他回首往事时，不会因虚度年华而悔恨，也不会因碌碌无为而羞愧。这样在他临死的时候就能说：我已经把我的整个生命和全部精力，都献给了这个世界上最壮丽的事业——为了人类的解放而斗争"。

这一年，"理想与信念"这两个词越发强烈地萦绕在脑海中。那时的我坚信：只有树立了理想与信念，才能一往无前，坚持不懈，做成大事。因此，我也清晰地踏上了探寻自己的理想与信念的路途。我被优秀共产党员的事迹所感动，也渴望了解到更多中国共产党的历史。了解得越多，加入中国共产党的愿望就越坚定。幸运的是，大三时我得到了学习党课的机会。2018 年，我成为一名光荣的预备党员，在鲜红的党旗下宣誓时，我感受到了庄严，还有与志同道合的朋友拥有共同的远大理想。

大三下学期的那个寒假，一行北理工人穿越山河大海，来到了遥远的澳大利亚，我很幸运地成为其中一员。这次机会有多么珍贵，我就有多么珍惜。在那里的两周时光，我没有按日子计算，而是按小时计算，期待着每一刻都能够遇见惊喜。来自五湖四海的优秀同龄人、紧密合作的团队、轻松平等的交流，都弥足珍贵。

我想人在一个环境待久了就会陷入一种安逸，出国见到不同的事物与环境，会启发我思考与改变。两周的时间里，我见到了澳大利亚的美丽与不同，触发了很多思考。参观博物馆的时候，看到留言墙上有这样一句话，"Country is not just a place you can visit, it's also something you carry around inside you."当时与祖国隔着宽阔的海洋，我感到真的就如那句留言所说，祖国真的在我心中触发了什么，也许是一种归属感，也许是自豪感。祖国是我们的家，看着我们的家越来越好，很多地方已经远远超过国外，我为能生活在这个大家庭里而骄傲！党课学习时书记告诉我们，为人民服务，就要发挥自己的最大价值。接下来的日子里，我会认真学习科学文化知识，充分发挥自己的价值，在提升自己的同时也用我的梦为伟大的中国梦贡献力量。

盛夏复至，保研环节的夏令营阶段也悄然而至。努力掺着巧合，我拿到了去中国医学科学院药物研究所攻读药物化学硕士学位的机会。大三也在这看似有了着落的未来中结束了。

四、思考

2019 年寒假结束后，我开始了每周五天往返于学校和药物所的日子。一个半小时的路程，早上 6：50 起床，7：40 乘着地铁的早高峰离开学校；晚上五六点离开药物所，挤着晚高峰回到学校。某天早上，我看着地铁上拥挤的人群，想着自己也是其中一个，以前以为自己是个不凡之人，可现在也不过是泛泛之众，极为失落。后来的我告诉自己，希望我也能平凡但不平庸地活着。

在明确了未来三年的方向并且有了初步的接触后，我又开始怀疑了，反复问自己：我真的要在这条路上继续走下去吗？如果换条路会怎么样？这个问题直到现在我也没有找到答案。以前曾经摘抄过一句威廉·德莱塞维茨在斯坦福大学的演讲："你生来就是为了体验你自己的疯狂的：疯狂地打破常规，疯狂地认为事事皆有可能，疯狂地想到你有天赋之权去尝试。"这句话不能解答我的疑惑，但它让我的思想多了无限可能。

未来之所以迷人，来源于它的未知和充满着无限可能。既然选择了方向，之后我会充满着自信探索下去。以后还会有更多的疑问，我将会继续在书中、在实践中、在思考中寻找答案。

用四年的时间成长

化学与化工学院　昝铭玮

如果人生是一场电影，那么四年就相当于电影中的一段对白；如果人生是一本小说，那么四年就相当于小说中的一段情节。人生有很多个四年，或许有的是同一种境遇的不断重复，但我想说大学的四年每一天都是新的，是这个电影和小说中重要的转折部分，蕴含无限可能。回首这四年，已记不得第一次上课、第一次在食堂吃饭、第一次考试、第一次散步时的情景，但用这四年时光换来的宝贵记忆将会永远留存在我的脑海中，伴我成长！

学 习

古语有云："书山有路勤为径，学海无涯苦作舟""学如逆水行舟，不进则退""业精于勤荒于嬉，行成于思毁于随"。可以看到，古人对于学习强调"勤"和"上进"。我认为这是关于学习目标和学习态度的问题，因为只有远大的目标才能催生出不竭的动力。

我们都经历过千百人争过独木桥的高考，那时我们学习的目标更多是随大流，给自己的未来赢得一个良好的开端，可大都没有想过未来真正想干什么。初入大学，这个问题其实已经摆在了大家面前，是继续随大流，还是为自己的未来思考，大家做出了不同的选择。我刚进入大学时也没有自己的想法，和大家一样，走一步算一步，结果大一上学期英语濒临挂科，惊醒了我。如果再浑浑噩噩下去，等待我的可能就是平庸的一生。我了解到了许多伟大的人物青年时都有过远大的目标，周恩来为中华崛起而读书，马克思为解放人类而斗争，鲁迅先生为民族觉醒而从文。个人的力量是有限的，我可能无法完成这些伟人的壮举，但我可以最大限度地尽我自己的力量，为社会和民族做贡献。于是，在后来的学习中，我充分发挥自己的主观能动性，上课认真听讲，下课认真完成作业，仔细钻研问题的机理，而不仅仅为了考高分。

在我的努力下，我四年的成绩一直名列班级前茅，获得过1次一等奖学金、5次二等奖学金、2次国家励志奖学金、1次优秀团干部、3次优秀学生等荣誉。随着年级的增加，我也越来越了解到了专业知识的重要性。未来社会需要的人才是专业知识精深、知识面广的"T"字形人才。因此我加强了对专业知识的学习，强化自己对基础理论的掌握，为自己未来的学习和研究奠定基础。在四年中我认识到了只有不断学习才能实现人生价值，也只有主动学习才不会被当今快节奏的时代抛弃。

生活

四年对于人生这本书来说并不长，可是翻开这四年的每一页，你会发现他们都是那么普通，平淡无奇。是的，再精彩的故事也都是由普通的文字组成，平淡才是生活的本来面貌。与平淡的生活相处，是我们每个人都必须要经历的。

与生活相处，首先是与自己相处，只有管理好自己内部的所有问题，才能让自己发挥出全部的力量。因此君子慎独，独处时正是面对自己内心的时候，一个人在独处时的状态往往决定了他所能达到的高度。大学相对高中阶段更加宽松和自由，相信很多人跟我一样都有独处的时候。坦白地说，我在独处的时候往往表现的和人多时不一样。每每独处时，我总是抑制不住内心想玩的冲动，总是把计划的任务抛到脑后。此外，我不能合理地安排自己的时间，导致学习时间和休息时间混乱，要不总是在学习，要不总是在休息。时间久了，就会对生活生出无力感，因为没有什么事可以在计划内完成，并且自己的生活规律也比较混乱。我认为这都是不会和自己相处的后果。我逐渐认识到和自己相处其实就是处理好自己和生活的关系，对待生活要有明确的态度，不能糊涂。就这样，我刻意培养自己对生活的掌控能力，提前订好规划，该学习时高效学习，该休息时放松休息，该娱乐时娱乐，形成了良好的规律。此外，我也加强了对生活美的感受。记得有这样一句话：房子可以是租来的，但日子不是租来的。平淡的生活需要我们用不平淡的眼光看待，比如闲暇时光，我会一个人独自漫步北湖，感受自然的美丽与生活的美好，洗刷掉当天的烦恼。

与生活相处，也是与他人相处。这四年，我遇到了很多人，有的可能只有一面之缘，有的可能只存在于微信和QQ中，都是我人生经历中不可或缺的一部分。在与来自天南地北、五湖四海，不同专业、不同组织，拥有不同性格却和我年龄相近的人的交流中，我慢慢地放下了心理负担，逐渐变得热情和自信，开拓了认知和眼界，也收获了交流与合作的经验。也正是在与他人的交流中，我认识到了自己的优点与不足，对自己有了更清楚的定位，所谓见贤思齐，见不贤而内自省也。

生活就是由形形色色的人和事组成的，过好每一天，在平淡中生出伟大。

全面发展自己

社会在发展，时代在进步，我们正处在一个人类文明最繁荣和昌盛的时候，每一天都在发生重大变革。我深知个人和国家一样，只有全面发展才能在激烈的竞争中处于不败之地。

我首先认识到了自我完善与优化的重要性。每个人都不可能是完美的，我们一生可能都在修补身上的漏洞。有的人觉悟高，很早就开始主动修补漏洞，有的人觉悟低，终其一生还不知道自己的漏洞在哪里。自我完善与优化就是在清楚地知道自己的缺点与不足后，主动改善或主动寻求别人帮助，促成更高觉悟的自己，这样就可以形成一个良性循环，永远处在进步之中。与之相反，人不能认识到自己的不足将导致陷入自暴自弃的死循环中，这是最可怕的。对我们来说，大学里有很多诱惑，游戏、无所事事、刷剧、高消费带来的物质享受等都很容易让我们一时无法自拔，我也曾经陷入其中。但这些东西带来的快乐都是短暂的，一旦幸福获得的太过容易，人就失去了奋斗的能力。所以经过四年的学习，我养成了定期审查自己行为的习惯，总结自己的功过得失，是否对自己的发展有利。我明白自身还存在着非常多的缺点，与优秀的人还有很大差距，于是坚持那些需要长期努力才能带来快乐的东西，不断完善自身，朝着既定的目标前进。

我在大三时加入中国共产党，成了一名光荣的共产党员。中国共产党代表最广大人民的根本利益，选择加入中国共产党是一个逐渐推动自己变得优秀的过程，也可以更好地践行为人民服务、为社会服务的目标。为了在思想上更加靠近党，我主动阅读了《共产党宣言》等经典著作，加强马克思主义、毛泽东思想等理论的学习。我主动关注时事新闻，思考社会热点事件，锻炼自己的思考能力，培养正确的价值观。2016 年正值长征胜利 80 周年，我通过听讲座、看书籍、看纪录片深入了解了长征的那段历史，对中国共产党员的牺牲奉献精神有了更深的认识。

此外，我积极地发展自己的兴趣爱好，丰富自己的课余生活。我最喜欢打乒乓球，小小的乒乓球是运动与艺术的结合，非常适合娱乐与锻炼身体；我还喜欢读书，徜徉在书籍的海洋里，我的心灵得到了净化。《呐喊》《边城》《红楼梦》，在作者构建的世界里徘徊，思考；大学期间，我也观看了许多优秀的影视作品，《火蓝刀锋》《士兵突击》《历史转折中的邓小平》，我看到了个人的成长、祖国的强大与历史的印记。

把握当下，展望未来

大学四年，正是青年时期最灿烂和辉煌的时刻。回顾这四年，我从懵懂走向成熟，从迷茫走向坚定，从自卑走向自信，从软弱走向坚强。我明白了拼搏才是青春的本色，奋斗才是幸福的源泉。我懂得了青春的美好和时间的宝贵。在这四年，我成长了许多。回首往事，我有后悔，有喜悦，有兴奋，有失意，但正是这些点点滴滴组成了我宝贵的四年。

习近平总书记在纪念五四运动100周年大会上讲道："青年是整个社会力量中最积极、最有生气的力量，国家的希望在青年，民族的未来在青年。"当前对青年来说是最好的时代，我们应该背负起更多的责任与担当，把自己个人的发展融入社会和国家的发展中，不惧任何艰难与挑战。

把握当下，用最热烈的拼搏回报青春的美好。

展望未来，用最坚定的步伐开拓时代的新篇！

最后感谢每一个对我有过直接或间接帮助的人，大学，再见！

追求卓越，做时代的开拓者

法学院　任文佑

恍惚间，从一个懵懂无知的求知少年成为几多欢喜几多忧的毕业生，前路未知，一切迷茫。回首往昔，究竟得到什么，失去什么呢？或许这个问题并不好回答，真正的得到与失去，总是在未来不经意的某个时刻展示或者凸显。就今天而言，反思些许也未尝不可，只求得"有则改之，无则加勉"罢了。

一、收获：有形与无形

大学四年，不能说一点荣誉没有，些许荣誉还是有的，忝列国家奖学金获得者的行列，偶然获得些"世纪杯"的荣誉，得了若干次校级荣誉之类的，这些算是收获吧。不过，除了这些，能够有幸被保送研究生，进入新的学习环境，从目前来看，也算是些许小成就吧。

或许我更关注别的收获，我很荣幸遇到无数优秀的老师。遇到做事做人严谨认真的杨华权老师，从他身上，学到了谦逊与踏实；遇到风趣幽默的孟强老师，他经常的口头禅"读书要多，读书要快"的确有些启迪；遇到了诲人不倦的韩君玲、张艳丽老师，严谨的教学态度，对于学生的无私付出，令人感动；遇到学识渊博的刘毅老师，善于启发学生的于兆波老师，等等。还有众多老师，实在是有些词穷，只能够从心里感激不能一一赞扬的好老师们。荣幸在成长阶段与这些老师相遇，收获颇丰。北理工法学院，是一片和谐的净土。

很荣幸遇到良乡北湖那片净土。在这里，我曾经一圈一圈地欣赏着风景，感受着春去秋来，四季轮回。良乡北湖是一片安逸的地方，迷人而优雅，仿佛一个得道的高人，真正的"结庐在人境，而无车马喧"。在它母亲般的怀抱里，我一次次反思着对于人生、对于社会的心得。闭目，用心凝望，眼前仿佛像电影一样，一帧帧地播放着往昔。

很幸运遇到了一生忠诚的朋友——万卷图书。这是一位智慧的好朋友，它记录着人世间的沧桑荣辱，兴衰得失；这是一位无私的朋友，它总是分享着自己最有价值的一面；这是一位忠诚的朋友，无论你高潮也好，低谷也罢，它总不会离开你远去。在这四年里，与你相伴，仿佛阅尽往昔千年，看穿人世轮回。你教会我要"避开枝节，直入本质"，你引导我要"全面分析，单线突破"。在理念和执行方面，你告诉我要"以理念引导执行，以执行服务理念"。总之，从这位朋友那里，我学到了太多太多。

遇见法学纯属意外。莫名其妙地闯入法学的殿堂，究竟是莫名的点化，还是前世的五百次回眸？我至今也不得而知，但是我也感受到，在这间屋子里，我的思维还是发生了转变，至少，当某人说"我父亲把一套房子给了朋友"之后我接了句"赠予还是互易，是代物清偿还是买卖"之类的话，惹得全场尴尬。法学教会我很多，比如，它教会我风险意识，教会我看清事物本质，教会我在复杂的关系中抽象出最为有用的东西。这也算是一点收获吧。

二、坚忍：所得与所失

除了遇到那些欢欣与喜悦，也逐渐感受到了一些压力和不足，这些问题久拖不决，给今后发展带来诸多障碍。

第一，英语听力水平的徘徊不前。从入校开始，就意识到了问题的严重性，制订了不少的计划来解决这些问题，但是到目前为止，这些问题依然制约着发展，依然是当前一段时间的重要问题。始终不能解决这样的问题，除了客观因素之外，主要还是意志力不够坚定，没有将这些问题的解决方法真正落实。这一障碍必须解决。

第二，过于重视理念，轻视技术性因素的影响。一直以来，对于空洞性的理念有着较多的把握和认知，但是对于具体的法律技术、经济技术过于轻视，一直以来，给自己的借口是自己是学术型人才。其实这样的借口在整个法学界尤其是法理学界有着通病，结果养成思维懒惰、华而不实、重名不务实、空谈无用等一系列特别糟糕的现象，当遇到阻碍的时候，反而会讥讽别人不够深刻。更为可悲的是，自己逐渐染上这样的毛病。反思，警告！

第三，缺乏足够的抗压能力，容易抱怨和放弃。胸怀大志者必然脚踏实地，必然敢于与挫折对抗，敢于在风暴中前行。道理倒是都懂，可是一旦面临问题就开始自怨自艾，抱怨环境，颇有希望放弃的想法。这样的态度怎么能够真正地走出象牙塔，走向未来呢？既然选择一条充满风险的道路，就应该有突破风险的勇气和力量。

第四，经济学知识的匮乏。长期以来，在认识层面，一直明白经济学知识对于法学职业的重要性，但是到目前为止，个人的经济学知识还仅仅局限在《国富论》《资本论》等方面，没有真正深入经济学本身，学到更多的经济学、金融学知识。这又是一次认识论和实践论上的重大差距，对于整个发展产生着众多不利的影响。

第五，体育锻炼不够。"文明之精神，野蛮之体魄"一直是口号与追求，但是在实践中，体育锻炼依然不够，没有形成稳定的体育锻炼计划，在强身健体方面做得十分不够。保持强健的体魄是接下来学习和工作的重要保证，必须将这部分内容纳入整体的日程中来。

道路崎岖，需要做的事情还真的很多，需要培养的能力还真的很多，需要解决的问题还真的很多，如何能够在今后的道路上快速解决这些问题，避免被过分拖累，是目前解决问题的关键所在。最为关键的还是需要将认识与执行紧密地结合在一起，寻求真正的突破。

三、迷茫：路漫漫其修远兮

谈了很多，其实还有一个很关键的问题，那就是所谓今后的发展规划问题。如何真正地寻找到自己的方向呢？这是目前最为迷茫的问题所在。真的是"路漫漫其修远兮"！

首先，"追求卓越"应当成为永恒不变的追求。不论今后在哪个领域立足，一定要追求成为这个领域最为顶尖的人物，甚至要将自己的影响力突破本领域，对于相关的诸多领域施加足够的影响力，这是十分关键的一环。必须始终将追求卓越作为人生不变的目标。走出校园，面对着人生的诸多艰难，房价、物价、家庭等，任何事物都不能削弱这一价值目标在心中的分量和地位。

为了追求卓越，必须始终保持创新的勇气和能力。在今天各个行业都开始有饱和的趋势下，如何杀出重围，走向顶端？必须寻求新的发展路径，解决行业目前存在的问题，如果不能给社会有所付出，就不能真正获得回报。创新的勇气就是承受失败的勇气，承受风险的勇气，寻找不确定的未来的勇气。必须保持创新的能力，不断地更新自己的技术性知识，提升看破事物本质的能力，把握趋势，从宏观入手，在微观层面执行。

充分利用现有平台，寻求新的突破也是问题的关键所在。进入政法之后，充分利用政法大学的法学资源平台，深入法学界内部，了解更多的法学资讯，初步建立法学团队，对于今后的法学发展是十分重要的。凡事多谋后决，厚积薄发，要多方了解法学业界规律和社会发展规律，对于今后的法学发展有着明确的方向感。

关于今后的学历发展，以清华或者北大的法学博士为下一步的奋斗目标，寻求更高平台的突破。当然，也应当随时准备好晋身实务界的准备，了解实务界的发展态势，对于实务界的规律进行了解，逐步建立起自己独特的法律服务方式和法律服务理念。

或许，今后会走向实务界，如何在实务界脱颖而出，做出超越当前所有律师的新贡献呢？这恐怕是目前最需要思考的问题。随着律师行业规模的扩大，律师业内部的竞争激烈，与此同时，律师内部同质化现象也很严重，如何能够打造出与现有的律师服务模式不同的新的服务理念和服务方式，也是接下来学习中需要思考的问题。这需要更深刻的了解律师界的发展规律，了解行情，了解未来的需求，这是今后职业发展规划的重点。从短期目标来看，多写作，尤其是针对案例本身的分析将有助于提升实务能力。

当然，在学习期间，学术研究能力也是重要的目标。这一能力影响着今后的职业生涯。对于这部分的学习，影响着今后的案例研究水准，对于职业发展有着重要的意义。

领导能力和市场化生存能力也非常重要。在市场化的年代里，如何能够在不同行业、不同领域脱颖而出，不仅仅需要有本领域的专业能力，还应有跨行业生存的能力，这种能力并不好培养，直接影响着今后的发展。必须能够大胆突破，实现创新，跨行业引领时代。

求索之路漫漫而又艰难。

四、沉舟侧畔千帆过，病树前头万木春

必须承认，当前时代是一个竞争的时代，充满风险和挑战。如果希望能够在这样的时代里乘风破浪、砥砺前行，就必须有"破旧立新"的坚忍与勇气。回首大学时光，得失只在须臾之间，如何在今后数十年间驰骋天地，是如今需要思考的问题。不论如何，都要感谢北理工这片天地，这是一个起点，在这里，学到了很多，提升了很多，当然，并不完美和遗憾的地方也很多。但是庆幸的是，在这里，我始终没有丢掉梦想与动力。"曾经一无所有，却

追求卓越，做时代的开拓者

65

梦想改变一切"。或许，这话还可以用在今天，今天依然是一无所有，但是依然在梦想改变一切。

就用"沉舟侧畔千帆过，病树前头万木春"自勉吧，这不仅是自己的勉励，也是一种超脱自己的勇气。过去的终归过去，新的时间，新的机遇，就是新的时代。加油，永远追求卓越。

打卡！我的大学

法学院　朱芸妤

还记得学校为大一新生设计的"一年级工程"，每天早晨需要在特定时间段到指定位置拍照打卡，以督促我们早起锻炼或学习，养成好习惯。毕业季，我想抓住青春的尾巴，打卡我的大学。

一、劝君莫惜金缕衣，劝君惜取少年时

大学初始，我满怀着对大学生活的憧憬来到北京理工大学，随即被校园内浓厚的学业氛围感染，大学生活不是只有想象中的风花雪月，我辈青年学子更应志存高远、脚踏实地，在更广阔的平台上汲取更多知识，充实自己，提升自己，因而我将生活的重心放在了学习上。

的确，大学依然是学习的一个非常重要的阶段，这一阶段将我们从学生引向社会，从幼稚引向成熟。我们接受的是更加专业化的教育，是在为将来的工作进行知识储备，正如我四年所学的法学。非常感谢学院为我们制定了合理的课程，感谢学识渊博的老师们，一步步将我们带入法学之门。还记得大一的法学导论课程，我第一次进入法院，庄严的建筑，热闹的当事人办案大厅，蒙着眼睛举着天平的正义女神像……尽管只是行色匆匆的参观，依然内心澎湃，为我可能毕生从事的工作而自豪。随着一门门课程的开启，我遇到了风格各异的老师们，有问必答、和蔼可亲的陈君老师，抛出问题引导我们思考的姜雪莲老师，一遍遍讲解直到大家懂为止的廖仕梅老师，不仅传授专业课知识也分享大学学习经验的陈姿含老师，逻辑严谨的秦雪娜老师……

本以为最擅长的学习，到了大学阶段也成了一个比较大的挑战，远非想象中那么一帆风顺，从大一的新奇到大二的迷茫，法学的课程理论性很强，原以为法学是实践性偏多的一门学科，它在法庭上、在案件中，现实却是它首先在书本里、学术上。在消化了一段时间后，我的认识得到了改变，因而

也还算及时地调整了学习方法，开始阅读除课本外的法学书籍并锻炼自己的逻辑思维。从低年级的盲人摸象、磕磕绊绊，到高年级的豁然开朗、目标明确，我一点点领会了法学各学科的连点成线，再连线成面，大三开始，我感受到了法学知识体系的构建，从而对学业产生了更浓厚的兴趣，也取得了不错的成绩。对于未来的方向也有了明确的规划，为了成为优秀的法律人，甚至通过法律完善社会的规则，维护公平正义，我需要进入这一行业的敲门砖——更高的学历以及法律从业资格证书。于是，大三下学期，在学院的保研工作拉开帷幕后，我开始准备个人陈述、科研材料、成绩证明等，向各大院校投递申请，同时开始了法律职业考试的复习。两边同时进行的过程是痛苦的，恨不得一个人当作两个人用，幸运的是，六月份我通过了中南财经政法大学刑事司法学院的夏令营，拿到了该校的保研资格。接着是日益紧迫的法考，听课、理解、建立框架、背诵成了我的日常，又在题海中沉浮大半个月后，我迎来了它的客观题考试，又是一个月的题海，我迎来了它的主观题考试，功夫不负有心人，最终，我打赢了这场历时半年的战役，如愿以偿地通过了法考。

二、青春几何时，黄鸟鸣不歇

学习之余，我的生活以兴趣和挑战为主，刚入学，我便与龙艺社结下了不解之缘，在这个民乐社团里，我找到了一群热爱中国民乐的伙伴，并和他们一起举办了"醉花音"民乐演奏会。此后，通过校公选课、逛博物馆、看展览、听戏等方式，我对中国传统文化有了更进一步的理解，美学抑或艺术方面的知识也得到了补充，在这扇新世界的大门里，我看见了当代艺术家们如何在高压社会下生存，看见了万花筒般的祖国河山与人，看见了历史的多元壮阔，也触碰到浮躁蔓延的大环境下那一抹清凉……发现生活中的美，让生活变得有趣起来成了我不可或缺的一部分。

公益也是我一直关注的部分，2017 年 8 月，我作为"益微西部阳光 V 行动"乡村夏令营的志愿者，前往安徽省亳州市涡阳县石弓镇王元村与团队一起开展内容形式新颖的支教活动，夏令营的主旨是培养孩子们的阅读习惯，此外我们自己设计课程，力图给孩子们带去不一样的课堂，还组织了趣味运动会。乡村的条件是艰苦的，但当和孩子们在一起的时候，我感受到的是单纯的愉悦，也因为他们，我变得更加包容，更加耐心。

为了锻炼自己的学生工作能力，我加入了法学院学生会，从部员到部长到副主席，我的领导能力、应变能力、人际交往能力、自律能力增强，也越来越懂得了如何肩负责任。当我认为自己有了一定的思想觉悟后，我申请加入了中国共产党，大四上学期，我成了一名光荣的共产党员。各式各样的集体活动亦丰富了我的课余生活，三次纪念"一二·九运动"歌咏比赛一等奖，首都高等学校第五十五届学生田径运动会开幕式扇子舞表演……我逐渐融入这个集体，庆幸在这个年纪遇到了这个青春活力的集体。兴趣跟责任齐头并举，让我的课余生活充实了很多。

三、斯世清浊，全赖吾辈激昂

大二的时候，已经有了一定知识积累的我关注到了网约车市场混乱不堪的现状，与志同道合的同学一起组队，开展了研究主题为"机动车交通事故中网约车各方主体的民事责任研究"的项目，随着"互联网＋"时代的全面到来，共享经济也如飓风席卷了市场，然而现实的秩序规定存在诸多的空白之处，容易导致管理缺位、责任不明的情况，我们希望通过我们的探索厘清责任。在研究期间，存在获取案例材料难度大、研究对象庞杂等问题，通过团队协作，我们顺利解决了问题。最终，该项目被评为2016年度北京理工大学"优秀大学生创新训练项目"，依托此项目撰写的论文亦获得了北京理工大学第十五届"世纪杯"学生课外学术科技作品竞赛二等奖。在这个过程中，我明白了如何将自己置身于团队中，达到1＋1＞2的效果，也从另一种途径学习了课堂上没有的法学知识，增强了自己的专业能力。

法在典中，更在法庭上，身为一名法学生，在威严的法庭上凭自己的能力帮助法官做出合法合理的裁判，最好是利于自己一方的裁判，这是不容错过的体验，因次，大四下学期，我报名参加了第六届国际刑事法院模拟法庭竞赛中国选拔赛（英文），这场比赛不仅国际刑法是一大挑战，语言也是一大挑战，不同于两造对立的一般法庭，国际刑事法院的法庭分为三方，增加了这场比赛的难度。我和队友们经过近半年的准备，从听课到准备书状、口语稿，最终站在法庭上，斩获二等奖。这个过程中，我的思辨能力、收集资料能力、英语口语能力得到了极大提升，也更加感受到了站在法庭上的庄严和沉甸甸的责任。

四、养真衡茅下，庶以善自名

还有两个假期令我记忆犹新，一次是大一暑假，我参加台湾政治大学法学院 2016 法学夏日学院，其间学习了相关法学课程，还观摩了当地法院。同时，101 俯瞰的台北夜景、夕阳下郁郁葱葱的山、烈日下澄澈清凉的海、机车驶过的街道……给了我一次愉快的旅程。

另一次是大二暑假，我参加学院组织的专业实习，在海淀法院执行局，我度过了为期一个月的实习生活，在这里，我遇到了让每个当事人都信服的法官、干练高效的司法辅助人员，亲身体验了法院录入案件、接待当事人的工作，也对法律工作产生了全新的、更加实际的认知。大四法考结束后，我再一次到海淀法院实习，这次实习是在办理知识产权案件和名誉权案件的中关村法庭，正赶上海淀法院的年终结案，每个人每天工作任务都很重。我学到的也更多，明白了从事法律职业该具有的严谨与专业，越专业其实对当事人越有利，每一次法槌敲响，每一次裁判都多多少少影响着两个人、两个公司甚至更多的人未来。作为一个法学生，或许我的成绩还不错，但要成为一名法律人，我还远远不足。这次实习更加坚定了我成为一名法官的决心，我会为之不懈努力奋斗。

五、路漫漫其修远兮，吾将上下而求索

作为一名法律人，不仅需要庄严冷静的法律思维，也需要能感知生活、欣赏生活的美学思维，我希望，在日后的法律生活中，我不仅做到刚正不阿，更能体会每位站在法庭上的人的情理深处。不管是之后进入新的学校，还是再往后踏入社会，我都会秉持这一信念，满怀热情深入钻研我的专业，把它运用到我的工作中，定纷止争，做一个对社会有用的人，做一个热爱生活的人。

不忘初心，方得始终

设计与艺术学院　王泽坤

时间如白驹过隙，回顾德育开题的时候，我在标题上写下"不忘初心，方得始终"八个字，作为对自己大学阶段的一个期许。在过去的四年间，虽然也经历了诸多起伏，直到现在，"不断丰富自己"的初心还算铭记于心。

四年太短，与北理初见的场景和心情还记忆犹新；四年太长，经历这个阶段的自己已经是另一个模样。无论是积极的或消极的改变，还是很感谢现在的自己更接近最初期望的模样。当然，在成为更好的自己的这条路上，还有很远的距离要继续走。在此，重新回想四年前的自己和当时对大学的憧憬，展望接下来三年的全新篇章。

一、初心

2015年9月，那个少年从家乡的小县城第一次来到首都北京，在夏末的北湖边，经历了三周军训的洗礼之后迅速适应了远离家人的全新生活。和其他很多同学一样，他也经历过一段时间不知所措的茫然。在高中三年极为紧绷和规律的学习生活之后，他有太多的事情想要尝试：结识新的朋友、做学生兼职、参加比赛、参加学生会和社团、培养兴趣爱好……成长和优秀成为他对大学四年的最初期待。那个时候，他为自己立下"快速成长"的目标。

他很快融入了新的学习环境，尽管对于学习编程毫无基础，他还是努力地跟上了专业课程的进度。虽然是阴差阳错进入的专业，但还是靠着每一次"AC（程序通过）"的小小激动，培养着对这个陌生专业的喜爱。对于大一的学习生活，难忘高数课上和朋友抢坐第一排的场景，难忘费力请教编程问题的场景，难忘和同学们相约图书馆自习的场景。他加入了学部学生会宣传部，事实证明，这是大学期间最正确的决定之一。他在那里认识了很多很好的朋友，学到了很多东西。编排的推送被发表和制作的喷绘被展示在活动现场，成为大学期间值得铭记的欣喜。直到现在，那些景象还历历在目，仿佛刚刚发生一样。在学生会的表彰大会上，他的发言中说了这样一句话："我的大学生活，正是梦想的模样。"

在第二个学期，经过了漫长的深思熟虑之后，他立下新的目标——转专业。实话说，重新适应一个新的专业，进入一个没那么了解的新的领域，融入一个新的集体，对他来说确实需要一定的勇气。但他还是想要在自己的大学期间做一些真正喜欢的事情，不为这四年留下任何的遗憾。与工业设计专业的初识竟然有一种久别重逢的感觉，确认这样的想法不是心血来潮之后，他用了一个学期为转专业做准备：提高成绩、看专业书籍、练习手绘……在大二学年伊始，终于成功来到了梦寐以求的新专业。非常值得庆幸的是，在这个过程中，他得到了许多人的帮助：设计学院的学长学姐为他答疑解惑，父母的理解和支持，还有一些朋友陪伴他度过了最刻苦的一段时光。

感谢新集体同学们的热情和一同转专业的朋友的友谊，他顺利在新的环境下适应了新的学习状态，并且享受其中。当时最初了解工业设计专业的激动和迫不及待的心情记忆犹新，现在想来，这也许是在之前的生活里做过最任性也是最正确的决定。

二、一路走来：我的大学生活

大二的一年，属于新专业的适应和追赶。相较于软件学院理性严谨的学习方式，设计学院的学习更多的是感性和实践。这样的转变确实也花费了他不少的努力。在这个过程中，非常感谢一起来到设计学院的五位朋友。同是这个集体的新成员，自然而然会更加容易成为亲密的伙伴。由于要补修大一缺下的专业课，他们穿梭于不同的班级和课堂，分享和交流自己对设计的经验和感受。尽管课业任务相对繁重，大家一起开过的玩笑和共处的时光依然是大学阶段最浓墨重彩的一笔。

大二的一年，也是属于社团的一年。在被授命之前，他从未想过要成为一位社团人。从因为小众爱好的抱团心理而加入，到后来选择留在社团成为负责人，再到把自己的课余时间全心全意奉献给社团，这个过程中的想法其实很简单：能够促进一个小的社团向更好的方向发展是一件非常有成就感的事情。身为社长的一年，从最初的宏图大志到后来认识到自己的无能为力，理解了很多社团人的无奈，了解到了每一场活动光鲜亮丽表面背后的烦琐和艰难，有过荣誉也受到过吐槽，最后还是很欣慰看到自己和社团在这一年过程中的成长。

　　大三的一年，课程的难度和工作量达到了峰值。他努力应付于每一门课程的挑战，每个或大或小的作业任务都尽心尽力，希望做到自己所能达到的最好水平。大三的一年是大学阶段第二个迷茫的时期，相较于初入学的懵懂和无知，这个阶段更多的是对自己的未来不确定性的无措。保研、考研、出国留学、就业，终于走到了这个十字路口，对于这个问题是做出一个决定的时候了。这样的压力似乎围绕在每个人的身旁，连平时与朋友聊天都躲不掉"未来"这样深刻又沉重但不得不面对的话题。在一边繁忙一边迷茫的过程中，幸运的是，他对于课程的认真和努力没有白费，顺利成为保研名单中的一员，那个反复思考的问题终于有了一个明确的答案。

　　回顾的最后，在大四的一年中，印象最为深刻的是刚刚结束的毕业设计。耗时一个多学期的毕业设计进展地并不算顺利，从最初确定选题的纠结和迷茫，到刚开始进行时的无从下手，再到最后阶段反反复复的修改和迭代，付出了很多辛劳，然而结果却并不尽如人意。但是这个过程对于设计流程的理解、时间安排的能力、抗压能力都是一个很好的锻炼。经历了这个过程，他确实认识到自己的很多不足：缺乏长期的时间规划能力，在长达几个月的流程中，往往不能安排好每一个小阶段的任务和目标；有一定的拖延症，在长期的规划中经常会出现把主要工作推到后面的情况，这样的结果往往是错误估计了自己的效率导致最后需要付出更多的时间和精力；与他人交流不足，在整个过程中，直到答辩前一周才给指导老师审查方案，导致直到最后两天还在进行论文和方案的修改和完善。在之后的项目过程中，要把握好每个阶段和老师、学长学姐以及同学们的交流机会，广泛接纳他人的意见和建议。最后，非常感谢指导老师以及在这个过程中一直帮助他的学长学姐和各位同学。

三、离别和未来

　　在大学阶段即将结束的最后时刻，回顾自己初来乍到时想要做的那些事情的清单，有一些已经成功做到了，并且很开心有这样一个过程：在学生会和社团有很美好的记忆，尝试了一些兼职和志愿活动，交到了很好的朋友。也有一些一直想做但是一直没有做到的：想养成好的作息习惯，想要喜欢并擅长某种运动，想要更擅长社交。再回顾自己这四年的经历，还有太多太多事情是完全没有预料到的。值得庆幸的是，虽然四年间遇到的难关不计其数，也有无数个不知所措、不敢面对的时刻，但是最后都能一一被化解。这四年留给了我太多的惊喜和彩蛋，而且我依然相信只要认真对待，未来的生活依然会像之前那样值得期待。

每次毕业都是一场离别，而这次好像分外不舍。在这个至关重要的岔路口，每个同学和朋友都走在自己所希望的路上找寻自己希望的生活。我们在这四年相伴走过的这条路共同创造了太多精彩并值得留恋的瞬间，也希望彼此在之后不同的路上都可以成为更好的自己，继续发光。

接下来迎接我的是三年的研究生生活，和这所学校、这座城市的故事还有时间去续写。在对研究生生活的初体验的过程中，对于即将到来的繁忙但井然有序的生活我已经做好了准备并充满期待。

"不忘初心，方得始终"，我选择了德育开题的标题作结，这份最初的期许依然会是我接下来生活的目标。初心，是快速成长，是不断丰富自己，是勇于尝试，是不断地接受未知的挑战，是做自己想做的事情，是成为自己想成为的模样。接下来的全新篇章，我想带着来到这里时的初心，迎接新的自己，向着成为一位合格的设计师的方向继续向前。"既然选择了远方，便只顾风雨兼程"。最后愿自己和所有能够不忘初心的人都能方得始终。

德育答辩论文

设计与艺术学院 黄秋也

一、我的母校

时间如白驹过隙，转眼间就到了毕业季，同学们都有了各自的道路，站在离别的岔路口上，许多人或许再也不会相见。

北理带给我的印象是谦逊、含蓄、扎实和坚韧。它坐落在海淀区北三环附近的繁华地带，是一所"985"院校。虽然生长在北京，却几乎是在"清北人师"这几所学校的耳濡目染之下长大，仅在填报志愿时才对北理有了更多了解。这是一所富有军工色彩的高校，在房山区正开辟着更广阔的校区，覆盖了许多学科领域和专业方向。来到北理以后，我感受到了学校的管理比较严格，但同时学校也给了我们相当大的自由度。严格体现在校规校纪上，比如出勤、宿舍条例等，自由度体现在你可以自己选择过什么样的生活——可以参加很多社团活动，做一个兴趣广泛、热情又伶俐的组织者，可以有条不紊地专心课业，兼顾课内外的学习实践，可以投身于社会志愿活动，收获不一般的人生阅历……以至于你可以逐渐发现自己未来将选择的道路，逐渐了解自己是一个怎样的人，真正的兴趣所在或是对哪一方面更擅长，在漫漫人生路上将走向何方，要怎样走。

如果说什么地方最能代表北理的气质，我认为是中关村校区灯火通明的教学楼——即使是节假日或是很晚的时候，也很少有空着的教室，大家在里面安静地自习。晚上十点以后，校园马路上一大批回宿舍的同学，大家结伴而行、有说有笑，清爽的夜风吹走了几分疲惫，明天依然是周而复始的生活。在这样的环境中，很难不被这种氛围感染，它让你自律而稳健，同时也让你有力可施、有所追求。

而我最喜欢的则是学校里一切可以交流的地方，比如说体育馆底下的学生之家，良乡图书馆的交流室，甚至是食堂、花园，任何一个露天平台或者开水间旁的两三座椅，这些地方通常都有着细密交错的讨论和发言，频繁的眼神交流，甚至是手舞足蹈和激烈争吵。在这里有思维的碰撞，有悦纳，有反驳，有跳出自我思维圈的机会。在升入大学后，交流沟通和合作成了我非常珍视和向往的一种做事方式。人外有人，向他人表达自己的想法，听取多方面意见或是给予建议，是非常有效的提升自我的方式，也正是学校的课程规划、校园文化让它慢慢渗入我的思维方式和行为习惯，在开放、交融的氛围中让自己的视野更加开阔，思维更加机敏，性格更加包容。

二、我的专业

再谈一谈自己的专业。同样是在报考志愿时才开始了解"工业设计"，当时的认识也比较浅薄，最后用排除法选择了自己感兴趣的设计领域。后来入学后，因为设计是和艺术有许多交集的领域，从最基础的素描、水粉课开始，一切都十分新鲜，到大二时接触了更多具有设计思维的课程，开始对这个专业有了更加深刻的认识。非常幸运的是，在高考填报志愿时近乎"盲选"地选择了工业设计，却能够在学习过程中一步步加深对它的热爱，能够肯定自己在这个方向上所付出的努力，能够发现自己所擅长的领域以及可进步的方面，能够以此为基础渐渐铺垫出未来的道路，而没有过多的迷茫困惑，或是走太多弯路，我认为这是十分幸运的一件事。

三、我的四年

如果为每一年都用几个关键词来做一个简单小结的话，我的四年大概是这样的。

（一）开始熟悉大学的生活节奏；最无忧无虑的时光

如果在高中时问我什么是大学，我可能会说"走班制"、集体食宿、专业性强、作业少、压力小，大一时的我则会说，大学是思想开放自由、自我管理和被忙碌的琐事充斥着。教学不止于走班，还有自我钻研和交流合作。友情也不止于一起吃饭、做题、上厕所，还有经营宿舍情谊和排解失恋情绪。那时候学习压力确实不大，还不知通宵熬夜的滋味，倒是有阳台吃瓜、看星星，白天追剧，晚上夜跑的闲情逸致。对室友的称呼还不是"狗子"而是

"宝宝"。对专业的了解浅尝辄止，基本停留在技能上，学生社团里的存在感若有似无，集体活动踊跃参加了不少，还都挺有意义，微信好友数量激增，仿佛认识了很多人。大一充斥着纷繁杂乱的琐事，人际关系简单纯粹，对于学习的定义基本还在老老实实上课。大一是不温不火，无忧无虑。

（二）安逸的一年；社会实践

开学伊始去了婺源写生，让一个理科生彻头彻尾体验了一把画家的世界，尽管画不出江西烟胧雨，却也感受到了当地热情淳朴的风土人情和不经雕饰的乡村美景。如果不是客观存在的课程任务压力和临走前大病一场，或许可以好好回味下慢节奏的乡村生活。接下来的专业课明显增强了思想性和思维深度，自己也开始思考课程间的联系以及对于专业能力的诉求。同学之间谈论未来去向的声音多了起来，去哪个国家，学什么语言……这时的我还没有考虑这些，因为对专业的了解还不够多。如果给我一次时光穿梭的机会，我会在大二时就主动去拓宽自己的视野，好好想一想未来要选择的方向。或许是因为当时成绩还可以，危机感不足，整个人安于现状、随波逐流，对未来没有一个初步的规划，导致大三时少了很多选择的余地。

比较有意义的一件事是，在大二暑假参加了学校的护航者协会，和几个同学一起到河南省洛阳市嵩县的一个乡村小学进行了 10 天左右的支教，主要给那里的孩子们讲一些课本之外的知识，帮助他们拓宽视野，还一起组织了校园文艺表演。中途也曾经历了一些困难，大家相互支持与关心，成了十分要好的伙伴。我切实地感受到了现状的一些无奈，这次经历也是我跳出舒适的象牙塔的一次尝试。这次支教带给我许多感悟和收获：去了解周身之外的世界，去关心社会上正存在的、正发生的种种现象，在今后考虑问题时能够多站在不同人群的角度上思考。设计在考虑用户时十分忌讳先入为主，这些不同的经历和对人间冷暖的体尝，让我的视野更加开阔，同时心怀一份责任感，去关注那些不为人知的社会问题，并尽力做出一些改变。

（三）更加成熟地处理多方面事务；学会选择和取舍；学会接受失败和排解压力

大三搬回了中关村校区，大家的目标越来越清晰，都在为各自选择的道路做准备。我在出国和保研之间犹豫了很多次，但最终还是选择了在国内读研。曾经从不同的渠道获取信息，来帮助自己做决定，其实这个方面自己做得还不够积极主动，往往是被动地接受讯息，对很多事情没有全方位的了解，信息比较滞后，所以做出的抉择在之后看来并不十分正确。我认为这是需要特别提升的一点。另外，当很多事情迎面而来时，我的处理效率不高，喜欢拖延，越是时间紧迫，就越不愿意去做。但在之后的经历中才越发明白，当压力积压时，最好的排解方法就是克服心头的消极情绪，着手去做。迈出第一步很重要，当你开始做第一件事时，就会感觉压力消解了许多。把一件事分成几个小的部分或阶段也可以帮助自己降低抗拒的情绪。大三，是面临选择的一年，也是考验自己、走向成熟的一年。

（四）毕业设计——将所学输出，独立完成一个项目，温暖和感伤的离别，向未来迈进

毕业设计对我来说充满了坎坷，几乎每个阶段有可能发生的错误我都亲身经历了一遍。从两次中期答辩都十分不理想，到后来的建模、渲染、3D打印、模型喷漆、展板打印、论文格式订正，几乎没有哪个环节是完全顺利的，保研分数的压力也一直积在心头。但从积极的层面上说，正是这些困难让我积累了很多非常宝贵的经验，并且让我在最终答辩时获得了比较理想的结果。毕业设计是我在本科生阶段，第一次也是最后一次，一个人独立完成一套完整的产品设计，没有小组成员间的分工合作，只有自己去不断地试错、调整。它所包含的工序步骤是最多的，要求也是最高的，经历了毕业设计从开题到结题，让我在今后的学习生活中更加自信，在处理事情上更加成熟，也让我更加懂得感恩，感谢身边帮助过我的人、给予我鼓励的人及陪伴在我身边一直给予我精神支持的人，是这些一点一滴的关心和帮助使我更加坚强，不辜负他们的关怀和期望。

在前几天紧锣密鼓地完成任务的时候，不曾意识到时间悄然流逝，毕业设计结束后就到了分别的时刻。同学们纷纷收拾行李，宿舍从拥挤恢复到了起初的空荡，一如歌词所唱的那样"你说毕业遥遥无期，转眼就各奔东西"。不知彼此间是否还会见面，但往事历历似在昨日，想把那些由小小的记忆堆积起的幸福感牢牢地攥在手心里，即使前路跌宕，也不会淡忘消弭，不知未来还是否会有这样清纯的情谊，希望再遇故人时，还是良乡的木兰春色，还是上下床铺的距离，还是那时候的我们。

曾以为中学是一个人的青春时光，一如"豆蔻年华"所描述的年纪，而在大学毕业之时，我认为大学四年才是更丰富、更浓厚、更亮丽和更珍贵的青春。高考求学的日子其实是目标最清晰的一段时光，大学的生活虽然充满了不安和疑问，但我们开始找寻自己真正想要的。在大学生活里，我寻到了远方的理想，寻到了同行的友人，也渐渐寻到了真实的自我。看到了什么是

"人不轻狂枉少年"，也看到了理想面前的潜心追逐和踽踽独行，那种敢于试错、摸爬滚打之后依然站立的桀骜，那种知错便改、知耻而后勇的蛰伏和隐忍，饱含着诘问、不安、寻觅、试验、反思和痛楚的青春，是最有重量的青春。

感谢时光，感谢故人，感谢失去的，感谢拥有的，也感谢自己。

经历不会说谎，这四年值得好好铭记。

为大学时代写一页莽撞篇章

设计与艺术学院 王 淙

大一德育开题的时候，天马行空地规划着自己的大学生活，恨不得每一分每一秒都充满希望和热血，误以为最美好的年华里没有遗憾一说。如今再翻看，一些誓言随风逝去，了无痕迹，一些幼稚的美好的想法竟然也实现了。在千万种选择中斗争抉择，最终我走到了大学时代的终点，不禁感慨万千。四年之后的今天，我逐渐明白，生命里的获得与失去、遗忘与记忆、离去与归来从未停止。

一、获得与失去

（一）获得

四年的成长，收获不少，总结起来，最值得说的一是学业方面，二是科创方面。

1. 结缘设计

大学填志愿的时候，把"工业设计"填在了第一志愿，也如愿录取，来到了离家万里的北京理工大学。那时候并不太理解什么是设计，什么是艺术，只是被它们富含创造力和表现力的语言所吸引，认为这种语言可以跨越知识壁垒，可以非常容易地和他人去沟通。经历了四年的专业学习，我对设计的理解更加深刻了，学习设计的热情经历了一些考验，未减反增。虽然这一过程中遇到过一些"思考人生"的时刻，比如考虑自己该选择什么具体的专业方向，自己适不适合读博深造等，也遇到过一些"怀疑人生"的时刻，比如对"戴着镣铐跳舞"的设计原则的不理解，对自己无知的忧虑以及对就业前景的担忧等，但是还是一边怀疑着一边坚持着自己的初心。

经过四年系统的学习，我的逻辑思维能力、问题分析能力和执行能力得到了比较大的锻炼。除了认真地学习课程之外，我也有幸参加一些设计实践项目，拓宽了自己在专业知识上的眼界，积累了一些经验。我开始明白设计是无处不在的，大大小小的问题我们都可以把它转化成设计问题，用设计思维和设计方法去解决。我记得有一次参加清华大学刘新教授的"可持续设计"的讲座。他说，社会问题就是设计问题。这也让我思考，未来设计师将面临越来越多的挑战，也需要担负起更多的社会责任来。

2. 结缘车队

大二，机缘巧合下加入了北京理工大学节能车车队。它是一个服务于大学生创新创业的科技创新类组织。当时抱着丰富业余生活的念头参加，却没想到自己这一丰富就是一年半。而这段经历也成为我大学生活中浓墨重彩的一笔。

十五人的团队，一年的筹备，研发两辆原型车、一辆城市概念车，参加两个大赛，获得五个奖项。概括起来如此波澜不惊，细数起来却是跌宕起伏。

对我来说，收获最大的便是结识了一群优秀的队友。大家来自机械、车辆、设计、宇航不同的专业，带着各自的学术知识与见解，以车队为起点，有幸结缘。他们对于研究汽车的热情、严谨钻研的精神和踏实谦虚的态度给了我很大的感动和鞭策。记得每次开会，我们在黑板上写写画画，一起分析问题，各抒己见，寻找解决方案；记得一起铺设碳布，细小的碳纤维丝扎进了胳膊里，我们只觉得无所谓；记得一起在操场上试车，烈日下的我们拿着对讲机，只在意电脑上的数据；记得我们整日地钻研前辈留下来的资料，一边钻研一边思考自己能够为车队做哪些创新。

由我负责的车身部分，从设计到研发遇到了各种各样的问题。这些困难让我深刻地明白作为一个设计师，自己应该如何去规划自己的产品，如何和团队沟通协调，如何把握从前期到后期制造生产的整个产品开发过程。

去新加坡参加壳牌节能马拉松大赛给我的印象最深刻。比赛的那几天，我们在场地上调试赛车，熬夜准备如何应对安检，早晨五点从酒店出发去赛场。伴着熹微的晨光，我们走在静谧的花园小路上，每个人的脸上都带着美丽的希望。当我们拿到亚洲第二名的成绩时，所有的努力在这一刻都得到了回报。这也让我明白，看来很大概率上，一份付出确实会有一份回报。

于我而言，车队最美好的地方在于给了我们每个人发挥自我价值的空间。车队也让我结识了一群挚友，积累了团队协作、项目管理的经验，收获了一份热血的科创经历。

（二）失去

正所谓有得必有失。对于过往失去的东西，既令我感到一些遗憾，也让我反思。

1. 社团

大学伊始，给自己安排了很多事情，加入了几个兴趣爱好类的社团，兴冲冲地交了团费，但是却没有一个坚持了下来。

总结原因，大概有三点。一是慢慢发现自己的精力有限，必须要有所取舍。学业一直是自己投入时间比较多的，车队则占据了我的大部分课余时间。在社团和车队之间，自己还是毫不犹豫地舍弃了社团，专注于管理车队的项目。二是自己没有做好时间管理。大一的时候懵懵懂懂，没有充分利用好时间，也没有合理地规划自己的生活。大学里确实给了我们支配时间的自由，但自由的前提是要先自律。

2. 竞赛经验

除了没有通过社团来发展自己的兴趣爱好之外，缺少设计比赛经验也是让我感到比较遗憾的。面对一些比赛机会，大部分是出于懒惰和时间就放弃了。通过比赛提升和证明自己，找到专业上志同道合的伙伴，其实不失为一种很好的方式。

二、记忆

（一）准备出国的岁月

大三的时候，我大约有五六个月在准备出国，也为此花费了很多的心力。说来奇怪，自己在不谙世事的高中时就想出国，现在想想，或许是仅仅想要挣脱一成不变的生活的逆反心理。而出国的决定，到现在也很难说经过一番深思熟虑，因为无论如何也不知道自己选择的这条路是不是对的，是不是最好的。不过转念一想，谁又能回答什么是对，什么是好呢？生活美妙的地方在于经历，在于无数个偶然组成的必然。凡是勇敢尝试，用心经营，世界就能给你想要的回答。后来很多人问我为什么放弃了保研的机会，因为在他们的眼中保研仿佛是个完美的开始。经历过一番纠结和思考，我想，是时候跳出自己的舒适圈，去看看更大更广阔的世界了。在年轻的时候自然要时刻给自己压力和动力。能够在他乡异地接受先进的教育，接受不同文化的洗礼，或许能够更加大放异彩。

准备出国的日子是漫长的，夹杂着焦虑、自我否定、欣慰和孤独。在临近提交申请的时期，我经常学习到很晚，踏着月光走回寝室。有时候抬头看看月亮，发现可以通过月亮的圆缺来知晓时光的流逝。因为隔几天再看，月亮已经从月牙变成半圆了，这时候才猛然意识到已经过去了大半个星期。前途未定的感觉是痛苦的，也非常考验自己的心理素质。只身一人的境地，有一种苦涩的平静。周遭是黑夜，夜空中有闪烁的星星，什么样的讯息，什么样的命运，我略知一二，不知九八。

虽然求学路上只能单枪匹马，生活中却能有幸找到慰藉。陪我度过这段艰难岁月的，是父母无条件的支持和关心、朋友的鼓励和陪伴。记得心情低落时，常常和朋友相约去跑步。跑到大汗淋漓，消极的情绪也随之排解了。

（二）实习的岁月

大四的时候我找了一份实习，实习了三个月，算是感受了一下工作的氛围。实习之后发现，上班的模式和在大学里上课是不太一样的。工作往往是结果导向的，很注重产出，不太在意过程，你可以自己独立地安排完成任务的节奏、进度、方式方法。重要的是，在团队中要承担起自己的责任，而不能因为个人原因耽误整个项目的进度。虽然在项目组里大家每天忙着各自的事情，但是会进行积极高效地交流。"分工与合作"在工作中是非常明显的特征。

虽然只实习了短暂的三个月，回忆却很丰富。记得和项目组的同事们在午饭时的闲聊；记得繁忙的几次出差；记得项目进程中遇到阻碍，大家一起头脑风暴；记得成功举办的几场活动。伴随着工作压力的，是成就感。在工作中往往能够快速地发现自己的闪光点与不足之处。这份实习帮助我更加了解自己。

三、离去与归来

（一）离去

在开启下一段征程前，不得不向北理工说再见。要向中关村和良乡校园告别，美丽的北湖、安静的林荫大道和美味的食堂将离我越来越遥远；要向各奔前程的朋友们告别，感谢相遇，期待重逢；要向设计与艺术学院告别，感谢学院和老师们的培养。在未来异乡求学的日子里，我想，虽然离开了北京理工大学，但是对于母校的怀念和感谢将不会逝去。

（二）归来

此刻，既是大学生涯的终点，亦是新的起点。出国读研是新的开始，不求完美，但求尽力，不留遗憾。希望自己能够学成归国，不忘初心，在认识自我、实现人生价值的路上继续探索。

静水流深

徐特立学院　　李展宇

逝者如斯夫，不舍昼夜。大学的时光匆匆而过，留下欢声笑语，留下辛酸苦涩，留下天真的梦，留下拼搏的汗。但当我沉下心来回顾往事时，我竟如风中飘飞的柳絮，一时不知何去何从。

一、"心"的开始

大学对每个人而言都是新的开始。第一次过集体生活，第一次卸下父母的缰绳，第一次感受自由的学习氛围，第一次接触科学研究……

大学对我而言又是"心"的开始。

对朋友，我始终抱以真诚之心。还记得军训时的晚会，全连队齐唱嘹亮的军歌，那些同甘共苦日子，让我们的友情历久弥坚；还记得寝室趣味运动会，我们四人五足、双人跳绳，喜获第二名，彰显了我们宿舍的默契；还记得室友田雨划伤了手臂，血流不止，我和严杰陪着他在医院缝针直到深夜。上大学是我第一次过集体生活，但我们室友之间毫无拘束，自由融洽。我们两周一次聚餐，轮流请客，又常常感叹上次的火锅太贵了。我们每周记录一次寝室周志，但却常常互相推诿，每个人都懒得写。我们学习上互相督促，见到室友打游戏，第一反应不是和他一起玩，而是质问一句，"某某课的作业写完了吗"。因为这浓浓的学风，我们荣获"北理工优良学风宿舍"的称号。我想，正是有这样的氛围，我们才能以饱满的热情迎接每一天的工作；正是有这样的氛围，我们才能在受挫时向室友倾诉、共同分担；也正是有这样的氛围，我们四人才能成绩优异，全部保研或直博。用心交友，方得真情！

对书籍，我始终满怀敬畏之心。回想大一，我几乎每天都是在数学与物理的陪伴下度过的。在学习上我的适应性很强，消化新知识的速度也比较快，所以对于像数学分析、高等代数这些新的课程，我并没有太多压力。正因如此，我有充足的时间学习课外的知识。为了加深"数"的理解，我拜读了罗素的《数理哲学导论》；为了梳理"力"的框架，我自学了《理论力学》；为了把握"热"的脉动，我又沉迷于《统计物理学》。就这样，每翻阅一本新书，就像在与一位德高望重、阅尽世事、上通天文、下晓地理的老者交谈，我如饥似渴地汲取着营养。"吾知也有涯，而学也无涯"。书在我的心中既是神圣的，又是谦恭的，既记录着人类的伟大，又绝不回避人类的无知。虽然这些书都不是我的专业涉及的内容，但却夯实了我的数学物理基础，激发了我对未知世界的探索的欲望，培养了我的严谨的科学作风。用心读书，方得真谛！

大学见证了我心灵的成长。用心拥抱这个世界，世界将回赠以微笑。

二、漫漫为学路

路漫漫其修远兮，吾将上下而求索。为学之路并非坦途，我们都会不可避免地遇到一些困难和挫折。这时，我们应敢于拼搏，勇于攀登，不应自暴自弃、怨天尤人，更不应蹉跎岁月、虚度年华。挫折是一份财富，经历是一份拥有。

在大学的学习生活中，我不仅认真努力地学习专业知识，还付出了大量的时间与汗水投入科技创新与学科竞赛中，也取得了骄人的成绩。

大一下学期，我偶然看到了一张我校物理学术竞赛的海报，抱着试一试的心态，参加了初试。一路坚持走下来，柳暗花明。最后我成功杀入决赛，和我校物理学院的四位同学代表北理工赴西安交大参加全国大学生物理学术竞赛。大一结束后的那个暑假，我没有回老家，在良乡的物理实验中心度过了充实的假期，做各种物理实验。功夫不负有心人，在2016年8月于西安交通大学举办的第七届中国大学生物理学术竞赛中，我与其他四位同学代表北京理工大学参加该竞赛，取得了团体二等奖的优异成绩，我个人还同时被主办方评为最佳评论方。

大学期间，我还获得了2016年"高教社杯"全国大学生数学建模竞赛本科组国家二等奖、第十一届全国周培源大学生力学竞赛三等奖、第八届大学生数学竞赛甲组数学专业三等奖、全国部分地区大学生物理竞赛一等奖，以及2016年全国大学生英语竞赛C类三等奖。这些荣誉的背后，是我无数个日日夜夜的坚持与拼搏。

在大二时，我有幸师从宇航学院胡更开教授，参与了胡老师的"基于波动理论的大型机械结构的振动控制"科研项目，也正式开启了我的实验室生活。兴趣是最好的老师，我对科研事业有着发自内心的热爱，对未知的领域有着强烈的探索欲。记得大二下学期，为了去中关村做实验，我不知在良乡与中关村之间往返了多少个来回。校车坐得快晕了，一个人背着书包行走在校园，我并不彷徨或孤单，因为有梦想陪着我。还记得罗大佑的《追梦人》里的歌词，"让青春吹动了你的长发，让它牵引你的梦，不知不觉这城市的历史已记取了你的笑容，红红心中蓝蓝的天是个生命的开始，春雨不眠隔夜的你曾空独眠的日子"。这就是我内心的真实写照啊！

一分耕耘，一分收获。由于我优异的学习成绩与科研成果，我获得了北理工最高荣誉奖学金——徐特立奖学金。我始终激励自己要对得起这份荣誉，所以我肩上多了一份责任，学习多了一份动力，拼搏多了一份坚毅。我始终告诫自己：仰望星空，脚踏实地。

三、一生的财富

大学四年，我收获了同学的友情、老师的恩情。比海更深，比山更高。

在大学里，大家来自五湖四海，相聚在一起，学校就是我们的家。大学的友情不同于其他学生时代的情谊，因为它是通过朝夕相处培养出来的，不仅在学习中，更多的在生活中。大学四年的集体生活让我知道，在与大家相处过程中，眼里不能只有自己，要多为身边的人着想，要站在对方的角度或第三角度去理性冷静的看待问题。大家在一起和睦相处，互相帮助，彼此体谅，建立一个和谐融洽的校园生活。但是在生活中，同学之间有时难免有些小矛盾，如何看待这些小矛盾，如何解决这些小矛盾，也是成长中的必修课。大家在一起朝夕相处，对待这些微不足道的小摩擦更是应该客观冷静，不能意气用事。面对彼此之间的矛盾要去合理地解决而不能去逃避。在矛盾化解之后，我们会发现它并没有破坏我们的感情，反而使彼此更加互相了解。

我们宇航班是充满凝聚力的班级。我忘不了那精彩纷呈的团日活动，有欣赏歌剧，有参观博物馆，也有游山玩水。在班级的学风建设上，我作为班级的学习委员，每学期开展期末串讲活动，带头帮助大家梳理骨干课的知识点。大学四年，我的班级不及格率为零。我们班级还被评为2015—2016年度北京市先进班集体。我们都有一个响亮的名字——"宇航人"。

在大学的四年里，每当我迷茫而不知所措的时候，是老师给我指明了道路；每当我有困难的时候，是老师给我提供了帮助，师恩深似海。老师对我的谆谆教诲永远铭记在我的心里。

母校的厚重，在于她如母亲般的胸怀，包容我们的缺点；在于她像母亲一样的温婉，向我们传递关怀；更在于她有母亲一般的辛劳，始终保持一种精神，执着开垦着我们这一块块形状各异、养料不同的土地，直到他们整齐、肥沃。母校，是我一生感恩的地方，带给我无形亦无价的、受用终生财富。

四、大美不言——致未来

四年虽说只是人生道路上的一个短短的区间，但是其间可能有很多的点，这每一个点都是一个美好的回忆，每个点连起来都是属于自己的弧线。而毕业，就像一个大大的句号，从此，我们告别了一段纯真的青春、一段年少轻狂的岁月、一个充满幻想的时代。

对我而言，毕业只是中转站，而非终点站。因为我选择了留校直博，我将继续陪伴北理工数年，我将继续奋战在科研的道路上。未来的路还很长，毕业是一个新的起点，前面充满了困难与挑战。不管未来怎样，都要有自己的原则，不要丢失自己当初最纯真的梦想，只要有梦的人就一定不会输。我相信，坚定自己的梦想走自己的路，我的未来不是梦！

生命就像一条大河，时而宁静，时而疯狂。但真正的深水，从来都是静静流淌。为人也当如此，处世谦和，态度柔和，但胸中自鍪。庄子曰："天地有大美而不言。"天地不言语，它只是美丽着。一个人能否沐浴在天地万物中，感受到美无处不在，关乎于内心。

在这毕业的时节，我想送给未来一句话：

山水有魂，草木有韵，天地有大美。静水流深，智者无言，心中有日月。

青春不是年华，而是心境；青春不是桃面、丹唇、柔膝，而是深沉的意志、恢宏的想象、炙热的恋情；青春是生命的深泉在涌流。青春气贯长虹，勇锐盖过怯弱，进取压倒苟安。

人心中皆有一台天线，只要你从天上人间接受美好、希望、欢乐、勇气和力量的信号，你就青春永驻，风华常存。

第三篇　青春行

心怀过往，砥砺前行

宇航学院　张宝超

时光荏苒，转眼间已在理工度过了四年，记得大一时曾在德育开题报告中写到"在未来的四年里，我将如何在这片土地上演绎自己的青春，又能在四年后留下些又带走些什么呢?"回顾四年的大学生活，我已经写下了答案，虽然不尽如人意，但是也无悔这四年的时光。

一、回首四年，心怀过往

过去的四年带给我的，首先是一颗永不止步、探索更广阔世界的心。

我们为什么一定要走出去看世界? 这是我四年来一直在思考的问题。四年前，从家乡小城来到北京，当我第一次走出火车站，站在北京这块五彩的土地上时，北京用她的包容、现代、丰富深深地震撼了我。之后的四年理工生活，不论是大一时的科创中心，还是后来的宇航科协，不论是"一二·九"合唱，还是北湖越野赛，不论是数竞物竞，还是屡败屡战的数学建模，都使我感受到了太多的新奇，结识到了各地的朋友，这些都给了我全新的视角去观察、去感受世界。

大二寒假，得益于学校资助，使我有机会能够东飞日本，进行为期两周的访学。这段经历为我推开了一扇窗，不论是博物馆的一件件展品，还是街上的一栋栋建筑，甚至于或匆忙或悠闲的路人，都是或薄或厚的教科书，无声地诉说着日本的文化，一路走来，既让我看到了文化的差异，又让我感受到文化的碰撞与交融;行程中的一次次课程，给了我一架伸向宇宙深处的望远镜，让我的视野一下子打开了许多。这不仅仅是为一个宇航专业的学生展示了其他学科的前沿，也不仅仅是为一个理工科的学生增加了一丝人文关怀，更是让我能够挣脱常规的束缚，去发现更广阔的天空，使我真正明白世界的色彩远比我们想象的要丰富得多。

大二暑假，我与党支部的几位同志一起到遵义，重走当年革命先辈们走过的长征路。不论是暴雨延绵中一路的火车停运和晚点，还是站在红军山上面对那一面写满烈士姓名的纪念墙，都让我对长征精神、对世界有了崭新的认识。

大四下学期，我代表学校，与七位同学一起，共赴西安参加航空航天类的本科毕业设计大赛。在那里，西安以它不同于北京的独特的气质深深吸引了我，同时比赛中来自全国各高校的同学们的精彩展示也为我打开了一扇观察世界的窗口，这些都给予了我更多接触社会、接触他人的机会，让我能够走出自己狭小的天地，去探索更加广阔的世界。

还记得日本之行结束时所写的感想，"十几天霓虹国之行，让我深深地感到世界真的很大，我们未来的可能性还有很多，只要我们敢于推开隔着的那扇门，踏入未知的世界，不管前方等待着我们的是狂风骤雨还是鸟语花香，都是生命中绚烂的一笔。"过去常说，心有多大，舞台就有多大，现在我发现，当你登上过更大的舞台之后，你的内心同样会变得更加广阔。即使身在果壳之中，只要有一颗敢于探索、永不止步的心，也同样是无限宇宙之王。

四年的时光，锻炼了我解决问题的能力。

进入大学，相对宽松的环境和相对充裕的时间，赋予了我们很大的自由选择的权利，也把很多之前没有考虑过的问题抛给了我们。

学习上，与中学截然不同的授课方式是大学抛给我的第一个问题。从大一时全程记录老师的授课内容，到逐渐能够抓住课程的重点，再到总结出每一门课的知识结构，四年的学习生活给了我足够的宽容，让我能够逐步调整自己的学习方式，面对学习中遇到的种种问题，尝试用不同的方法去解决，同时也让我发现，大学的学习，不止于课堂，不囿于书本，"非学无以广才"，一切我们需要的知识技能，都要安排好时间进行自主学习。

四年的学生工作中，大学抛给了我更多的问题，大二时进入宇航科协，面对一无所有的局面与伙伴们一起，从推送到策划，再到形成自己的品牌活动，从一无所知到独当一面，每一步都走得并不轻松，但一次次的磨炼使我能够以比较从容的姿态，去面对问题、解决问题。

渐渐地我发现，每一个问题既是挑战，也是机遇，这些问题让我不断更新自己的知识结构，同时也使我意识到，世界上可能并不存在一种可以一成不变的解决问题的方法，为了适应变化着的世界，必须时刻警惕，不断调整，勇于改变甚至舍弃。正所谓"条条大路通罗马"，只要理想不变，换条路同样可以到达。

四年里，我也逐渐丰富着自己的精神世界。

在这里，我与弗兰克尔探讨生命的意义，与霍金寻找宇宙的真理；我在《深渊上的火》所描绘的宏大宇宙中遨游，在《万物简史》的带领下探访幼年时的地球；《沉思录》教会我反思和内省，《沙与沫》告诉我仰望和歌唱；《当呼吸化为空气》追问我到底怎样的人生才值得一活；《无声告白》提醒我要摆脱他人的期待找到真正的自己。正是在这里，我以短短的四年，体验了多种多样的人生。我们为什么要多读书？因为很多书，最开始就像一道关着的门，你把他们都看一眼，才知道自己的方向在哪，然后你就朝着那个通道走过去，进入另一个有很多门的大房间里。是的，读书越多，我们人生的可能性就越大，看到的世界就有可能越不一样。

在这里，我在银杏大道徜徉，在香山公园漫步，在东交民巷偶遇法院博物馆，在古天文台为古人的智慧折服；故宫的飞檐，国博的瓷器，军博的导弹，首博的老北京民俗，都是我难以忘怀的回忆。古人云，"读万卷书，行万里路"，不能"躲进小楼成一统"，而是要走到广阔的世界中去，切身感受世界的多彩。

二、未来已来，砥砺前行

四年的时光转瞬即逝，但这绝不是终点，而是一个崭新的起点。站在这样一个路口，我要坚守住自己的初心，继续砥砺前行。

首先，我要继续坚持自己的理想。

"一艘没有航向的船，不管什么方向的风都是逆风"，保持自己的方向对每个青春的舵手来说，都是及其重要的。经历过四年的大学生活，我越发地感觉到，理想并不是可有可无的，即使是一个模糊的方向，也犹如一座灯塔穿透浓雾散发出若隐若现的光芒。张曼菱曾在讲述西南联大的历史时说过，"什么是卓越？卓越就是可以不受眼前干扰，一意孤行，保持自己最高方向和最佳状态的人。"或许我们做不到卓越，但我们至少可以努力保护自己的方向，尽力坚持自己的道路，不总是被光怪陆离的现实所左右。的确，未来仍然隐藏在浓雾之中，我们会因此恐惧，但只要方向不变，理想不灭，终有一天会穿透迷雾寻获阳光。

"立志是一切开始的前提，青年要立志做大事。"习总书记在考察中国政法大学时如是说。青年时期立大志、做大事，并不是空谈，亦不是自大，而是时代赋予我们光荣的使命。"时代的责任赋予青年，时代的光荣属于青年"，唯有青年人敢于立大志，敢于担当时代的责任，民族才有希望，国家才有未来。作为一名北理工人，"矢志军工，立志报国"是我不倦的追求；"为天地立心，为生民立命，为往圣继绝学，为万世开太平"是我永远的榜样。

其次，我要在今后的科研学习生活中，以滴水穿石的毅力，努力提升自己。

朱光潜先生曾对大学生提出"深潜十年"的期望，"要着眼于自己的长远发展，着眼于自己的，也是国际、民族的长远利益，扎扎实实，不为周围环境所动，埋头读书，思考人生、中国以及世界的根本问题，就这样沉潜十年。从整个国家来说，也需要这样一代人。沉潜十年，这是我对大家最大、最诚恳的希望。"板凳须坐十年冷，做好冷板凳，扎扎实实地学好专业知识，搞好科学研究，才能为将来打好基础，为未来积蓄力量。

此外，我还要积极做好准备，为到更广阔的世界去打好基础。

四年的经历教会了我要有脱离自己所处境遇的意识，努力站在更高的舞台去审视自己面对的一切。不论是离开家乡来到北京，还是后来的东飞日本，抑或是遵义调研、西安参赛，都告诉我，世界不仅仅是我们足下的土地，还有更广阔的地方等待着我们的探索。

回顾四年的大学生活，有收获，有遗憾，有欢笑，也有泪水，这一切都是我心中最宝贵的财富，那么就让我心怀这四年的过往，向着"矢志军工，立志报国"的梦想，继续砥砺前行。

最后一课

宇航学院　韦宗玖

提笔之时，恰是 6 月 6 日，四年前的今天，也是如今天这般黑云压顶、大雨瓢泼，即将参加高考的我和同学们就端坐在教室里，聆听着语文老师给我们上最后一节语文课。这是一节特殊的语文课，一节关于人生观、价值观和世界观的语文课，一节值得我用一生去践行其内容的语文课。

在这最后一课上，老师向我们提出了五点殷切期望。

一、关注两能力：实践能力和创新能力

实践和创新作为当今社会优秀人才必备的两项基本素质，已经被人说起很多次了，但想要培养却并不容易。曾几何时，大学生都被当作天之骄子一般的存在，可如今，即便是名牌大学的毕业生也不乏一事无成的例子。究其原因，多半还是缺乏上述两项能力。大学期间或是埋头书本，学成了个书呆子；或是沉迷游戏，荒废了学业。我的高中老师当初对我们提出这点期望，便是希望我们在大学里能有意识地培养自己这两方面的能力，但我却辜负了老师的期望。在北理工学习的这四年里，我只在大一期间参加了几次学校组织的科创活动，在这为数不多的几次活动中，感觉也只是锻炼了自己的动手实践能力，却没有结合所学知识进行创新。虽然这其中有所学知识尚浅的缘故，但事实就是我觉得自己的创新能力并没有得到明显的提高。大二以后，由于学习成绩处于班级中下游，我更多地将精力投入学习中，因此失去了很多的锻炼机会，如今想来，甚是可惜。这一遗憾，只能在将来的工作中加以弥补。

二、慎独人生

慎独，是指即使自己一个人独处的时候，也要严格要求自己，行为谨慎

不苟。在外部监督存在时，绝大多数人都能够控制自己的行为，遵纪守法，但这终究是外力作用的结果，一旦撤去外部监督，有的人就会抑制不住自己的贪念和私欲，酿成大祸。例如，近些年反腐倡廉行动中落马的许多高官，年轻时也都是很有才华和能力的，不然也不可能一路晋升至此，但是当他们位居高位，缺乏有效外部监督的时候，他们没有能保持慎独，为了一己私欲做出了违法乱纪的事，不仅损害了党和国家的利益，也毁掉了自己的一生。因此，我们不能仅仅满足于在外部监督下遵纪守法，而应该追求慎独的人生境界。

第一次接触慎独这个词，还是在我上小学的时候，在思想品德课本上。当时的我和大多数同学一样，主要精力都放在语数外上，思想品德课本几乎翻都不会翻开，但就是一次无聊翻看的时候，看到了书上关于慎独的解释。那是一种很神奇的感觉，就像突然之间领悟了一样，我觉得书上说得很对，我应该做一个慎独的人。四年前，高考前的最后一天，在最后一堂语文课上，我的老师也希望我们能成为一个慎独的人，这与我十几年来的坚持不谋而合。高兴之余，我心中的想法更加坚定，因为我知道，我坚持了十几年的慎独是对的，并且我应该继续坚持下去。如今，大学四年也即将结束了，我仍坚持着我的慎独人生，尽管我的慎独无人知晓，但我的内心充满骄傲——为自己拥有慎独这样的意志品质而骄傲！

三、以凡人之躯拥伟贤之魂

以凡人之躯拥伟贤之魂，这是一种高远的人生境界。一个人想要成为伟人很难，毕竟相较于整个人类群体而言，伟人的数量是极其稀少的。但我们不必刻意去成为伟人，因为我们在个人灵魂、精神境界和人生追求上可以与伟人一比高低。

善于为他人着想、不计较个人得失、勇于牺牲、甘于奉献、乐于助人、待人真诚友善、艰苦朴素、勤俭节约、吃苦耐劳、诚实守信、慎独……这些是我能列举出的自己身上的品质，虽然离成就伟贤之魂还很遥远，但我会一直坚持下去。或许直到我生命终结的那一刻，我也不敢宣称自己拥有了伟贤之魂，但我会用我的一生去追求这一高远的人生境界。

四、入世中出世

入世中出世是一种人生态度。入世，指的是像杜甫那样忧国忧民，为黎民百姓的疾苦而奔走呼号；出世，指的是像陶渊明那样在现实中遇挫后，归隐山野，独善其身。入世中出世，则是将两者结合起来。一方面，热爱生活，热爱人生，保持积极向上的人生态度，积极地为所生存的社会、时代乃至于人类做有意义的事，这是入世；另一方面，这个社会也必然存在着污浊，甚至出现暂时的历史的倒退，面对这种情况，我们要保持良好的心态，不要对社会、对人生失去希望，要能超脱出来，避免功名利禄的污染、邪恶的侵蚀，始终保持自己人格精神的独立，这是出世。两者结合，人生才能走得更加踏实稳固，不至于扭曲。否则，入世而不出世，面对社会的阴暗面，心中难免积郁不平；出世而不入世，于国家、社会和人民又难有贡献。

至今，我的人生已走过了23个年头，不敢说看透世间繁华，但已有了一定的人生阅历，也多多少少了解了一些社会的阴暗面。例如，政府官员的贪污腐败、官官相护，"富二代""官二代"们攀关系走后门牟取不当利益，好人没好报、坏人逍遥法外，等等。有些人会为此抱怨社会的不公，甚至鼓吹宣扬西方所谓的民主法治，但我不这么认为。每个国家都有待改进，每个社会都有不足，这是历史的必然。即便是号称民主法治的美国，也不过是富人操纵下的金钱政治，最近更是枉顾国际贸易关系，悍然动用国家力量打压别国企业，其丑恶嘴脸暴露无遗。而我们国家这些年来取得的成就和进步有目共睹：全面依法治国稳步推进，党风廉政建设和反腐败斗争不断加强，生态环境治理成效显著……尽管我们的国家并不完美，但她越来越强盛，人民生活也越来越好。量变才能促成质变，国家和社会的改变都是从一点一滴开始的。我愿意投身于时代建设的洪流中，为推动国家进步贡献自己的一份力。

五、按自己乐意的方式去生活

按自己乐意的方式去生活，是希望我们能明确自己的人生定位，选择好自己这一辈子要从事的职业。每个人受成长环境、教育程度、人生特定遭遇以及兴趣爱好等的影响，其想要从事的职业不尽相同。能够选择自己喜欢的、感兴趣的职业，按自己乐意的方式去生活的人，无疑是极其幸福的，因为他在为自己的事业而奋斗，即使物质条件艰苦，他在心灵和精神层面也是无比满足的。反之，如果一个人从事的是自己不喜欢或不感兴趣的职业，那他多半不愿为之倾力付出奉献，甚至尸位素餐，于国家、于社会、于个人都无益处。

我从小的梦想就是成为一名军人。虽然身边的人都觉得一个名牌大学生去当兵很可惜，当兵很苦很累，但是这就是我想要的生活方式啊！在中国人民解放军的身上，有很多我向往的意志品质。在战争年代，他们不怕牺牲、英勇战斗，解放上海后，他们严守纪律露宿街头，绝不扰民。在和平年代，他们为保卫人民群众生命财产安全默默奉献：抗洪抢险中，他们用身体组成人墙抗击洪水；地震救灾中，他们冒着余震危险深入灾区救援。中国人民解放军是一支有着优良传统的军队，他们有坚定的共产主义信仰，不怕牺牲、勇于奉献、纪律严明、作风优良、意志坚定……他们身上的这些优秀特质深深吸引着我，我希望自己也能成为他们中的一员，投身军旅，为祖国和人民奉献自己的青春和热血，实现自己的人生价值！

　　不知不觉，文章已至末尾，我的大学生涯也即将画上句号。四年前，我的高中老师给了我人生观、价值观和世界观的启迪。如今，我已在践行中形成了自己的人生观、价值观和世界观。愿自己在以后的人生道路上能不忘初心！

青　春

机电学院　杨子传

如果四年前，你问我，大学于你是什么？我会回答，是高考 600 分以上，是想要的城市与好像明朗的未来。如果现在，你再问我，大学于你是什么？我会回答，是学做人、学做学问、学着规划未来、学会无愧此生。

2015 年，我满怀期盼来到北京，来到北京理工大学良乡校区。虽然位置略显偏远，但明朗的教学楼、敞亮的宿舍、亲切的宿管阿姨，都冲淡了我离开家的不舍与初入大学的忐忑。更友善的是已经入住的另外两个小伙伴，老赵和大黄，而另外一个铺位还空着。在忙忙碌碌的手续与送别父母的不舍中，在北理的第一天就这样悄然过去。老王是后面两天到的，因为被偷了钱包，耽误了行程。这样，我们四个好兄弟就凑齐了。谁也不曾想到，随机分配的疏桐 B221 的我们四人，将成为四年的好朋友，未来一生的伙伴。

刚开始就是军训，我意外地被指定为班级的联络员，负责通知每一位同学第二天的活动安排，大学第一份任务就这样突然落到了我的肩上，那自然我要扛好它。于是后来机电学院就有一个故事，军训的每天晚上，都有一个只穿内裤的男生在几个宿舍间窜来窜去。也是因为这一份苦劳，军训结束后我担任了 02021501 班班长。

干班长是我乐意的，愿为班级每一位同学服务，也愿意满足自己内心的一点点虚荣。大黄担任了团支书，老赵担任了学习委员，而老王呢，是我们班最有"权势"的——是 221 的宿舍长，管着我们三个。大一上半年的日子，我们三个通力协作，工作上相互配合：课前占座位、班级自习、考前搜集试卷、分配学习小组，弄得是如火如荼。在辅导员的经验传授中，我们也举办了集体生日，给每个月内过生日的同学举办生日会。也在心灵手巧的女生们帮助下，获得了班服班徽设计大赛的一等奖。新生运动中，同学们也努力拼搏，锻炼身体，而我也在给每一位同学的拍照中享受快乐。

大一下半年，专业分流，班级重组，有了现在的 02131501 班。仍按照原来的班委继续工作。这半年心态转变很大，随着新班级的建立，同学们之间也不是很熟悉，课程也实际上仍按照老的班级走，所以基本上不怎么联系。班级工作开展起来十分困难，开始有了畏难情绪。个人生活中也出现了问题，因为双方都忙于自己的事情，与女朋友关系变得生疏。问题很多，更大的问题是我迟迟没有找到解决它们的方法。也是因为班级活动的难以开展，我转而选择了与志同道合的伙伴一起做的工作，选择了机电学院将要成立的新的学生组织——"马学会"。侥幸的是大一一年的学生工作并没有耽误学业，成绩一直保持在中上水平。

大二上学期是大学生活中比较黑暗的一段时间，与女朋友最后还是分手，心里常常是灰蒙蒙一片。班级工作明知应该努力继续，却因为畏难与分手的不快选择了终止。学业上也有所暂停，在理论力学等重要课程上没有花很多精力，成绩并未提升，有所下降。工作上对于"马学会"的工作，也是第一次主持接手，从招新宣讲，到时事论坛和院党课，大部分工作并没有做得十分充实与完备，各种失误层出不穷。整体开看，招新只招到了10多名新生，时事论坛最终也没有选手通过校级初选。大二上半年没能给自己一份满意的答卷。

大二的寒假中，我选择调整状态。重新考虑了生活中的一些事情，哪些是主要哪些是次要，也不能再继续由着情绪左右自己。大二下半年中，首先重新以学业为重，保持好对学业的要求，之后的重心转到"马学会"上，增加了与团队相处的时间，增加了团队内部的活动与交流，并在每一次举办活动之后进行总结与规划。慢慢地，无论是学习和工作，我都愿意付出更多的时间与精力，也从灰蒙蒙的天空中看到阳光。最终成绩恢复到了上游，"马学会"成员之间也变得温馨和谐，工作方法与效率也逐步提升。

大三上学期是新的感受，告别了良乡回到了中关村。我不是难以适应新环境的类型，但是满满当当的课程与村里拥挤的生活环境都让我感到无所适从。尤其是专业课程与基础课程有很大区别，并不是大量的基础理论知识，而是杂糅了各种方向的理论后的综合性较强的科目。这些新的变化让从来不做笔记的我吃了大亏，老师课堂上讲的很多课本上并没有，但确实是十分重要的。学生工作倒是少了很多，除了和良乡的"马学会"同志们及时地沟通交流，其他亲自上手的很少。这也给了我更多的时间用在复习每天学习的课程上。而大三的核心问题也不止于此，保研、考研、出国渐渐地提上了日程。我的心里不禁有点慌张，参加了各种各样的考研指导课程，心里依旧比较迷茫，在做做表面功夫的单词背诵中结束了大三上半年。

大三的寒假，根据往年的成绩，感觉保研擦边，为确保万无一失，决定准备考研。开学后，同学们也都焕然一新，均抱起了"红宝书""恋恋有词"开始了学习。更多的问题集中在考哪里、怎么复习这两个问题上。胆子大的同学选择了跨专业跨校，也有像我这样想更换专业求稳一点的选择了本校的接近方向。这个时候，稳当保研的同学们开始准备自己的夏令营、专业课程与相关材料。大家都各怀梦想，携手努力。学生工作渐渐不再是重心，大部分的工作都交由大二的下一届主席处理，学院交给了我新的任务——机电学院马学会社团党支部的宣传委员。党支部日常的工作主要集中在党员的培养上，每个月每个季度按时的谈话、意见撰写，都让我感到了我们党对党员培养的重视与严格。大三下学期很快就过去了，还有6个月就要考研了。

大三的暑假是学院安排的实习，在这一段时间只有晚上能够复习。而随着大三学年成绩的陆续确定，保研成绩的座次也就基本排定。"刚好，我是成绩上第7，班级内大概保研6位，希望渺茫。"我这样告诉自己，而实际上，心里却有一点小小的期待：如果学生工作上的其他成绩能给我加一点分的话，估计超过前面的一名同学没问题。有了这种期待，复习也变得不那么沉重，实习结束后的暑假我都待在学校，每天按计划推进复习，日子倒也算轻快。

很快就是大四的开学，这一段时间是我大学期间最为紧张的日子，每天都在能保研与不能保研中徘徊，略显煎熬。确定保研是在9月7日，综测帮助我超过了两位同学。拿到名额之后，便是决定研究生的专业与方向。经过筛选，最后留下了5个专业，准备对应的课程。实际上，直到面试结束，我都没有静下心来认真地从头读一遍书目，导致专业知识不足。侥幸态度良好，最后获得了想要的录取通知书。经历了一个半月左右的繁忙，日子一下子变得清闲，可以认真地上专业课，不用担心习题还没有做，不用为时间而烦恼。这一段时间，可能是我四年最无忧无虑的时光。

大四下半年，也是我写下文章的时间，主要工作集中在毕业设计上。将大学所学理论知识进行实践并做出成果，是毕业设计的核心。在这个过程中，我对知识有了重新的认识，知道如何将其进行实践，斩获成果。

四年的大学生活，学做人是我上的最重要的一堂课。有的是老师上课的教诲，有的是自己在生活中的体悟。在这里，我想写下最重要的两点。第一是学会承担责任，随着我们的成长，责任或多或少都要扛在肩上，无论是对家庭、工作，还是社会，都有属于自己的一份责任。只有承担好应有的责任，周遭的一切才能良好地推进，生活才能逐步向上。在大二上半年，其实班级工作并不是无法推进、困难也不是难以解决，只是在遇到的时候选择了逃避责任，想溜之大吉。现在再回头想来，鼓起勇气承担自己的责任，班级事务

青春

应该会有更好的进步。第二是及时反思，通过反思找到现有的不足，在之后就会更好地处理问题。四年大学生活里，让我不断进步的就是反思。这点在马学会前期的工作中效果最为明显。由于我们都是第一次开展活动，有很多不足与疏漏。在每一次活动结束后，我们都会组织一次反思会，每位同学都从不同的角度对本次活动提出意见，收集归纳，形成文稿，对下一次同类型活动作为参考，能帮助我们快速地有准备地做好每一次活动。反思不止于此，在我的生活中，也常常通过反思收获很多，比如同前女友之间的关系破裂，更多的是由于我在这段感情中付出的太少了，这样的问题只有慢慢地思索才能得到答案。

在大学四年的生活中，学做学问是大学里能获得的最好的财富。在这四年里，通过课堂的学习以及导师的指导，我收获了许多专业方向的知识。这些知识将伴我未来的学习与工作。有时候我们会怀疑现在所学的用处，未来如果我不从事这个行业那就对我没有价值。四年之后，我不再有这样的疑问，我认为，每一堂课程、每一位老师的讲述都会对我们产生影响，不经意的一刻就会浮现在我们脑海，为我们所使用。我希望在未来，我还能继续踏踏实实学习每一堂课程，聆听每一位老师教诲。

学着规划未来，是四年里自我成长中最大的收获。四年前来到大学，还不知道大学是什么，更从未想过四年之后毕业要做什么。慢慢地通过学校专业方向的教育与老师的建议，我们对未来的发展方向越来越明确。而在自我认识之中，我对未来的兴趣点也逐渐明了，更明确未来要做什么、怎么做。

最后，我想用我最喜欢的王佐良所译，塞缪尔·厄尔曼的《Youth》的一段话作为结尾："青春不是年华，而是心境；青春不是桃面、丹唇、柔膝，而是深沉的意志、恢宏的想象、炙热的恋情；青春是生命的深泉在涌流。青春气贯长虹，勇锐盖过怯弱，进取压倒苟安。"如此锐气，二十后生而有之，六旬男子则更多见。年岁有加，并非垂老，理想丢弃，方堕暮年。岁月悠悠，衰微只及肌肤；热忱抛却，颓废必至灵魂。忧烦，惶恐，丧失自信，定使心灵扭曲，意气如灰。无论年届花甲，拟或二八芳龄，心中皆有生命之欢乐，奇迹之诱惑，孩童般天真久盛不衰。人人心中皆有一台天线，只要你从天上人间接收美好、希望、欢乐、勇气和力量的信号，你就青春永驻，风华常存。一旦天线下降，锐气便被冰雪覆盖，玩世不恭、自暴自弃油然而生，即使年方二十，实已垂垂老矣；然则只要架设天线，捕捉乐观信号，你就有望在八十高龄告别尘寰时仍觉年轻。

在这里，祝愿北理工的未来越来越好！

爱是最好的课程

光电学院　齐向前

一、开课说明

四年前的这个时候，我写完了最后一封给李华的信，没有想象中的狂喜，反倒是觉得像是失去了什么。在经过了那个怅然若失的漫长夏日后，2015年9月，我拿着录取通知书踏入晨雾中的良乡校区，对将要发生的一切充满了向往和好奇。直到今日，2019年6月，我捧着厚厚的毕业论文走在月夜下的中关村校区，才突然意识到，曾以为漫长的四年时间已匆匆走到终章，很多时光已经在不经意间悄悄溜走了。

很多情绪涌上心头，很想写些什么来记录这段岁月，却又不知该从何说起。

回顾自己大学这四年，实在是没什么可说，比起身边同学们把日子过得风生水起、有滋有味，我的生活实在是过于平淡——没有科创、没有社团、没有学生工作、不爱出门玩闹、也没什么兴趣爱好……新尝试并且能坚持下来的事情几乎没有，新认识并且能保持亲密联系的人也一只手就能数得过来。好习惯丢掉不少，坏毛病攒了一堆。对自我的认识和剖析倒是越发深刻了，然而面对惨淡现实付出的努力却是相当无力、浅薄。脑子空空，钱包瘪瘪，想想真的是很失败了。

可是，尽管上面所说的都是事实，但我真的就毫无所获吗？

快醒醒，当然不是！

我其实意识到了，我习惯于放大生活中让人感到悲伤失望的细节，却忽略掉那些熠熠闪光的时刻。它们尽管光芒微弱，却也实实在在地照亮了一片黑暗。或许我没有获得世俗意义上的成功，但我在四年里收到了世界上最宝贵的礼物和最有意义的教育，那就是爱。

二、课程明细

（一）来自爸爸妈妈的爱

下午接到老妈电话，问我怎么好几天没给家里打电话了。我有点烦躁，不知道该怎么解释。我总是这样，每次如山般沉重的压力压在我肩上的时候，我就会在绝望和焦虑中放弃治疗，自暴自弃，胆战心惊又理所当然地浪费掉我本就不多的时间。这种时候，我是没脸给爸妈打电话的。

刚接到电话的时候，我语气不太好，我知道这样很不对，他们是最不该承受我这种莫名其妙的火气的人，但是恰恰是在他们面前我没办法控制住自己。我深深地讨厌着这一刻的我，痛恨着这一刻我对他们施加的一切，然后又陷在这种自我厌弃和愧疚中，变得更加烦躁，变本加厉向电话那头释放我的负面情绪。

老妈平静地承受了我的无名之火。没有怪我。然后老妈就给我讲他们的中老年天团一起去摘西红柿了，给我讲她做的煎包太好吃了，全部被老齐扫荡进了肚子，给我讲小狗还是憨憨的很胆小，兔子一次又一次越狱，两只乌龟一如既往地一个老实一个霸道，小鱼生了好几条小小鱼，花花草草也都一个赛一个地越长越好……我听着她在电话那头笑着给我念叨着家里这些鸡毛蒜皮，心好像一下子静下来了。我依然有大堆事情要赶，我依然不是那么想去做，可是我没有之前那么不开心了。我能想象到她现在满脸笑意的样子，能想象到他们像小孩一样斗嘴斗气又和好的画面，能想象到他们在家里忙忙碌碌的场景。我一下子觉得安心。我突然想，有什么是过不去的呢？我最爱的人过着他们想要的生活，我们即便不在一处但是心永远一起跳动，不管任何时候都会有一个地方无条件接纳和支持一身缺点的我，那个地方叫作家。

爸爸妈妈，能成为你们的女儿我觉得很荣幸，很感谢你们为我做的一切，我要努力配上你们对我的好。或许你们在别人眼里只是很普通的人，但你们在我心里是最好的人，是最值得爱的人。

这句话有点难为情，但是我还是很想说，爸爸妈妈，我爱你们。

（二）来自室友的爱

从河北、陕西、江西、山东，到博雅楼413，到5号楼344，再到杜克大学、北京理工大学、浙江大学、国防科技大学，一路同行之后，我们在这里分离，从此天南海北，但你们将是我永远的家人。

就像歌曲中唱的那样："小而温馨的空间，因为有你在身边，就不再感觉到害怕，大步走向前。"

那些美好而搞笑的瞬间还都历历在目：我们为了突击大学物理考试在地上堆满了草稿纸和习题集，我们为了给自己加油鼓劲把考试科目写在气球上，我们一起夜爬华山、骑行青海，我们一起排练啦啦操和大合唱，我们彻夜长谈……

我是一个不善于表达自己感情的人，待人处事也总是有一些不讨人喜欢的骄矜，谢谢你们一直以来对我的包容，谢谢俩婷教会我自信和果断，谢谢璇儿教会我乐观和勇敢，谢谢馨钰教会我坚定和温柔。我庆幸自己能与你们生活在同一屋檐下，谢谢你们让我在这四年里有了一个家。

（三）来自国防生兄弟姐妹的爱

能成为这个群体中的一员，是我四年来最大的幸运。四年时间里，我们共同经历了军训、防化集训、毕业季军政训练，我们协力完成了学校交给的各项任务，我们一起看遍了北理一年四季的朝晖和夕晕。

当时，我每天都觉得很累很累，前所未有的累，但是同时我觉得很快乐，很快乐，前所未有的骄傲和满足。当时，我们一个比一个晒得黑，可是眼里的神采和光芒比太阳还要耀眼。每一分每一秒过去，我都能感受到自己的进步，感受到我们作为一个整体的成长。

从我们穿上同样一身橄榄绿那一刻起，我们就成为一个密不可分、有血有肉的集体，我们就成为彼此的亲人。在操场的烈日下，我们互相鼓励，一同奔跑；在行政楼前的月光下，我们席地而坐，分享往事。我们用真挚而热烈的掌声分享战友的喜悦，用一声高过一声的"报告"共同承担错误的惩罚。在成为一名国防生之前，我从来没有感受过如此纯粹、热血、让人动容的尊重和爱。还记得军训期间，轮到我所在的排午休时留在行政楼前看枪，那天的场景让我至今回想起来仍会觉得美好、感动：阳光很明亮，天空很蓝，云彩很美、很白，累到几乎虚脱的我们三三两两安静地倚靠在立柱旁，冰凉沁甜的汽水入口驱散着睡意，几十米远处的另一边，秦因凡和张鑫亮抱起吉他坐在地上，乐声响起，越来越多的人应和，歌声随着微风飘进我的耳朵，那么温和，那么好听。我抬头看蓝天，突然就觉得很感动，很幸福。

以后我可能会经历很多事，可能会遇到形形色色的人，但与这群人一起经历的每分每秒都将会是我心中永远无可取代的回忆。

（四）来自许多老师、同学、朋友、家人，乃至陌生人的爱

有许多微小但美好的回忆，比如夏夜的五公里、开往北京南站的四号线、被寒风沁透的星期六、永远也吃不厌的麻辣烫、清晨无人的校园、画一样的满杯星空、号称智能实则智障的小车、奇奇怪怪的小饼干、海淀医院的温柔医生、会关心我的保洁阿姨、在许多个黎明为我打开宿舍大门的宿管阿姨、每天叮嘱我好好吃饭的食堂阿姨……回忆实在太多太多，我无法把每个人每件事每一幕都写于纸面，但一切的美好我都一定会在心中铭记。

三、课程总结

四年时间，我意外而又幸运地发现，我一直担心打扰别人、麻烦别人，但其实大家都愿意竭力帮助我、支持我、包容我，还有很多很多的陌生人也让我一次又一次感受到了这个世界微小但又切实的爱意，我并非是一座孤岛。

我特别感谢所有身边的人，很多时候我焦虑、敏感又多事，真的很谢谢你们一直不变的包容和温暖，谢谢你们没有放弃我。我还想对仍在我身边的和已经渐行渐远的朋友们说声抱歉，请原谅我有时突然的疏远和冷漠。只是那些时刻我无法与自己和解，更遑论与这个世界发生联结，除了逃避我找不到别的方法。我以为这是对你们的一种保护，却没想到恰恰是我这种自以为是的想法伤害了那些真正关心我的朋友们。谢谢你们没有放弃这样的我。我想我应该学会更好的处理方式，我想说，你们在我心中的分量从未减轻，哪怕我们不再亲密、不再无话不谈，甚至不再相见，你们也仍是我所在的星系未曾分崩离析的原因，是我宇宙之网的永恒组成。

四年匆匆落幕，身边的人给予了我太多太多。是你们让我懂得，在这世上，每个人都过得不容易，和很多人比起来我已经非常幸福，应当知足。是你们让我懂得，世界上本来就不存在完美的人，哪怕我有很多缺点，也一样值得被爱。是你们让我懂得，成长比成功更重要。是你们让我懂得，笃定、淡然、踏踏实实地做好眼前的事情，在日复一日微小的进步里也将终有所得。

感谢北理四年，未来，向前，继续向前！

每一段经历都注定珍贵

光电学院　张嘉忆

　　时光如梭，四年的大学时光即将与我挥手作别，这四年生活的点点滴滴见证了我的成长。人总是怀旧的，初上大学时除了兴奋与好奇外总会暗自怀念高中的时光，高中校园的一草一木。初搬到中关村校区时又会怀念良乡校区的平和安静。但人也必须向前看，不断前行。四年虽短，但也是我个人成长最快、思考最多的一段时间，或痛苦，或后悔，或开心，或难忘，皆是人生宝贵的经历与财富。借此机会，总结一下自己的大学生活，梳理心路历程，更清楚地认识自己的收获与不足。

一、理想与目标

　　其实对于很多优秀的同学来说，早在大学初期甚至高中就已经确立好了自己的人生目标与努力的方向，比较惭愧地说，我是在大三大四才慢慢想明白自己究竟想要做什么，自己究竟可以做什么。虽然醒悟得比较晚，让我错过了一些东西、浪费了一些时间，但乐观点来想还是要好过浑浑噩噩下去的。

　　其实在进入大学校园以前，我一直想做一名医生，即便是现在，医生这个职业在我心中仍具有崇高的地位，但即便喜欢，即便向往，在家人的劝说下还是没有坚持，也可以说是自己放弃了。曾经的自己真的有太多的幻想而缺少思考，过于理想化缺少实际经验，遇到问题总是想着逃避推卸而不是自我反思，自己以一直以来的中规中矩为借口，因父母并不强迫自己努力而沾沾自喜。从小我似乎就没有过为了什么目标非常努力的经历，如果用七分力气就可以获得还过得去的结果我就不会用八分，甚至会觉得理想没有什么用，世事难料，走一步看一步即可。初入大学的我就好像进入地铁站一样，来来往往的人群都有着明确的目的地而我不知道该去哪，只好先暂时跟着大部分人上了车，当看到人们陆陆续续地在自己的目的地下车后，我终于明白，自己不可能一直待在车上，而选择的机会只会随着时间的流逝变得越来越少。我开始思考自己的目的地，在这个过程中，有过埋怨有过痛苦，但庆幸的是我开始思考了，我明白了虽然自己尝试了很多东西但并没有抓住主要的方向。虽然相较于许多优秀的同学来说晚了很多，但开始了就好过没有，好过接下来的大半人生也在迷茫中度过。

人是要有经历才会成长的，大部分人的人生都不会顺风顺水；人也确实是有目标、有信念后，才会持之以恒地努力。从生活点点滴滴的经历我也得到了一些启示。我们要以健康的心态真诚地对待他人，也真诚地对待自己。不虚伪，不做作，勇敢地面对未来，要勇于承担起应该承担的责任，而不是逃避和退缩。很多时候，心态即决定了结果。确立好目标，并为之努力，努力的过程远比结果还要重要。

二、交际及友情

大学最让我难忘的可能是交到的朋友吧，大学的友情是不同于高中的，高中的朋友更多是兴趣相投，而大学志同道合则占了更多部分。这其中比较特殊的部分当属室友了，可能有着不同的兴趣爱好，不同的性格，不同的生活习惯，不同的理想目标，但因为一种特殊的缘分被半强制性地安排住在一起，这其中少不了矛盾也少不了磨合。如何看待和解决这些矛盾，便是人与人之间相处的学问，也是成长的必修课。我和我的室友从大一到大四一直住在一起，其间没少闹别扭，也没少吵架，经常有互相看不顺眼的时候，但也正是这些让我学会了宽容，学会了包容，学会了理解，学会了反思。很多矛盾都是由误会或者沟通问题造成的，我们的眼睛中不能只有自己，应该学会换位思考，客观地看待问题。学会宽容，学会忍耐，矛盾便不再是破坏同学感情的借口，而成为加深彼此了解的途径。与室友的相处让我明白一段平等的亲密关系应该如何维持。除去不愉快，还是给我的大学生活留下了很多难忘又美好的回忆的。良乡的自助火锅、中关村的麻辣香锅、欢乐谷的摩天轮，都是人生影片中重要的回忆。

大学会更多地跟朋友探讨人生，探讨对于时事的看法，这些交流让我的思维更加开阔，想问题的角度更加全面，所以我很庆幸自己在大学可以交到风格各异的朋友，从他们身上我学到了很多，获益匪浅。

三、经历与成长

临近毕业，我因为各种原因回了好几次良乡校区，再次回到这个曾经生活学习了两年的地方突然有很多感慨和不舍，那些建筑、街道、绿植、操场，让人觉得熟悉又陌生，回忆的片段一片一片飞入我的脑海。在那里我度过了初入大学的两年，带着兴奋与青涩，抱怨过良乡的偏远后静下心来感受难得的平和安静。回忆大一大二的生活，确实是大学里面压力最小，业余生活最丰富的两年。

大一的时候加入了延河之星志愿者这一个学生组织。从社区养老院，到流浪猫狗救助站，再到共巢老人的家陪老人聊天，种种活动让我更加清楚志愿的意义。在这个组织中，我的个人能力也有所提升。我负责的雷锋月的社区活动让我明白一个活动的成功举办与策划与同其他人的沟通交流密不可分。在组织里面，认识的朋友以及那些经历都是我大学生活非常宝贵的财富。

大一的暑期社会实践也让我印象深刻。我们去内蒙古梧桐花镇的一个村里探访走向没落的砖瓦厂，走向基层去了解一个传统行业从生产到加工再到销售全部流程。梧桐花镇炽热的太阳、日均三十七八度的气温、日落时的晚霞和卡车驶过飞扬起的黄土，都成为难以磨灭的记忆刻在脑子里。青涩又有点稚嫩的与社会上的"老油条"周旋，热情好客的同学父母，草原、蒙古包、烤全羊，哪怕是以后再去也不会有当时的心境和感悟。

曾经天真幼稚的我产生过厌倦校园生活的想法，觉得学校终归是一座象牙塔，想要快速成长还是要去社会上历练，在真正快要步入社会时才发现自己当初的想法有多么偏执和过于绝对。大学可能是系统学习各项技能、全身心充实自己的最后一段时间，企业不会是慈善组织，更不会是学校。而且在大学不光光是学习知识这样简单，思维逻辑、解决问题的方式都会对以后的工作，甚至生活产生重要的影响。

我原来有一个习惯，就是会定期翻看原来的 QQ 空间或者朋友圈，删掉一些自己认为不成熟或感到羞耻的言论。但每当到了梳理过往的时候就会发现很多东西变得残缺不全，后来想想，这种行为是在一定程度上逃避过去。但是每一段经历都是人生的一部分，每一段经历都注定珍贵。正是因为过去的种种，才会有现在的成长。我们应该正视自己的过去，从过去中不断总结经验、吸取教训，才会对以后的人生道路有更好的帮助。

四、总结

　　总结大学四年，我们一点一点地学习，一点一点地成长。大学中最遗憾的事可能是没有完全利用好学校提供的良好的学习环境和各种学习资源，没有再多学习一个软件、一项技能、一门语言。大学中最满意的一件事当属毕业设计，经历了毕业设计我真真切切地感受到了自己的改变和成长。经历四年的学习，虽然在专业技能上还有所欠缺，但思维方式有了明显的进步。只要肯努力就一定会获得令自己比较满意的结果。大学生活即将结束，无论曾经的理想和计划实现与否，我们都要不断拼搏、不断努力。在以后的日子里，我们仍然要不断学习如何做人、如何生活，学习如何在短暂的人生中实现自己的价值。

　　大学是我难忘的记忆。兢兢业业认真负责的老师们，真诚友善的学长学姐们，活泼可爱的学弟学妹们，踏实努力的同学们，都构成这记忆中的一部分，感谢所有人在这四年时间里陪伴我成长。漫漫人生路，我已走了大概四分之一，大学毕业不是终点而是新的起点，希望我们每个人可以一步一个脚印地走好以后的路，希望无论做出怎样的决定、怎样的选择，都可以尽情地享受生命、享受生活。每一分每一秒都值得珍惜，每一段经历都注定珍贵。

流年笑掷　未来可期

信息与电子学院　汤雨谡

大学四年，悄然而逝。回首，尽是一路欢笑。

一、学

"未来的你一定会感谢现在拼搏的自己"，这是挂在宿舍楼道里的一句话，每天上下楼梯都能看见。真的很奇怪，那么多标语，能记起的只有这一句，可能是它最能撞击我的心吧。当我精神松懈的时候，这句话就能浮现在我的脑海中。我知道，我还不够努力、不够拼命。在学习上，虽然入学伊始，我未能获得令自己满意的成绩，但是人贵在反省自己，我在后两年通过努力接连获得了奖学金。可能有很多人觉得，这没什么好说的，或者有很多人都拿奖学金拿到手软。我也不以自己和他人比较，我觉得最重要的就是，我相较于过去的自己进步了。看到奖金入账时的激动记忆犹新，那不仅仅是学校对我成绩的肯定，更是对我努力学习、力争上游的肯定。

我还能记得刚刚入学时的好奇——对陌生环境好奇，对校图书馆好奇，对每一本书好奇。入学时的我信誓旦旦，希望自己能博览群书。但不得不承认，现实与理想总是有差距的，我曾经幻想自己每天泡在图书馆里阅读各种各样的书籍，然而现实的我更多的是在图书馆里复习、写作业。不过，就像有瘾一样，每一两个月我就会产生对书籍强烈的渴望，以及对书写文字的欲望。因此，我在这四年里也读了不少书，同时也写了不少读后感。不同于高中时代必须完成的任务，我想写什么就写什么，不用计较格式、手法、字数，不用担心老师的打分，就只是单纯地记录着我合上书那一刻的所思所想。有时候是打开电脑记录，有时候是写在一个很漂亮的本子上，有时候是录在手机的语音备忘录里……我时常觉得，我是一个有着文科生内心的工科女生。

二、思

我从小就被家里的长辈带着一起看《新闻联播》，小时候的我不懂新闻是什么，慢慢地看懂新闻了却又不知道为什么要看新闻，现在的我才逐步意识到新闻的重要性。新闻，是报纸、电台、电视台、互联网等媒体经常使用的记录与传播信息的一种文体，是记录社会、传播信息、反映时代的一种文体。在到了能申请入党的年龄后，我就提交了入党申请表，一直保持着入党积极分子的身份。虽然最终我没能在大学里成为一名共产党员，但是定期的思想汇报让我时刻了解着实时的形势与政策。在每天通过微博、微信公众号、朋友圈发布的各色各样的新闻里，我意识到新闻就是发生在身边的、与自己的生活密切相关的事情。"两耳不闻窗外事，一心只读圣贤书"的时代早已终结。我们作为当代大学生，身上背负着建设祖国美好未来的重任。我们现在能做的、且应该做的就是正确地了解祖国的发展历史，正确地定义祖国在国际社会中的地位，正确地承担起实现伟大中国梦的责任。

也许有人说，这些都是冠冕堂皇的话，但事实确实如此。倘若我们生活在战火纷飞的国家或者年代，读书都将成为一种奢侈。心怀感恩，感恩生在这样热爱和平、日渐强大的国家，感恩生在这样纵然国际形势复杂多变、我们却被好好地呵护成长的国家，感恩生在这样提供各项生活读书保障、减小差距、实现公平的国家……

三、悟

现在回忆这四年，自觉最有意义的就是大二那年的志愿经历。在良乡民仁小学支教了一学期，我感受到了孩子们的天真无邪和对知识的渴望、对未来的憧憬。虽然他们的生活和学习条件受限，但是他们有着自己的乐趣。印象最深的是和孩子们一起玩你画我猜的游戏。那时需要画出来的词是"上海"，我和一起备课的同学第一反应都是画一个东方明珠。出乎意料的是，那个孩子画了一个向上的箭头，再加几条波浪线表示海。我不知道怎么形容当时的心情。我想着也许是我的思维定式，已经没有了孩子们的想象力，根本没有想到这样的表示方法；也许是孩子们根本就不知道有个城市叫"上海"，不知道那个城市有着东方明珠。我当时问了那个画画的孩子，上海是什么，他说"就是在海上吧"。心里一阵难受。我明白了，珍惜现在的生活，珍惜现在的学习条件，感恩自己的家庭，感恩自己的老师。

除了和孩子们相处，我还曾经在慈航敬老院里服务。在那里，我感受到了孤寡老人们的无助与无奈。每当我和其他志愿者们去看望他们、陪他们聊天、为他们包饺子、帮他们打扫卫生、给他们剪头发时，老人们都带着隐隐的激动，还有和平时不一样的活跃。有的老人会和我们撒娇；有的老人还提把头发剪成一半长一半短的要求；有的老人会大声地笑；有的老人会找自己的舞伴一起跳舞……敬老院的负责人曾说过，每星期老人们都盼着我们去的日子。最后一次服务离开的时候，我看到了一辆黑色的轿车慢慢驶入了这个敬老院，从车上下来一名拄着拐杖、佝偻着身子的老人，另一个中年男子推着空轮椅走进了大楼。还没等我走到敬老院所在巷子的尽头，那辆黑色的轿车从我的身边疾驰而过。那天，敬老院里可能又多了一个可爱的老人吧。我的家离北京还挺远，我会想念当初每天给我做早饭的妈妈，想念在外辛苦工作、奔波辛劳的爸爸，想念做好水果拼盘送到我手边的奶奶，想念脸一直红扑扑的、看到我就会咧嘴笑的爷爷……我会在力所能及的范围内多陪陪逐渐老去的他们，而不是像王鸥在一档节目中说的那样每天在"子欲养而亲不待"的后悔中度过。

四、友

大学生活，最离不开的就是身边的朋友们。因为转专业，我很幸运地认识了两个不同专业班级的同学，还有很多通过社团、学生组织认识的朋友们，学长学姐、学弟学妹，还有的人亦师亦友。从他们的身上，我慢慢学会了离开家长、独立生活。受时下养生观念的影响，还和室友一起养成了早睡早起、每天运动的习惯。记得曾经一号床的室友，为了转到自己喜欢的专业，在两三天时间内赶出了一幅又一幅的作品。那时候为了自己所好的她真的很耀眼。每天学习进步一点点，为了自己想要的未来不顾一切、拼命努力。村上春树说过："平庸这东西犹如白衬衣上的污痕，一旦染上便永远洗不掉，无可挽回。"我不愿平庸，也不甘平庸。当看到图书馆里埋头学习的同学们，当看到走廊里放声朗读锻炼口语的同学们，当看到朋友圈里一条又一条学习阅读打卡，我会不自觉地跟上他们的节奏。其实，有时候真的很佩服朋友圈里的"大拿"们，在短短的大学四年里竟然可以过得那么精彩。但想想自己，却也不后悔，即使不是那么完美，即使有很多瑕疵，我也过出了自己的生活。一直记得朋友的座右铭："不要后悔，过去的只是遗憾"。环境真的会影响一个人，我正在走向更好的自己。

五、游

在北京，我以为的最大优势就是这里有很多的博物馆、剧院、公园等，学习之余，这些地方就一次又一次容纳了一个小小的我。从第一次踏入国家大剧院，那个坐落在一片水光中的半球，到后来的蜂巢剧场、天桥剧场、地质礼堂、老舍茶馆等，我听着各色戏剧、交响乐、相声，一遍又一遍地被国内外的艺术熏陶着。从第一次踏入国家博物馆，那个位于市中心的高大建筑，到后来的首都博物馆、中华世纪坛、军事博物馆等，我肆意地徜徉在历史长河中，从军事、文化、政治这些不同的角度感知着岁月的沉淀。从故宫，一个被誉为世界五大宫之首的皇家宫殿，到颐和园、玉渊潭、香山等，我在不同的景点品鉴着不同的、四季的味道。还有大街小巷里的老北京美食，艾窝窝、驴打滚、炒肝儿、焦圈、豆汁儿……作为一个从南方小城来的学生，很快就被这些美味所俘虏。本以为北方食物和北方人一样粗犷、豪爽、耿直，我却意外感受到了吃食里的细腻。想来，民以食为天，不论地域相差多大，对于食物的小心思是分外一致的。

大学初订下的计划，零零散散地大部分完成了，也还有一些尚在努力中。对未来的自己，我想说：希望你能够不忘初心，学习、生活兼顾，做一个善良、努力的人；不论遇到什么，保持积极向上的心态，追求自己想要的生活；失败跌倒了不用害怕，但一定要站起来，然后奔跑起来弥补先前的遗憾。流年笑掷，未来可期。

成长中前进

信息与电子学院　王启宁

难得有机会能静下心来回顾四年的大学生活，我思考了许久，该以怎样的角度来总结这段人生异彩纷呈而意义非凡的时光，才不辜负自己四年的尝试与思考？要回答这个问题，首先要回答的是：这篇总结面向的读者是谁？因为读者是谁直接决定了这篇总结该以怎样的角度展开才能最大化这篇总结的作用。而问题本身已经暴露了我的答案——"不辜负自己四年的尝试与思考"。我希望这篇总结是写给自己的，既然是写给自己，那么我希望它无论如何要满足一个条件——尽可能客观，客观回忆并分析自己大学四年中在何种情境下遇到了怎样的问题，引发了怎样的思考，从而领悟出了怎样的道理，从而能对自己未来的人生起到一些指导的作用。

因此这篇总结我会从自己大学四年来领悟到的五个关键词入手，细致地分析每一个词对于我来说意味着什么，我是在怎样的情境下领悟到其含义的。

一、务实

第一个关键词是务实。大学生活前两年的主线是学生工作和创新创业类的活动，跟很多刚进入大学的朋友们一样，自己整个人处于很浮躁的状态，看着各种各样的励志故事和鸡汤，曾一度固执地认为大学里的专业知识并不重要，重要的是组织、沟通、管理等所谓的"职场能力"与解决问题的"思维"。本着"'能力'应该靠参加实践活动来培养，'思维'应该靠阅读相关书籍来建立"的想法，自己把很大一部分精力放在了参与学生工作，听各式各样的讲座和读畅销书这三件事上边。回顾这段经历，很难评判自己付出的时间精力是否值得，但是可以确定的是：正是在这段时间里，我开始对"务实"这个词的含义有了比较深刻的认识，并开始为了成为一个"务实的人"而做出改变。

当时参与了大量类似小组讨论或工作会议的活动之后，一些问题开始持续地困扰着我——每次参与集体讨论时我的体验都会很差，因为我一方面希望自己带领大家做出正确的决策，另一方面又希望尽可能让每个人都对讨论的结果满意。我总是格外关注一些头衔，比如班长、部长、主席，一方面渴望获得这些头衔，一方面在同拥有这些头衔的人交流时会格外谨慎，生怕犯下什么错误。那个时候遇到这类问题往往没有什么策略，就是会时不时地一个人闷头去想，但是也想不出什么名堂，因此就会有些焦虑。

疑惑开始变得明朗是在大一寒假中阅读《邓小平时代》的时候。其中邓小平的务实与强硬作风一章，谈到了他在做决策时最根本的出发点往往是解决问题，而很少受到其他诸如人际或情感因素的干扰，他很擅长在自己的权力范围内行动，但是在关键时刻他仍然不会因为权威或上级的意见而改变自己的决定。此外，邓小平的务实还体现在他不在乎头衔或他人的评价，他更多关注的是实际的问题以及如何达成自己的目标。正是在那个时候，我开始意识到自己困惑的根源——在处理问题时太过关注人际关系的和谐、他人对自己的评价，同时对头衔和荣誉给予了过多的关注。

而深刻地意识到应该做出改变以及如何做出改变是在大一暑假参与学校"德字班"实践项目的时候。那是一个为期两周的红色实践项目，在这期间需要进行大量的小组合作来完成从课程项目、调研报告到晚会策划的活动。其中一个同组成员带给我很大影响（他后来成为我大学阶段关系最好的兄弟之一），他在每次小组项目中不论对讨论主题了解与否，都会真诚地表达自己的一些观点，而在大家各执一词时，他又能很快地做出判断，或是坚持自己的观点，或是改变看法，并组织大家得出最后的结论。即便最后的结论可能不符合一些小组成员的期待，但是事实证明结论往往都会带来不错的结果，因此大家也并没有对他产生过多的看法。那个时候我恍然大悟——合作的目的是解决问题，而不是协调人际关系，大家其实并不会因为自己的意见被否决而耿耿于怀，即便有个别人感到不舒服，也仍然应该以解决问题为导向。此外，真诚和适当的表达往往不会太让人厌烦。在意识到这些问题后，我开始在类似的活动中刻意地让自己的关注点放在解决问题上，而不是人际关系或谁的观点更高一等这类问题上。具体的原则总结如下（也是之后要不断提升的目标）：

（1）在讨论中专注于问题的解决，不考虑人际的问题，同时也不强行证明自己是对的，而是尽可能客观地表达观点以及做出总结和分析。

（2）在讨论中积极思考，快速地形成自己的一套观点，同时认真倾听他人的观点以及支撑观点依据，对比优劣之后调整自己的观点。

（3）始终把握讨论的主题以及当前研究的问题，不要让讨论的主题跳转到其他不相关或是其他应该之后讨论的问题上，同时不断总结各方意见，促进结论的形成。

（4）在做好（1）、（2）的前提下，向他人的意见表达肯定，委婉地表达自己的不同意见。在上述这些原则的指导下，自己逐渐能够享受讨论中快速思考的快乐及促成最后结论得出的成就感。

二、专注

第二个关键词是"专注"。在刚进入大学时，一方面因为自己的高考成绩的不尽如人意，一方面因为过去对大学种种不全面的认识，整个人处于一种很浮躁的状态，整天思考如何"快速"地提升自己，以及如何能尽快找到自己的人生方向，从而开始进行职业规划。急躁和贪婪的心态往往导致饥不择食，因此我给自己的日程表中放置了远超自己有限的时间所能容纳的活动与任务量，希望能尽可能多地去尝试和探索，这就导致了自己常常应接不暇，许多事都因为时间太紧而草草了事，甚至不得不花一定时间去推掉各类的事务。一方面导致自己做事的质量打了折扣，另一方面也导致自己的心情常常会比较焦虑与低落。

在这样的情况下，自己逐渐开始有了减少任务数量、提升任务质量的想法。而真正开始认识到"专注"的重要性以及"规划"的不现实性，是在校友会的几次讲座中。1987级的杜江涛师兄——如今君太集团的董事长，1996级陆海师兄——从通信行业跨界到金融行业，1983级曲敬东师兄——多段职业经理人的履历，这些如今已经功成名就的师兄们共同提到的一点就是，他们当时也对未来没有太清晰的规划，但是他们都做到了一件事——那就是内心深处有着想干一番事业的雄心，并专注地把当下的工作做好。

每参加一次讲座，我都会更加坚定一点——其实很少有谁的成果是规划出来的，专注做好眼下的事，并不断保持思考才是正确的策略。这样就不会再因为缺少清晰的职业规划而困惑，也不会给自己安排很多要做的事情，而是更多关注如何把当下已经选择了的每一件小事、每一个细节做好，并享受这种专注于一件事时的快乐以及集中精力将一件事从头到尾做好的成就感。

此外，在逐渐进入大三以来，"专注"对我来说又多了另外一层含义——更广的时间尺度下对某一个大方向的专注。这一想法的产生源于曲敬东师兄的分享会，他当时提到，他认为自己学什么都不是最快的，但是能学得很久，也擅长在一个领域把一件事做很久，因此在他看来，唯有懂得积累才能走得更远。在这一想法下，自己在留学准备与申请时，虽然没有做足够、认真的调研，但是一直在把握的大方向就是积累，希望自己不要轻易地更换方向或项目，而是在一个方向中扎下去，把每一个项目做好。目前也拿到了不错的申请结果，但是最近产生的想法一直在提醒自己——还是要更加辩证地看待申请结果，以及带来这个看似不错的结果的"专注"，因为往往大的趋势是很难逆转的，所以"专注"的对象与程度也应该加个限定，在何时何种情境下该另辟蹊径，则是未来可能要面临并思考的问题。

三、客观

第三个关键词是客观。这是个贯穿整个大学生活，可能还要延续到未来的关键词。从大一时在跟室友"付总"的交流中模糊地体会到他分析和表达问题时的条理性开始，逐渐对"客观"这个词有了概念。而真正开始意识到客观分析问题——做事讲求逻辑的重要性是在大二上学期的创业培训中，马莹老师提到很多创业者的想法甚至经不起逻辑的推敲，但他们却不假思索地去做了，那么结局必将是失败的。他人失败的例子就像一声巨响，让自己一下子开始意识到原来思考问题的客观与否甚至可以直接地决定执行的结果。也正是从那时起，我开始时常提醒自己。

关注自己的想法是否客观，而不是完全凭借感觉和简单的推测来得出结论。对"客观"这个概念产生更加深刻的理解是在大三去 UCLA 参加暑研的时候。由于自己之前没有这么完整地参与过一个科研项目，因此在项目陷入困境可能要面临方案更换时，曾一度非常地恐惧与焦虑——对已有的已经熟悉的方案固执地坚持着，而对其他方案的复杂性充满了恐惧。这种恐惧逐渐使得自己的心态变得焦躁，因而陷入无尽的担忧而不能将精力集中于项目的执行与推进上。这个时候 Jia 的两句话让我开始冷静下来思考自己的心态问题，他说："一件事你不能在还没开始做，就觉得它很复杂，认为自己搞不定，起码你要先去了解它，很多东西就是在你对它熟悉了之后就变得没那么恐怖了。""你不能找到一条路之后就蒙上自己的眼睛就往前走，而选择性地忽视其他所有的路。"从那时开始，我意识到了自己一直以来就存在的问题，主观加上急躁往往就会让自己失去理智，而固执地认为一定要按特定的方式去做某件事，但事实往往并非如此。所以从那之后，我开始尽可能地制定了以下的原则并希望能在做事时遵循它们。

（一） 当面对新的方案，项目或问题时

要意识到自己出现这种心理的原因，不一定真是因为问题困难，很有可能只是因为自己不熟悉，而将恐惧放大。首先应对这一问题进行概况性地了解，将整个问题拆分为几个小的问题，客观地评估各个部分的难度，然后根据自己的需求来决定执行各个部分的顺序。

一旦决定开始执行某一部分，就集中注意力于如何解决问题，享受接受新知识的兴奋与通过逻辑组织新旧知识来解决问题的快乐，而不是对其他部分的困难耿耿于怀。

暗示自己接受新知识是值得兴奋的，而且运用逻辑组织新知识来解决问题是值得享受的，所以不论结果如何，我们都是有所收获的。这样不仅不会因关注问题解决的结果而分心，而且有助于问题的解决。在最近，我又对客观有了新的理解——相信概率。这源于自己大四开始谈恋爱后产生的一些焦虑，就是因为对一个人或一件事太过在意，而开始变得盲目，产生对小概率事件的担忧。这是一次在跟"付总"分享自己的烦恼时无意中发现的。当时我们讨论了悲观和乐观的定义是什么，"付总"觉得我是个典型的悲观主义者——体现在我总是关注事物消极的方面以求避免这些情况的出现，同时也总关注自己的失败与缺点以求从中获得教训并加以改正（这也是时而会造成自卑情绪的原因之一），而忽略了事物积极的情况以及自己的成就和优点。他特别提到的是：为一些小概率事件而担忧并没有意义，因为小概率且很难避免的坏情况数不胜数，如果总想着如何来避免他们，只会给自己徒增烦恼。从那时起，我在自己产生焦虑时时常会问问自己：现在担忧的是不是小概率事件，这样的担忧真的有意义吗？

（二） 当对待"针对一个问题已有的解释或已有的方案"时

要提醒自己千万不要不加考虑全盘接受。首先，要尽全力理解其逻辑，如果逻辑说得通，那么可以暂且接受（而且要明白接受它，我们都做了哪些假设或有哪些前提，这样才能保证当发现它有问题的时候，去推敲哪些前提或假设出了问题）；如果逻辑上讲不通，首先确认是否存在误解，如果确认没有误解，则应该按照逻辑推演下去，找到问题。

四、耐心

第四个关键词是耐心。这个词不能严格地算是大学阶段的感悟，因为自己一直以来都存在急躁、想当然的毛病，具体表现为在紧急情况下的慌乱导致忙中出错，面对过去处理过的类似情况过度依赖经验以及面对复杂情况的急于求成、草草了事。

这样的例子在大学阶段出现了多次，但并没有印象很深或某个出现过的顿悟的瞬间，因此这里只是把它列举出来，以提醒自己。

（1）面对紧急情况时的急躁与慌乱，无法沉着冷静地一步一步解决问题，因而往往导致忙中出错。

（2）面对顺利情况时得意忘形（特别是接近完成的时候），急于快速完成任务，而不能心平气和地将整个流程一步一步走完，因而也导致忙中出错。

（3）面对复杂情况缺少一步一步慢慢解决问题的耐心，而是急功近利，想要快速解决问题，而往往导致杂念丛生，无法专注于问题，使得逻辑链条屡次被打断。

应该采取以下几种对策：

（1）首先要在自己感知到问题时，感到兴奋，因为发现了这个问题——意味着自我意识在不断提升，也要告诉自己要享受心平气和一步一步有逻辑地解决问题的快乐。

（2）在面对顺利情况时，提醒自己不要得意忘形而忽略重要细节，特别是接近完成时，不要急于求成而草草了事。

（3）面对复杂情况时，首先将问题分解为几个小的、自己能够处理的问题，专心完成每一个任务并享受这一过程。

五、泰然

第五个关键词是泰然。这是大四这一年感触最深的一个词，因为大四的生活，恋爱是很大的一部分，在自己体验到极大的幸福与快乐的同时，也遇到了不少困扰——其中最大的困扰在于未来很多年的异地恋生活，因此自己曾一度思考如何找到一个解决办法或心理的安慰，来让自己不再为之焦虑。这一问题的解答源于自己在一篇公众号中读到的一句话"不念过往，不负当下，不惧未来"，我开始逐渐意识到自己一直以来都存在的问题——对未来可能出现的消极情况产生过度的思考。

现象（一）：想得太远，而由于不确定性，无法很快得到结论——这时反复想则会消耗精力。

现象（二）：对未来的一些事过度思考，导致得失心加重，常会导致对当下所做事的意义产生怀疑，而无法集中精力做好当下的事。

现象（三）：会对自己的某个小焦虑耿耿于怀，在不够冷静客观的时候，便会杂念丛生，将这种焦虑放大。

针对这些情况我应该对自己进行以下的暗示：

当觉得目前这种焦虑无法让自己客观冷静地思考问题时，就去运动、洗澡、睡觉。否则自己只会陷入更深的焦虑而无法解决问题。只有在自己足够冷静、客观，杂念趋于消失的时候去分析解决问题才会更高效。

六、结 语

希望在大学即将结束之际，自己的这篇总结能够时常警醒自己，克服个人的种种弱点，在人生的下一阶段，务实、专注、客观、耐心、泰然地前进。

雕刻属于自己的大学生活

信息与电子学院　叶宏远

皮格马利翁是希腊神话中的塞浦路斯国王，他用神奇的技艺雕刻了一座美丽的象牙少女像，在夜以继日的工作中，皮格马利翁把全部的精力、热情、爱恋都赋予了这座雕像。他像对待自己的妻子那样抚爱她、装扮她，爱神阿芙洛狄忒被他打动，赐予雕像生命。

刚刚来到北理工这片热土的时候，展现在我面前的是良乡校区的不完美。乏味的生活、图书馆想读的书找不到的尴尬、网络上舆论的劣势……这些都组成了我对这里的失望。北理工的整体环境一时之间无法改变，可我自己的大学生活却像一块未雕琢的原石，等待着我为其付出精力、热情，让其变得充满生机与活力。

大一——体验与探索

大一的时候，怀揣着对大学生活的向往，同时也是希望自己能够发掘更多的可能性，学习、科创、运动、学生组织等各个方面我都去尽力做到自己的最好。生活被我安排得紧紧当当，每天需要做的事都写在本子上，再一件一件划掉。在学习上，每次上完课，我都会趁热打铁，将课上留的作业写完，为其他活动留出更多的时间；在学生工作上，我加入了科协、新媒体联盟、共学会三个学生组织，还加入了晨读社、网球社等社团，在学生组织里担任了宣传、活动策划两方面的职责；在科创上，和宇航学院的几个同学一起申请了"大创"，我负责其中的机械仿真部分，每周三蹭机器人协会的 Solidworks 课程，每周日蹭三维成图空间的 Inventor 课程；我还参加了一些不用表演才艺的活动，一站到底、百科知识竞赛、"一二·九"长跑、新生辩论赛、元旦晚会、机械科创周活动、大创基地科创活动、科协科创活动。

这样的生活很充实，现在一件件回想起来，都感叹自己是怎么一周安排这么多事情的。但是，这样的我处于一个边缘，在各件事游刃有余和七零八落之间的边缘。刚刚进入大学的时候，保持着高中的作息和精气神，我还能够把每件事安排好。但是人都是会怠惰的，过了开学后的一个月，自己的懒惰之心便开始萌发，这可能是某次下雨之后不想去练球，可能是某次熬夜做推送之后不想去晨读，可能是某次上课走神之后课下只能抄答案完成作业，可能是某次游戏时把学生组织里的事务推给其他人。而最终，也证明我无法同时顾全这么多的事情，学生组织的事情被我安排得太靠前而学习又被我放得太靠后，这让我处于一个腹背受敌的状态。一面是"助力国奖交流会"上一个个"大神"畅谈自己学习到晚上 11 点 30 分才回宿舍的生活，另一面是一个个学生组织的部长纷纷找我谈话，觉得我工作做得比较多，都希望我能留在部门里继续任职。一向纠结的我还没有做好决定，一门门的成绩就已经从微信里弹出来给我警告，体育 68，军理 76，英语 77，这三门课程仍然在列表里拉低我的优良率。而到底留任哪个组织，我最终也没有做出决定，选择了全部留任，至今我还在庆幸基础教育学院解散了，其中一个学生组织凭空消失了，不然之后的生活不知还会怎样狼狈。

习惯了忙碌的人是停不下来的，在我放弃了社团活动之后，时间突然多了起来，我并没有像想象中一样，将多出的时间用在学习上，而是想去找一份兼职来实现自给自足。辅导员办公室值班员、学院小秘书、房山科技中心小导师、家教机构的知名家教，逐渐不需要再向家里要钱的我感到了花自己的钱的满足，也体会到了赚钱的辛苦，平时学习都起不来的我可以在周日的早上 6 点起来坐一个多小时的公交车去 30 多里外的地方教课。当考试周和家教冲突的时候，家教中心希望你不管怎样都不要耽误学员课程，甚至在学生期末考试的时候能够加课。这个中滋味，只有经历过的人才懂，尤其是听一起工作的学长说差点挂科的故事。好在大一的知识都比较简单，靠自己高中打下的基础还不至于结果太差，最后在大二初有惊无险地从自己不感兴趣的机电专业转到了信息学院，去寻找更广阔的天空。

大二——抉择与前进

记得刚刚入学的时候，一位学姐就和我说过，在信息学院，不要选信号专业，因为竞争压力太大了。可是，人总是相信自己是被上天选中的孩子，于是转到信息学院后，我毫不犹豫地选择了信号专业，希望能和更多优秀的人一起进步。在做出这个决定的那一刻起，我四年的成长路线便开始了收束，学习在我生活中的重要性不断提升。

大二这一年，我在各种科创竞赛中周转。在这个过程中，我认识了两个好队友——赵敏和赵梅惠，她们两个也成为我大学最好的朋友之二。我们一起参加了数学建模美赛、校赛、国赛，电子设计竞赛国赛、校赛、市赛。在这个过程中，记得最清楚的是大二那年的数学建模美赛，我们从学期初便开始准备，每周一下午都一起在图书馆里学习数学建模的算法，然后吃饭的时候相互讨论。当真正比赛的那几天，我们却陷入了查不到数据的手忙脚乱和感觉时间还很多的谜之放松之中。随着比赛的进行，学校及其周边在以肉眼可见的速度凋零，超市关门，食堂饭越做越难吃，连快递员都不想再送快递，我们相互鼓励，终于在通宵之后完成了论文的撰写。看着我们人生中完成的第一篇完整的论文，喜悦之感油然而生。随着这次的磨合，我们之后的比赛越来越得心应手，最终国赛拿到了北京市一等奖。

在众多的竞赛里，我印象最深的是大二下的 IEEE CRFID 'smart - city' mega - challenge，我们提出的一个方案构想获得了组委会的通过，然后被邀请参加在美国凤凰城举办的 RFID 国际会议。我们带着一个初期的想法和一套简陋的系统，便在没有老师陪同的情况下前往美国参加会议，中途遇到各种各样的困难，如考试冲突、行程报销、语言问题、飞机晚点等，现在想来，能成功到达美国做一个还算完美的展示然后顺利回国真的是不容易。这趟行程让我们看到了国际学术会议是什么样子，这一领域的国际前沿在研究什么内容，以及参加会议投稿、海报、答辩的流程，见识了美丽的金门大桥，也算长了不少见识。在这个过程中，真的感谢一直指导我们的马老师，是他的鼓励和支持让我们能够放手去做，成功地完成这个之前想都不敢想的任务。

大二这一年，我担任了科协项目中心的副部长和新媒体联盟宣传部的部长，同时还担任了班级的宣传委员。为了平衡好学生工作和学习的关系，可以说煞费苦心。由于在宣传部里每天都要出推送，我又不能很放心地把事情完全安排下去，所以每天学习之余我都在创作推送上烦恼着。不过好在学生组织里的朋友们和部员们都非常可爱，相处的时候大家都度过了一段愉快的时光。

大三——拼搏与未来

正如前文所说，大二这一年的生活在科创、学习、学生工作之中兜兜转转，但是也潜藏着巨大的危机。我的成绩在之前的专业还可以名列前茅，但是转到信息学院的信号专业后，便不再有优势，身边的同学都在各个科目上做到了极致，而我还比上不足。在刚刚来到中关村这边，危机便展现了出来，没有了学生组织的任职，大家都开始在学习上逐渐发挥出自己最强的实力，而经过计算，我的成绩正处于保研与否的边缘。曾经的我总是拎不清学习和考试的关系，总是把考试当作让自己把所有知识学习一遍的动力，而没有去关注考试技巧、复习技巧的事情，总是期望自己在最后的两周时间内把整本书的知识学一遍，最后的结果便是既学得不扎实，又考得不理想。而大三的专业课安排很满，我没有了以前那么多的时间去复习，因此，我选择了在平时就把基本的知识都搞懂，期末复习逐渐越来越从容。最后结果也没让我失望，大三上是专业第二名，大三下拿到了专业第一名，虽然最终与国奖还是失之交臂，不过很庆幸取得了保研资格。

不懈的努力给我带来了成绩上的回馈，但这样的欣喜并没有持续太久，大三，又一次站在了人生的岔路口，看不清前路的我有些迷茫。身边的同学不断地收到了夏令营的通知书，而我因为大二那年的成绩太差却一次次被拒之门外。只思考不去实践是不会凭空做出决定的，暑假期间，我开始深度学习，接触和图像处理有关的知识，经过了一暑假的学习，我发现图像处理和深度学习并没有我想象得那么神奇，而与之相对的是很多优秀的人投身到了这个领域，如果不能到一个足够大的团队，出成果的速度和质量可能很难与其他人较量。因此，我此时更加希望能够进入一个深度学习与传统的信息通信相结合的领域，应用我本科学到的知识的同时迎合深度学习的浪潮。感谢我的研究生导师高飞飞老师，他没有因为我大二那年的成绩就全盘否定我，而是给了我一次机会，让我获得了清华大学的推免机会，并且最终成功被录取，所研究的方向正是我之前所希望的通信与深度学习的结合。

最终成功保研并且到了自己喜欢的方向，坦白来讲，这不能排除运气的因素，但是，运气背后，是我个人不断地努力追求，不放弃一丝希望，看到机会来的时候，狠狠抓住的决心。

大四——调整与转变

大四这一年是我调整和转变的一年，最大的一点便是完成了心态由本科生向研究生的转变。前三年的我总在忙这忙那，最后有收获也有遗憾，却唯独没有享受到太多属于自己的时间，我的时间被学生组织、各种活动、作业考试相互撕扯。于是，就像刚刚高考完的脱缰野马一般，我把前三年欠下的游戏时光，全都弥补了回来。我们找到了国防科技园的创业活动中心，在这里昏天黑地的游戏，甚至有一种向过去的自己宣战的感觉。

美好的日子自然如镜花水月，这样的日子刚刚过了两个月，毕业设计、实验室各种事情接踵而至，而我也在这逐渐的忙碌中从一名本科生渐渐向一名研究生调整与转变。主动查阅文献，思考研究方向，看到不错的思路记录下来，然后仿真尝试，渐渐地，我又像以前一样，每天在实验室待到 11 点之后才回宿舍，每天靠睡前仅有的一点时间放松自己疲惫的身心。不过，此刻有了奋斗的目标，心中却还是满足的。

尾声

四年的时光转瞬即逝，每次回想起这四年的种种，都想回到某个时间点，去修正某件事，但正是这一件件或对或错的事情塑造了现在的我。这四年里，有过迷茫的时候：大一末提交转专业申请表的前夜，我彻夜未眠，因为我清楚地知道我即将要走上一条很难很难的道路；大三末的时候在上海，望着黄浦江和远处的东方明珠，我还不知道未来的路在何方。这四年里，有过努力的时光：大二建模结束的前夜，为了能够成功参赛而彻夜奋战；大三最后的考试周，为了各种专业课考试每天在研教组团从早到晚地学习。这四年里，有过最快乐的时光：大二和两个队友远赴重洋最后拿奖后的畅快，保研后每日的游戏以及和朋友们的出游。

这一切的时光都已走远，如果给我重来一次的机会，我一定还会选择忙碌和奋斗的大学生活。四年来，我努力促使自己去精心雕琢属于我的大学生活，虽然不算完美，但它们确实成为我大学里不可或缺的一部分。经过了四年，我对北理的不满已经转化为对北理工深深的爱，它或许不完美，但在这四年里，它的改变却总能给人惊喜，一草一木、一砖一瓦，一项制度、一次活动都能看到它朝气蓬勃的样子。我们的和解便正是我与自己的和解，我与生活的和解，感谢在这里的一切塑造了现在的我，让我更从容地朝着未来前进！

奋斗青春

自动化学院　潘淼鑫

"日月忽其不淹兮，春与秋其代序。"

致青春，我甚至不敢平直地去说时间老得太快。四年的时光眨眼间滑落指尖，匆匆而去。看着自己此时模样，回望来时的路，有慌张，有执着，有幸运，有惊喜。朔风枕耳，夜晚稍凉，时而透着一语解不开的沾衣寒气，谁喊了青春，谁来应。席慕蓉说："含着泪我一读再读，却不得不承认，青春是一本太仓促的书。"一路走来，一路颠簸，有太多的话来不及诉说，有太多的事来不及完成。然而，在这打马而过的青春里，我真真切切地成长了。纸短情长，成长这不可逆的化学反应，赠我太多。有人曾说，梦想是值得每个孩子每时每刻忧伤的念头，可现在，我们又说着，今夜很漫长，我们闭口不谈理想。但我知道，那些闭口不谈的理想，不知从什么时候开始，就早已依偎在身旁，不常言却最是磅礴。失落失望也常来客串，灰心沮丧并不陌生。现实有时候总是让人感到心疼，但这青春时光的兵荒马乱，便是内向的浪漫。

一、仰望星空

第一次离浙北上，多多少少在兴奋里会夹杂着些许忧伤。在一个陌生的城市，我又要怎样经营起自己的梦想。刚从贡院走进北理，总还是记挂着原来的母校，一片教会我用情怀去触碰世界、用激情去追寻理想的桃源。可她也曾说过："在路上频频回头，又能如何到得了远方？"初入大学，就如一位挚友所言："就是手上莫名多的伤口愈合了我才敢告诉你，是我决眦凝神不甘被察觉的泪，是我天黑时一动不动地站军姿仿佛就能穿越距离看见你的眼睛，是初来乍到的自由地孤独、拘束地热闹，是我在陌生的城市里新鲜而又忐忑孤峭地荒岛求生。"北上，便是新的启途，便再也不顾风雨兼程。北京理工大学 1940 年诞生于延安，是中国共产党创办的第一所理工科大学。北理工严谨务实的学术氛围在这四年里让我受益颇深，丰富的学术资源和广阔的学术平台更是让我有了新的翅膀。在高中时代，我就对四旋翼飞行器充满兴趣，但受限于学习资源和平台，我没能在喜欢的相关兴趣上有所突破和进展。来到北理工后，学校和学院的培养与支持让我有了前进和发展的基础，学校和学院一系列的讲座也让我有了新的视野和方向。还记得大一的时候，班主任带领我们参观学院的实验室，其中智能导航与组合导航实验室的无人车辆给我留下了非常深刻的印象。无人驾驶技术方兴未艾，在后来的学习和生活中，我都会有意留意无人驾驶技术的相关情况和发展近况。经过四年的学习和努力，我如愿以偿地来到了智能导航与组合导航实验室，这是新的起点、新的征途。在这里，我会用更饱满的热情开启新的生活，用更高的标准来继续自己的学业。

二、脚踏实地

"实事求是，不自以为是。"这是徐特立老校长留下的箴言。北理工一直以"德以明理，学以精工"的理念教书育人，在这里，我更看到了脚踏实地的厚重与力量。北理工给我提供了非常好的学习平台与学习资源，我也没有辜负这份厚重的礼物。大学四年，我在我喜欢的领域里踏踏实实地前进，为自己打下坚实的基础。从踏进校园的那一刻起，我就积极参与各类科技创新活动，在课堂里，在实践中，我积极汲取知识的养分，在这片广阔的海洋里畅游。在大学四年里，我获得过多项国家级科技竞赛一等奖，获得过多项省部级、校级科技竞赛荣誉。除此之外，我也非常希望可以带动起身边的同学参与到科技创新活动中来，我曾担任自动化科协的副主席、主席，和自动化科协一起成长。我设计并组织开展了自动化学院屠龙勇士系列智能车比赛，帮助零基础的同学走进科技创新的大门；我在 2016 年暑期组织开展了自动化学院第一次暑期无人机培训活动，帮助有更高学习需求的同学走向更高的世界。另外，我在 2015 年和 2016 年连续两年被评为北京理工大学形势与政策学生宣讲团讲师，协助学校开展形势与政策宣讲数场，覆盖人数达到近千人；我还参与了自动化学院、光电学院、睿信书院等多场科技创新类分享宣讲会，与同学们相互交流。我希望我的一些小小的经验，可以帮助到更多的同学。

在接下去的时间里，我会更加脚踏实地，以梦为马，胸怀壮志，挥洒汗水，包容创新。历史长河浩荡，一代代北理先行者铸剑笃行，东方大潮壮阔，我要用自己的努力和奋斗与伟大复兴同向前行。在北理工，我相信我的梦想不是孤芳自赏，我要用脚踏实地让我的梦想与中国梦一起砥砺飞扬，与人类命运共同体的伟大实践共沧桑。因为历史，因为家邦，因为责任，因为担当，因为内心充满对未知的渴望，因为红色基因在血脉中流淌，脚踏实地，绘吾侪理想。

三、莫教冰鉴负初心

"而今更笃凌云志，莫教冰鉴负初心。"这是乾隆皇帝在一次科举考试中为考生题的两句诗。每每来到新的阶段，我都会告诫自己"莫教冰鉴负初心"。一路走来，许许多多的人在往歌词里唱的方向上用力生活，却忘了这个世界还藏着许多只要坚持寻找，就可以找到的东西。即便这生活被岁月吃定，即使天花乱坠的小说里肆意渲染的狂热青春在自己身上只留下青春痘，至少有朝一日我可以释然地说，催人泪下、感人肺腑的故事我不必去电影里找，更不必在别人的生活里渴求我所热爱的一切。我愿意成为我自己，我愿意成就我自己，即使贫瘠，即使有时得不到安放，即使难以名状，这就是我全部的青春和全部的拥有。它永远不会给囹圄席卷而去，在目之所及的世界里过分美丽。在这四年里，我沿着我想要的成长路线弯曲前进。有时候会碰壁，有时候会失落，但我依旧沿着原来的方向没有错。在北理，思维的碰撞和思想的交融帮助我一次又一次地修正我的轨迹，当我迷茫时，良师益友用自己的亲身经历告诉我路在脚下，而不在脑海里，方向在行动里，而不在想象里。当我小有所成时，他们也会帮助我尽快进入下一阶段的学习和成长，不要在原地懈怠等待。这一切都是弥足珍贵的经历与体验。

我知道一万人的五分钟也还是五分钟，我知道停了全世界的钟也停不了一秒钟，我知道所有的时光都因无法轮回而珍贵。然而在这四年乃至二十多年的光阴里，谢谢你们，爸妈，这些话写在最后，不再是唇齿间的深渊。"这世间最美好的事物是无言的，无言的时候则让我们最细腻地接近美好。"高中，第一次离家求学，才发现自己多了几分沉默无言，多了太多靡日不思的曾经和拥有，比如家门前那条越走越短的路，比如并不繁华的街头，比如你们。大学四年，每每回家，我总能发现你们两鬓多出的几根银丝。你们为家、为我付出了太多的辛劳。我们之间的确有着那古往今来父母子女概莫能外的岁月鸿沟，有时候你或许看不懂我不经意间流露的悲伤，看不懂我的狼狈、我戚戚焉的笑。而我有时竟一意孤行地任性到把你们的用心良苦统统浪费，把叮咛和嘱咐视作逃不掉的折磨。可我总还在庆幸，无论走到哪里，你们都在我身边。这多少年来，我千千万万次默默感谢你们的支持和帮助，也千千万万次叮嘱自己要努力成为你们的骄傲。如今曾经幼稚或许仍旧幼稚的我已然成人，肩上的责任会越来越重，但别担心，脚下依然是蓬勃的节律。涉世未深，不太懂光怪陆离的世界里所谓冷暖沉浮，或许有一天被世界、社会改变，变得阴郁，变得玩世不恭，但至少在我心中，会有一个尚未崩坏的地方，将温柔和善良剩下。感谢你们，万千。

北理四年，教会了我用更宽广的视野去观察世界，用更细腻的灵魂去感受时空。在这个万千思潮共舞一堂的时代，我会继续渴求科技与艺术的碰撞，理性与感性的结合。我会继续肆意地笑、懂得体恤、善于换位、热心而真诚，也会继续踏实认真、切己体察、虚心涵泳，忘我而真切。"善良、丰富、高贵、理性"是我践行的价值，也是我不渝的旗帜。新时代，新青年，要有新作为。

把回忆拥在心里，总得往前走，但是我知道我从哪里来。很抱歉，关于大学四年，关于青春，总是挂一漏万，一言难尽。

心怀爱与勇敢，不断前行

自动化学院　沙小琴

原本觉得漫长无比的四年马上就要结束了。时光，总是在临结束的时候才发觉匆匆，并开始怀念与感慨。结束了便是终点？结束了亦是起点。时光不会因为某个故事而停歇，那前进的脚步便不应停滞。只要前行，没有时候叫做终点，任何时候都是起点。在前行的过程中保持爱与勇敢，然后快乐地前行。

一、前行了多远

（一）期待与迷茫

正如四年前告别家乡怀着满心的期待踏上征途一样，每一年、每一个学期其实都会对自己有很多的规划和期待。或许是方法的原因，或许是实际的行动没有跟上规划。于是，似乎很多时候期待与迷茫成了正比。想要好好学习，但觉得课程枯燥无聊，成绩不如意，与身边优秀的同学一比较更觉受打击。大一的很多时间都在想要不要换专业的问题，但纠结到最后还是不了了之。想要培养广泛的兴趣，结识有趣的朋友，丰富自己的生活，但是更多的时间都是在宿舍、教室、食堂三点一线之后就不知道怎么安排了，往往在手机上虚度了无数的时光。在"想要"和"不知道怎么做"之间徘徊迷茫，固步不前，封闭自己，时间就在这当中不断地溜走，抓不住也回不去。

是否年少的时光都免不了这样的期待与迷茫，特别是当离开父母和老师一直督促和帮助的环境之后，很多的事情都只能靠自己去面对与解决。经历了期待与迷茫之后，从中慢慢领悟到了一些东西。开始明白前进与否，自己才是决定的主宰。当你害怕、当你迷茫的时候，动手去做能消除你的疑虑与不安。前进，是唯一解决故步自封的办法。不想再让时间推着你前进，你就要自己走起来。克服困难的唯一办法就是去直面它。这些道理似乎听过了无数遍，但只有在自己经历过之后才能顿悟：哦，原来是这样。多读书，多结交喜欢的朋友，学会与老师同学、父母、朋友沟通和交流，是有效解决疑惑的方法。当接触到更广阔的世界时，自己的问题可能就变得不再那么大，并且有了很多解决的办法。

（二）失败与成长

自己主动走起来，跑起来，即使跌跌撞撞、即使摔倒也好过故步自封。因为有一颗好奇并热爱探索的心，所以有很多尝试的经验和过程。尝试参加了自己喜欢的组织，如红十字会、自强社宣传部等，跟随参与了很多有意义的志愿者活动。学会付出与奉献的同时，收获友谊与爱心。并且后来担任自强社宣传部部长，带领学弟学妹们完成不少活动。尝试加入了感兴趣的社团，学日语、学轮滑、参与话剧表演，收获了技能与快乐。这些都是我喜欢的生活方式，比较遗憾的是因为一直对自己的专业有一定的抵触心理，没有去参加自动化科协等进行学习和自我提升，没有领略到和大家一起熬夜参加比赛获胜后的充实感和喜悦感。如果当初多尝试的话，现在的我说不定已经是不一样的我了，专业能力肯定有很大的提升，对专业也有很多的兴趣。

直至大三课业越来越紧张的时候，我才开始坚定考研的目标。备考阶段很认真辛苦地准备，基本每天早起学习，晚上一直学到图书馆闭馆。但是我还是失败了，失败的消息更让我一蹶不振，觉得自己是彻底什么都做不好了。我哭得天昏地暗，不想回学校，觉得和周围的同学们格格不入，因为周围的同学不论出国还是留在国内读研都有了很好的去处。本以为自己选择了方向跑起来了，但是却发现还是没有用，这是最大的打击。到底真的前行了吗？我是否真的一直站在原地？

现在，我好像知道了。失败只是结果，可是结果并不能否定整个过程。在整个过程里，我确实在前进，在跑，在追梦。所以，我不再悲观，因为失败与原地不动不是一回事。看着别人跑了一千米、两千米，都不如自己走上一米，每个人的道路不一样，速度不一样，不必懊恼与忧伤，你的路一定有专属你的精彩。

二、前行向何处

（一）爱

不论如何，时间还是前进。那么我也需要前进，我该向哪里，走向何处呢？不知为何，有着想要继续学习的心，但是没有"二战"的想法。或许工作能带给我不一样的体验，工作才是适合我的道路。我应该尝试一下，就算读了研究生也还是会面临找工作的问题。大四下的新学期从二月末开始了，我也开始了如火如荼的找工作之路。找工作的过程是一个十分烦琐与漫长的过程，刷了无数的招聘信息，投了无数的简历，奔跑于很多场宣讲会和招聘会，也参加了不少考试。这是一个充满迷茫与兴奋的过程，迷茫是因为不知道选择哪个职业或被哪个职位选中，兴奋是因为期待，期待不一样的自己，感觉每选一条路以后的生活都将变得完全不同。面临众多选择之时，搞清自己的需求和定位十分重要，它会成为你的方向标。但也发现，是高考后认真或是随意选报的专业，竟然会悄悄地影响你的一生。活了二十几年，渐渐明白"每一步都作数"的道理。

在这个过程中，我十分感谢我的父母和朋友们，一直在鼓励我、帮助我，共同渡过了这个艰难的过程。因为有爱的陪伴，才能前进得更加勇敢与无畏。爱创造美好。"全世界只有我一个人哭"的孤独，会在关爱和体贴中一点点被溶解。我的性格一直比较执拗，很多时候会倾向于自我消化悲伤的情绪，不会轻易向别人倾诉表达。大学的四年时间里，让我发生较大改变的也是这一方面。和四年前的自己相比，我已经变得善于沟通、善于倾诉，遇到事情愿意和朋友分享而不是自我封闭。正是身边的朋友们一点一点地影响、改变着我，让我慢慢放开自己，拥抱更多的阳光。阳光照耀在心里，让心里的冰块融化的感觉就是爱。所以，我一定要做一个充满爱的人，传递更多的爱，让更多的人感受到爱的存在。

（二）勇敢

选择了自己的方向，就要勇敢前行了。开始想通了，不论别人怎么样或者选择怎样的道路，你都要认清自己的道路然后过好属于自己的生活。别人的道路或许能给你些许建议和思考，一味效仿别人却会让自己迷失。正确地分析自己、做自己、走自己的路是一种勇敢，一种冷静的勇敢。选择了工作这条路，我希望是勇敢地选择而不是逃避。在未来的工作中，我会积极探索、积极思考、努力创新、不断学习，会一直保持学习的热情、生活的热情、前进的姿态，会勇敢，也会坚韧。

需要勇敢，是因为知道之后的人生道路上还会遇到很多的坎坷挫折，需要用勇敢去面对，而不是一直地抱怨、恐惧地逃跑，学会冷静，学会分析，学会寻找办法解决问题。勇敢不是不准我害怕，不是不准我哭，不是不准我不会，而是希望我学会寻找、学会面对、学会解决。"办法总比困难多"的意义，该是真实的，至少对于很多现存的情况是真实的。但要明白，勇敢不是冲动。因为我容易冲动，会让自己陷入尴尬的境地。理智是优秀的品质，博学更是让人敬佩。这个道理，也是这些年从我的同学们身上明白的。希望保持终身学习的习惯也是因为这样。只有不断学习，才能不断充实自己，变得更加理智与清晰，变得博学。理智的勇敢会闪闪发光，也会帮助事情朝良好的方向前进。善良、博学、勇敢是金子般的品质，希望我能够拥有它们，或者慢慢地接近它们。

人生这么短暂，若我带着爱与勇敢不断前进，那一定是一段十分灿烂的旅程。练就一些本领，收获一些存在的意义，爱这片蓝色星球的同时怀着"make it a better place"的志向，为需要的人，为世界更加美好的梦想贡献自己的一份力量。每一份力量都值得铭记，会让世界知道你曾存在。路在前方，带着爱与勇敢，前进吧！

经验学校

计算机学院　林书阳

人类唯一从历史中学到的教训，就是人类不会从历史中学到任何教训。

——题记

大学四年，如白驹过隙，稍纵即逝。回首向来萧瑟处，彼时的惊涛骇浪，不过是风吹皱了一湖春水。其中，令我感触最深的便是：我们在生活之中塑造和培养能力。一次极富挑战色彩的学科竞赛、与目标失之交臂等，都是经验学校的"课程"。我们具备或者缺乏某项技能，并不是因为我们天生是否拥有相应的能力，而是取决于我们是否上过相关的"课程"。

那么，在大学四年时光中，经验学校的哪些课程令我印象深刻，赋予了我新的认知与能力呢？

一、真实

大学伊始，懵懂无知。我们的世界，除了高考与分数，其余皆为空白。这既是好消息，也是坏消息。之所以是好消息，是因为我们具有很好的可塑性与丰富的成长空间。而之所以是坏消息，是因为一旦某些不合时宜的话语，被轻易地写入我们这页白纸，那么我们将屡屡碰壁，甚至可能走上歧途，花费数倍的努力，才能将那几行话语从纸上彻底擦除。

不少人说着他们的人生经验，告诉我们如何度过大学生活。班主任说：要随大流，好好学习。学长学姐说：要享受大学时光，好好玩耍。而刚冲过高考这条终点线的我根本无心学习，一心只想在大学校园里尽情追求各种自由。

一方面，我成了北理社联中的一员，部长们鼓励我不断发挥个人写作方面的天赋与才干，我执笔的不少文稿登上了北理社联的微信公众平台，并且收获了不少好评。因此，我也偏好这个令我有归属感和自我满足感的大家庭，并乐于为之投入时间与精力。

另一方面，根据自己的兴趣爱好，去旁听了不少广受好评的优质必修课与选修课。姜楠老师的选修课如春风拂面，又能启人心智。比如，谈论到鲁迅先生，姜楠老师还特地请来了一位读完鲁迅全集的学生，给我们讲解了他从鲁迅的作品中学到了什么。陈洁老师的课程，并没有告诉我们什么是正确的打开世界的方式，但是告诉了我们世界拥有无限可能性，让我们更加积极主动地去探索更多未知领域，从而热忱地拥抱这无限的可能性。

毕竟，人的时间是有限的，一旦决定把时间过多投入非学业的领域，那么分配给学业的时间也不可避免地随之骤减。

后来的结果也如狂风骤雨般扑面而来：几门必修课仅仅只是刚过及格线。但是这结局，既在意料之外，也在情理之中。这也印证了班主任第一次开班会所言："不论我怎么劝你们好好学习，你们肯定都不会听的。"

于是，我又不得不把社团和旁听的活动都搁置一侧，老老实实地把生活的重心转移到了学习上。

步入二年级，身边的不少同学开始收起了玩心，专心致志地一心搞学业：原先参与社团的不再参与，原先积极打游戏的也尽量戒了游戏，原先经常非周末时段出去享受课余时光的都减少了出行次数。其中的原因虽然很复杂，难以一言以蔽之，但是有一点主要原因是明确的：大学第一学年结束后，有些人不及格的科目的学分累计已达警戒线。辅导员也特意召开年级大会，强调了学业的重要性。

此时的我听从了保送清华北大的学长学姐的建议，全身心投入学海之中，努力提升成绩，争取保研。但是，由于我未能掌握适合自己的学习方法与节奏，只是盲目地堆积学习时长，没能做到张弛有度，不仅结果并不尽如人意，我的成绩排名不升反降，而且我的身体和心理也都不约而同地亮起了红灯。

为了身心健康与可持续发展，我听取了自己内心的意愿，想学就学，不想学的时候不强迫自己。后来，应了那句"有心栽花花不开，无心插柳柳成荫"，我的学业成绩居然急转直上。这也给予了我重大的鼓励：按照自己喜欢的节奏来，完全可以取得预期结果。

在最终确定保研资格的前几个月，我分别与几位意向中的研究生导师见了面。他们都问了我这样的一个问题："你为什么要继续读研？"我不假思索："自认为在本科学习到的知识还远远不够，希望在研究生阶段继续学习。"而这简单的回答却是"两句三年得，一吟双泪流"。没有三年时间的沉淀，我绝不能明白自己为什么要继续读研。

在电影《无问西东》中，时任清华校长的梅贻琦说："什么是真实？你看到什么，听到什么，做什么，和谁在一起，如果有一种从心灵深处满溢出来的，不懊悔也不羞耻的，平和与喜悦，那就是真实。"此时重温这句台词，我的内心深处唯有宁静与从容。

一路走来，外界的声浪是如此之大，每种声音都争先恐后地跳进我们的耳朵，钻进我们的心里。它们似乎都是敲开理想生活大门的金钥匙。但是哪种声音才是我们需要的金钥匙呢？我恐怕只能遗憾地回答：可能没有适合我们的金钥匙。我们需要花时间生活、经历并试错，但是更关键的，在于不要盲目听从外界的声音。因为越是听从外界的声音，忽视自我内心世界的建设，不重视发掘内心深处的声音，我们越可能偏离航道，甚至与目标背道而驰。

为了更好地听从自己真实的声音，我们必须对己诚实。我们可以尝试像一个刚发现了历史遗迹的考古学家去发掘我们自身，不去评价我们发现了什么，不去假设我们应当是什么样的，而是实事求是，追寻我们实际上到底是什么样的。这些"考古发现"都将是我们现在与将来的最大财富，包含了我们曾经穿越挫折与挑战、学习并总结经验教训的印迹。

也只有站在真实的上面，我们才能更加明白我们是谁、从哪儿来、要到哪儿去，更好地了解自己的梦想、价值以及人生的意义，制定合适的目标，并为之付出必要的努力。

二、积极

经历了大学前几个学期，我对自己的评价虽然有所好转，但是总体而言，还是偏向负面，即认为自己还不是非常肯定自己的梦想、价值以及人生的意义，还没有能够达成自己预设的目标。

而我从一些优秀的学长学姐身上却看到了和我截然不同的特质：他们不仅对于自身有着清晰的认识，对自己有很高要求，过着自律的生活，而且非常积极、主动和乐观，对于一时的困境，总认为自己能排除万难。

他们以身作则的同时，还鼓励我去达成一些很高的目标，比如力争保研。在他们的感召下，我也逐渐变得积极起来：对于很多事情，不再将责任归结于外界，而是思考自己是否能够处理好这些事情，并且在陷入困局时能够鼓励自己坚持下去。

上述的转变也非一日之功。在逐渐变得积极乐观的过程中，我对积极的对立面——抱怨有了更加深刻的认识。抱怨是一种排解内心负面情绪的手段，本身并没有对错可言。但是，不少人将抱怨当作了失败和拖延的挡箭牌，仿佛因为世界与他们为敌，处处刻意刁难、阻挠他们，所以他们才会如此频频受挫、屡屡拖延。长此以往，他们将看不到生活是有阳光的，更加不愿意为自己的目标付出努力。这一切的结果势必是他们继续受挫和拖延，进而验证他们此前负面的想法是正确的、有道理的。

从控制论的角度来分析，他们的情形正如一个引入了"负能量"的正反馈的系统。他们陷入了似乎无法摆脱的"负能量"的死循环。为了让这个系统处于一种合理的平衡状态，我们可以尝试引入"正能量"的负反馈，抵消掉"负能量"的正反馈。具体的手段也很简单，做成一些小事，比如早睡早起、锻炼身体，获得了小的成就感之后再将预期的目标往上渐进地提升。拿我来举例，我就是告诉自己要多去教室待着，就算不学习也去教室待着，周围努力的同学也会形成一种无形的学习推动力，令你更加沉浸地投入学习之中。

积极面对生活后的状态，用一句话概括就是："爱笑的人，运气都不会太差。"我的学业成绩有了明显好转，而且我对专业的态度也不再是反感，取而代之的，是我开始对专业产生了浓厚的兴趣——我甚至为了学习一门专业课，另外自学了另外两本教材。

此外，积极面对生活的好处还体现为：我对自己有了更准确的认知。我此前非常羡慕自己的一些同学能够外推到更优秀的院校继续深造。为此，我非常懊恼于自己为什么当初不积极努力，尝试外推。但是后来也想明白了。我只要做好自己的事情，在哪儿都可以取得成绩，没有必要为自己曾经的过错而责备自己——毕竟彼时定下的保研目标，对那时的我而言，也并非可以轻易完成，但如今，我已经实现了。如今我所需要做的，就是，明白自己下一阶段想要实现的梦想和价值，树立合适的奋斗目标以及合理的行动计划，并积极付诸行动。

三、享受

十二载寒窗苦读，只为金榜题名时。我们在正式走过这十二年之后，恐怕最大的思维定式就是，目标是高远的，但是为了实现目标的过程注定是痛苦的。我们必须忍耐这些痛苦，才能实现目标。这也就导致了我们可能会为了避免这些痛苦而不愿意投入，最终的结果就是我们依然年复一年地在新年元旦定下新目标，而目标永远只是目标。

曾和一个当时正在准备考研的同学谈到了大学生活中目标与现实的话题。他坦言，他并非不希望努力提高自己的绩点，而是在经历了宽松的、不自律的生活之后，他已经失去了对于生活的掌控感。同时，他也认同，努力实现目标的过程非常考验人是否具备自制力与行动力。

很可惜，我那时只是给了他一些鼓励，并没有站在更宽广的角度，给他一些切实可靠的建议。现在，整理我这四年的大学之旅，其中一个最重要的经验就是：一定要享受过程。

最初我希望实现保研目标的时候，倾尽浑身解数，但依然求而不得。后期转变思路，变得心平气和地对待保研这一目标。我一边在为将来考研准备，一边认真学习自己感兴趣的课程，并且内心高度认同：如果我无法保研，那么我就准备考研，没有什么大不了的。反而是这样轻松、平和的心境，让我全身心地享受这段实现目标的旅程，也顺利地达成了预期目标。

其中的道理也非常简单。如果你不能享受当下努力奋斗的时刻，斩钉截铁地认定只有实现目标了，自己才能获得真正的快乐，那么你的心态一定是狭隘的、负面的，不能全面而客观地认识当下自己所处的位置。因为你在悄悄告诉自己：实现目标的过程必然是痛苦的，所以，只有熬过了这些痛苦，我才能不受苦，才能收获真正的幸福和快乐。换而言之，如果你眼下都不能从每个当下获得幸福和快乐，那么你一定会付出极大的精力来忍耐这难忍的、痛苦的过程。而这一切，你完全可以通过享受过程的方式来解决。

首先，享受过程告诉我们，过程和目标同等重要。没有过程，绝对无法抵达目标。为了更好地实现目标，必须认真对待过程。而很多人陷入了这样的误区：只要我能达成目标，获得别人的肯定，那么就算我不择手段，也是可以的。而这"不择手段"中就包括了：我们为了到达目标，可以忍一时的不悦和痛苦。那么，是不是我们该停下来问问自己，这样的目标是不是自己真正内心想要的？这也就是我第一部分提到的"真实"，我们必须对己保持诚实。别人口中的美好愿景，未必是我们内心真正认同、愿意追求的目标。直接把别人的想法拿来就当作是自己的，不仅扭曲了自己的成长方向，更加让我们对过程产生厌恶之情，长此以往，我们更加不愿意享受过程，更别提实现高远的目标。

其次，享受过程也引导我们享受失败。我们此前接受的教育大多是，失败是成功的对立面。一旦认同了如此逻辑，难免会对失败心存恨意，抱怨失败也便顺理成章。但是，世界明明是复杂而现实的，二元对立的观点已然无法解释这个错综复杂的世界。我们采用二分法，从多个角度看问题，我们不难发现，失败并非成功的对立面，而是作为成功的一部分。我们希望取得成功的事情，大抵是我们未曾熟练、也不清楚如何做才能成功的事情。这也就意味着，我们一旦奔向目标，肯定会因不熟练而屡屡碰壁，失败正是我们不得不穿过的必由之路。那么我们为什么要抱怨并畏惧人生路上最常见的失败呢？

最后，享受过程其实才是生活的常态。不知道大家回忆此前达成目标的情形，是否都会感觉到实现目标了好像也就是一瞬间幸福和快乐的感觉涌上心头，很快那种感觉便迅速退潮，成为过去式？如果你有类似的感觉，那么就能理解，为什么我会说享受过程其实才是生活的常态。过程其实占据我们生活里的大部分时间，我们不能也不可能天天都实现对于个人来所意义非凡的目标。也就是说，过程更像是我们生活的进行时，而且它似乎只有进行时，没有完成时。面对这无处不在的进行时，为什么我们非要对其存在的常态性与合理性视而不见呢？此外，为了更好地培养积极乐观的心态，我们也必须对过程抱有一种向上的态度，即要享受过程。无数的在过程中积累的满意度，积少成多，才能在实现目标的那一刻以及实现目标后的人生旅程，带给我们持续的、稳定的幸福与快乐。

最后，愿你在纷扰世界中行进时，听从内心的真实；愿你在历经艰难险阻时，有"乌蒙磅礴走泥丸"的达观；愿你踮起脚尖接近目标时，享受过程中的每一寸美好。思你所念，做你所想，圆你所愿，不忘初心。

我在北理的那些事

计算机学院　吴日锭

岁月如歌，时光荏苒，我且吟唱一曲《再见》，告别我的四年青春，告别美丽的北京，告别我亲爱的北理。天气不似预期，但要走，总要飞，我要在原地稍息，回望，感叹，不舍。离别之际，我要为我在 BIT 的四年故事做个总结，从初到的懵懂，到全方面的茁壮成长，再到最后一年的人生抉择，最后是尘埃落定后沉思。这四年，北理是我亲爱的母亲，庇护我，照顾我；北理是我严厉的父亲，鞭策着我前进；北理是我尊敬的导师，授予我一身技能。

一、初到北理

2015 年 9 月，清晨的北京已经微凉清爽，全然不像我的出发地——广东那般全天候的闷热。初到帝都，一切都如此陌生，北理向迷茫的我伸出了手——我乘坐学校安排的迎新校车到达了良乡校区。我对北理的第一印象——人头涌动，热闹。数千个和我一样前来求学的年轻面孔，我看着他们，他们也看着我，不问过去，都在无声地表达着自己对即将开始的大学生活的激动心情。你无法知晓你身边的新人是哪里来的学霸，只有全中国非常优秀的那些学生才能来到这里——北京理工大学。

北理的第一堂课——三周的军训。第一周充满着兴奋，伴随着吹号声的响起我会一个鲤鱼打挺，迅速洗漱冲到集合点。第二周充斥着疲倦和埋怨，每天都拖着酸痛的身体入睡，念叨着赶快结束这苦痛的生活。最后一周，习惯了这一切，努力把正步踢到最好，把敬礼灌注敬意。军训是大学的开始，大学是走向社会的训练场。我把军训中学到的认真、细心、忍耐用到了以后的学习中。今天的我已经记不清军训的场景，但我仍然记得当时的心情和感想——没有苦痛，何来收获，人生没有磨砺，何来自我价值的实现。

初到北理，我感受到了北理校园的美，老师认真授课的美，同学们好学的美。我立志好好学习，天天向上，用四年时间建立起对人生价值的认识、对国家的担当、对知识的追求。

二、茁壮成长

大学的前三年是我茁壮成长的时期，我接受着"高数""大物"等种种基础课的洗礼，沐浴着马克思原理、毛泽东思想的精神光辉，也享受着陶瓷、雕塑、柔道等艺术的熏陶，最后在专业选修课上完成自己的专业技能提升，逐步达到软件工程大学本科的毕业要求。

初到北理的两个月后，我逐步适应了大学的课堂和学习节奏以及社团活动。有意义的忙活是一大快事，因为我面对的是全新的生活。每一天学到的不是高中那些枯燥的知识，而是我所爱的计算机知识，里面大有乾坤，是我进入这个世界的桥梁。每一次的社团活动，都是我主动选择的新鲜事：我通过参加辩论赛提高了自己的口才；我通过走进舞台剧表演锻炼了自己的胆量；我通过社团聚会结识了更多的朋友；我通过学校安排的暑期实践活动，和同级同学以及留学生朋友去到了美丽的成都，看到了可爱的大熊猫，学会了编写 Android APP。大一的我充满对知识的渴望，对未知领域的好奇，对未来的憧憬，新鲜、有趣。

大二开始后，专业知识逐渐成为学习的主线。大二伊始，我在小学期的实践课上编写了一个小型网站，靠的是我和团队成员一起的自学、讨论，三个星期，从零到有再到精。第一次用团队形式完成专业小项目，深感自豪和激动。之后为了更加深入学习计算机知识，接触业内最新成果，我加入北理工软件创新基地，在课后在学长们带领下和小伙伴一起研究学习 Android 开发，为全国创新大赛做准备。暑假，我留在学院参加了基地的暑期集训，和小伙伴们一起专心致志搞自己感兴趣的项目，拿出成果展示。大二是在大一积淀基础上的起飞阶段，我开始正式踏入 IT 行业的边缘，观望着，学习着。

大三开始，我离开了良乡校区，来到了北理工中关村本部校区。如果说良乡是文静的恬静女子，这里更像成熟稳健的总裁，有一种雷厉风行的紧迫感，这也映衬了这最忙的一年——我扎堆在排满课程表的专业课中兴奋不已，没有喘息的空闲时间却乐在其中。在计算机图形学课上，我结合大一学习的线性代数知识，用代码控制图像的转换运动；在编译原理课上，我必须复习学过的离散数学，从人的直觉到计算机逻辑的转变；在网络安全课上，我可以听老师对最新的网络安全领域的侃侃而谈以及我完成对该领域的研究后完成一篇综述。大三是加速上升阶段，我面对着一门又一门专业课，一个又一个软件项目，我在强化训练中，最后到达了大学的巅峰。

三、面临抉择

大学的最后一年如期而至，大四不再是我单纯吸取知识的时期，我还需要为将来做出抉择——留校深造还是离开象牙塔走向社会。一开始的我选择了前者，担忧自己没做好走向社会的准备，面对着这偌大深沉的现实世界，我不确定自己是否已经有了独自解决一切、照顾自己的能力。大三的暑假伊始，我就开始和周边很多人一样，看张宇的高等数学，听李永乐的线性代数，学肖秀荣的政治，做王道的计算机模拟试题。做着这一切准备，我并不能提起太大的热情，这是我喜欢的事吗？读研我就会更上一个台阶吗？或者我只是在逃避，我只是在害怕离开舒适的象牙塔。我开始尝试接触秋季招聘，了解就业形势，思考我想要的未来。

经过两个多月的深思熟虑，相比于埋头搞科研，我更倾向于踏入社会在工作中提升自己，如果有需要我可以以后考研深造。于是我果断放弃了考研书籍，转向各种招聘笔试、面试，最后也在多个录取通知单中挑选出心仪的第一份工作。

四、硕果累累

在经过大学四年的磨砺和锻炼后，我越发清晰地懂得，前路虽然漫漫，但我要做好手边每件事，脚踏实地走好每一步，未来才掌握在手中。四年里，除了完成计算机专业技能的培养外，我在思想提升上、学习能力培养上、社会能力培养上全方位提升了自己。

思想上，大学四年里我一向在追求人格的升华，注重自我的品行。我崇拜有巨大人格魅力的人，并一向期望自我也能做到。四年中，我读了一些名著和几本完善人格的书，我越来越认识到品行对一个人来说是多么重要，关系到是否能构成正确的人生观和世界观。随着学习的进步，我不只学到了公共基础学科知识和很多专业知识，我的心智也有了一个质的飞跃，我与老师建立了浓厚的师生情谊。老师们的谆谆教导，使我体会了学习的乐趣。我与身边的许多同学，建立了良好的学习关系，互帮互助，攻克难关。我也多次在项目任务中主动担任组长，锻炼了自我的领导和分析问题潜力，受益匪浅。

大学里的种种挑战让我懂得了心有多大，舞台就有多大。很多的成功，来自敢想、敢做。当然，这不只是盲目的胆大，心大还意味着积极地关注广大的外部世界，开阔宽容的心胸接受种种新鲜事物。

学习能力上，我开始能较快速地掌握一种新的技术知识，我认为这对于将来很重要。同时我也意识到保持好奇心、养成终身学习的习惯，这句话用来形容对 IT 人的要求，最贴切不过了。真正的成功者和专家都是"最不怕学习"的人，啥东西不懂，拿过来学呗。有个"技术大牛"谭博，其实他不是天生的"大牛"，也是从外行通过学习成为超级专家的，他天天早上起来，上班前先看一小时书，多年积累下来，最后逐步在系统、数据库、开发等多个领域成为无人挑战的超级专家。但是，学习绝对不是光从书本学习，其实更重要的是从实践工作中学习，向周边学习，一定要做好时间管理，独立思考，不人云亦云。

四年，在人际交往上、团队工作中、集体活动中，我培养和锻炼了自我的交际潜力，拓展了自我的管理和组织潜力，学会了独立支配学习时光，自觉地、主动地、生动活泼地学习。还有就是意识到思维潜力、创造潜力、组织管理潜力、表达潜力的培养，为将来适应社会工作打下良好的基础。"从小事做起，学会吃亏，与他人合作"，这是模电课上老师送给我们的一句话，至今铭记。从小事做起不是一直满足于做小事，也不是夸夸其谈好高骛远。学会吃亏不是忍受吃亏，是不斤斤计较于一时一地的是非得失，是有勇气关键时候的放弃。勇于实践，勇于犯错，善于反思。很多事情知易行难，关键是要有行动，特别是管理类的一些理论、方法、观念。空谈、空规划一点用处都没有，不如实际把它做出来，做出来后不断反思改进，实实在在最有说服力。没有实践中的反复演练和反思，即使是人人皆知的东西要做好都其实不容易。"大家好，才是真的好"，关注人，帮助人，真诚待人，厚道做人，对事不对人，与人为善。

五、展望未来

完成了毕业论文答辩，我也即将踏入社会，进入工作岗位，此时我的心情很平静，我称之为成熟的标志。以后还要很多知识要学，还有很多事情要做，不可胜数。我立志要少抱怨、少空谈，积极主动，多干实事，世界上永远有不完美的事情，永远有麻烦，唯一的解决之道就是面对它、解决它。做实实在在的事情，改变我不满的现状，改变我不满的自己，逐步拥有自己的事业，实现自己的人生价值。

北海虽赊，扶摇可接；
东隅已逝，桑榆非晚

法学院　宿　琳

四年的本科生活即将结束，这段难忘的过往在人生中所占的分量不小，有收获，有成长，有遗憾。我想从大学回忆、青春感悟、未来规划三个方面来谈谈自己的大学生活。

一、大学回忆——锦瑟华年谁与度？

学习是一个永不停止追索的历程。大学的学习更需要自主性，相信未来的学习生涯也都会有此特点。对于学习的回忆，印象最深莫过于法考了——法律人必经的学习阶段，其中最大的感受就是要将学习成为一种习惯，每日一学，心朗气清，不然检验能力时如无米之炊。

大学期间，我积极参与了学生活动与学生工作。通过"一二·九"合唱比赛、啦啦操比赛，我除了懂得集体的力量外，还明白了"过程比结果更重要"的含义。学生工作方面，在京工新闻社的时光是快乐的，与一群志趣相同的伙伴们重建新闻社，相互扶持、共同进步。最难忘的经历是那次良乡校区食堂的专题，早上5点钟我们赶到食堂，记录食堂伙食的准备、师傅们的日常、食堂的管理等，再将这些材料整理加工，最后呈现给大家。整个过程有客观的真实，还有思想的碰撞，很有趣味。

有闺蜜，有哥们。爱情缺位，自不待言。

二、青春感悟——功不唐捐，玉汝于成

过去四年里，有过很多次情绪的爆发，这些情绪是喜悦的、是悲伤的，或是矛盾复杂的，引发不同情绪的背后便是值得回味和总结的经历。有亲身

经历才会有切实的感悟，将感悟记录下来并以此指引自己的未来生活，是成长的见证，更是思想的成熟。

（一）关于梦想与机遇

梦想是一个熟悉却又永不过时的话题，梦想体现出一个人自我价值的定位。四年前入校时，除了对新学校、新生活的兴奋与期待，说实话还有内心的不甘，就是我没有能如愿学习自己一直向往的专业。随着日子的向前推进，我对法学的兴趣渐渐地被培养出来，对所学的专业和未来的就业方向坦然接受，但私心里还是有对文字工作的念念不忘。能做自己喜欢的事便是我的梦想。

1. 内、外因素的选择

对梦想的追求会受内、外因素的影响，外在因素是别人的看法与建议，内在因素是自己的想法与感受，之所以会摇摆抉择，是因为哪种因素的影响力是决定性的需要深思熟虑。我是一个推崇理性和实用主义的人，没有把握的事情我会尽可能选择不做，所以关于梦想与机遇，在相对顺利安稳的现实面前，我觉得它们是让人畏惧的挑战。保研那时，本已经决定保研本校知识产权法，当我看到有法治新闻专业的招生时，矛盾的情绪一瞬间蹦出。各种思前想后，还是决定勇敢地拼一把，最后竟然成功了。这件事给我的感悟是，我们要知道自己真正想要什么，去认识那个真实的自己。首先要明确自我价值实现的方式，是外在因素还是内在因素带来的自我价值实现感更强，是更在意外界的期待与支持，还是更在意内心的喜悦与充实。

之前有句流行语——人间不值得，但人生总有值得坚信和捍卫的东西，我觉得梦想算是一件。既然选择，便不后悔。

2. 努力会更幸运

如果只是凭着一片痴心，实现梦想或抓住机遇不过都是黄粱美梦，努力是前提，努力会让自己更幸运。大学期间，我一直将文字工作作为自己的兴趣去投入时间与精力，有时候甚至会带来时间冲突影响专业课学习的困扰，但还是始终用心地做这件事，很幸运，曾经的努力帮助我抓住了机遇。这件事给我的感悟是，对一件事的努力不必须带着功利的心态，努力所带来的收获是最重要的，能不能带来荣誉还要依靠很多其他因素，越努力越幸运，确实如此。

（二）从学生工作中学到的

学生工作经历是我大学生活中占据重要部分的经历，从学生工作中除了学到实在的技能，还学到很多生活的知识，对于今后社交和职场人际关系处理有借鉴意义。

1. 小团体的融入

在记者团担任执行团长时，每次开团长会都觉得自己的处境有点尴尬。其他执行团长都是精通摄影技术，很有共同话题，作为负责文字部门的我难以和他们说上话，他们因部门间经常合作已经形成了小团体，而我的部门就显得有点格格不入了。如何成功融入一个小团体？这段经历给我的启发是，首先要有融入小团体的主动性，如果一直抱着大家差别太多还是算了吧的心态，那么得到对方的接纳不会有任何可能性。其次，要认可自己的价值，并向小团体提供出来。每个人都有自己独特的能力，体现出的价值或许正是小团体所缺乏的，不要妄自菲薄，当然要不断充实和维护自己的能力。

2. 领导者的共情力

大学期间担任学生干部时，有时候会面临这样的处境：部员完成任务的效果不理想，改过一次后依然不理想，这个时候是继续向他提出改进意见，还是体谅他的辛苦自己完成就好了？我的做法通常是后者，但后来我发现其实后者并非是最合适的做法。共情力是指为他人设身处地着想的能力，如果领导者的共情力过强，部员的能力很难得到提高，整个部门的实力也很难得到提升。这或许就是为什么有时候我会对"事儿多"的领导者有怨言，但最后回想起来还是十分心存感激的。

（三）奋斗的青春最美丽

四年过去还是有很多遗憾的，感慨最多的莫过于：自己还是不够努力学习，没有好好利用时间。奋斗的青春最美丽。

1. 好的心态很重要

这句感悟来源于法考的备考经历，如果说法考的备考是一次目标明确的奋斗之战，我认为好的心态很重要，对于人生前路的其他战役亦是如此。法考备考后期，觉得自己每天都在崩溃的边缘，心态极差，负面情绪强烈，做事没有丝毫积极性。心态对行为会有反作用，给自己多一点积极的暗示，人才能有更阳光自信的态度去面对困难与挫折，人为地设心理障碍很可能让自己压力过大，使个人的最佳状态难以得到发挥。

2. 时间的宝贵

临近毕业，难以置信四年就这样过去了，愈发觉得时间的匆匆与宝贵了！翻看手机的备忘录，曾经给自己制定了很多时间规划，惭愧的是按时完成的

北海虽赊，扶摇可接；东隅已逝，桑榆非晚

147

占少数。同样的一段时间，不同的人可能在做不同的事，不同的人会有不同的利用时间效率。如果能合理安排好时间，在有限的时间内尽可能集中注意力，不仅应该做的事情完成的质量提高，用来做自己感兴趣的事的时间也能预留出来。

3. 阅读的收获

书到用时方恨少。很多老师都提到一定要多读书，遗憾的是回想起来自己大学期间读的书摞在一起也没有自己高……四年过去，经常读书与不怎么读书的人之间的差距在无形中被拉开，阅读带来的收获不是直接的，却是实实在在的开卷有益，再也想不出有什么比读书更划算的事情了，尤其在今天信息资源丰富的时代。而且不必局限于本专业的书籍，多领域多文体的书都可以读，读书不见得会记住多少知识性的内容，但对于思想的更新和视野的拓展是潜移默化的。

三、未来规划——咬定青山不放松

本科的时光俨然进入尾声，满载过去四年的青春回忆，心里刻下诸多的青春感悟，对未来予以展望。

（一）人生志向

我的人生志向四年来没有发生改变，就是：做推动我国法治建设的一分子。虽然研究生阶段的专业由法学转为了法治新闻，但两专业的目标其实是一致的，就是促进法治中国、法治社会的建设，后者有更多的宣传教育作用，即提升公民法治素养、弘扬法治精神。为了实现人生志向，需要在未来的学习生活中时刻鞭策自己，不忘初心的努力奋斗。

（二）研究生生活与职业规划

1. 研究生生活

毕竟是零基础的跨专业，所以我的研究生生活应该会是充实的。一方面，要加强新闻学专业的知识补充，尽可能地参与法治新闻采访与写作实践，不能有畏难心理，要多学多问；另一方面，法学的知识积累也要继续进行，利用好所在学校的优势学科资源，多与法学专业的同学展开学术交流。总之，务必将法治新闻这一特色交叉学科的能力显著提高，毕竟研究生毕业就要面临就业，不努力更待何时。

2. 职业规划

关于未来的职业规划，其实目前我的心里还没有明确答案。法治新闻学相比于法学的就业面能更广一些，可以做记者、编辑、法律机关宣传员、新媒体工作者等。由于新闻是实践性很强的学科，所以我的计划是在研究生期间充分利用假期时间，多尝试参与不同的新闻实习工作，发现最适合自己的职业，总之要对未来充满信心啊。

四年来，经历了许多事，遇到了许多人，早就想到会有别离的那一天，但是没想到这一天到来得那么快。感恩自己是北理工的学子，"德以明理、学以精工"的校训已铭刻于心，红色基因必将传承；感恩自己是法学院的一员，"做优秀的北理法律人"的教诲长驻心间，老师们的谆谆教导必将谨记；感恩自己交到许多真诚的朋友们，愿友谊长存，即使各奔东西也要保持联络啊。

前路漫长充满未知，但"北海虽赊，扶摇可接；东隅已逝，桑榆非晚"，祝所有人勇敢逐梦、青春无悔。

北海虽赊，扶摇可接；东隅已逝，桑榆非晚

紧追时代步伐，与伟大祖国共成长

徐特立学院　俞云开

　　时光荏苒，岁月如梭。春日盛景，万物甲坼，蓬勃向上，阳光明媚，百草丰茂。但是，乐景并非意味着人的心情也同样如窗外恣意生长的万事万物一样无忧无虑。相反地，我们在清新的空气中，鼻尖所触，嗅到的尽是满是淡淡的忧伤气息，就像见到大海的滚滚波涛时，那强劲海风涌入口腔中的充满鱼腥、虾味，以及海盐的苦辛一般，就像见到极地茫茫雪原时，那白色世界中那细小冰粒的不知所措的卑微一般，就像见到平原的莽莽农田时，那烈日照射下汗水蒸腾后细微的咸味一般。是的，不知不觉间，在北京理工大学的四年就要过去了，我们在四年前的今天，来到了这个在填写高考志愿时向往无比、憧憬无比的高等学府，从此将自身的命运与祖国永不停息的脚步紧紧捆绑在一起，共同翻开新的篇章。四年前，我们在北京良乡度过了一段令人难忘并且印象深刻的时光。两年前，我们来到中关村，继续我们未竟的学业，寒窗苦读，笔耕不辍。在北京理工大学这同一个名字下，我们用希望迎接每天的朝阳。在灿烂的日光下，在万里无云澄澈无比的蓝天下，追逐一个黄金一般的梦想，也就是为中华民族的伟大复兴做出自己力所能及的微小的贡献，通过自己的永不停息的奋斗为自己搏出一个精彩的未来！

　　四年，我们不再是一个只知道埋头读书的学生，而成为把社会责任，家国情怀扛在自己肩头的社会主义新青年。正如明朝顾宪成所作的对联："风声雨声读书声声声入耳，家事国事天下事事事关心。"四年，国际形势同样风云激荡。祖国如一望无垠、容纳百川的沧海，激荡起千姿百态的朵朵浪花，在国际社会上披荆斩棘、永攀高峰。仔细回顾在大学四年间的生活，蓦然发现，自己的命运在每个方面都和祖国紧紧相连。个人只有继续努力，才能在这个高速发展的时代中，实现人生价值，做出贡献。回顾多年以前的初心，为人、学习、生活是我在先前的德育答辩中留下的对自己的一点期望。

一、为人

当时，我希望，自己能是一个善良的人。善良的意思，不是对每一个人都有极大的付出与牺牲，而是在别人需要的时候提供自己无私的帮助，在与人交往的时候，常常换位思考，不以损害他人利益来为己谋私。

当时，我希望，自己能是一个感恩的人。在行走的道路上，永远都有许多人的帮助，如果我们连感恩都无法做到，我们又有什么理由认为，自己能够成功。虽然实际生活中，由于时间紧张，不能时刻表达自己的感谢，但至少心中要留存感激，能做到记住，最好能让自己的感激送达想传递的人。学院为了减轻我们的负担而发放生活补贴，食堂有美味廉价的饭菜，极速之星中有高质量学习资源和艺术资源……学校为了让我们心无旁骛地学习，为我们提供了极大便利。为了对得起这份付出，我们应该努力学习。学有所成即感恩。

当时，我希望，自己能是一个头脑清楚的人，做事明白自己的目标，知道自己在朝着正确的方向前进，少做无用功，提高自己的效率。这一点，需要我多读书，汲取他人的智慧，勤思考，提升自己的思维能力。爱国不是空喊口号，而是要在纷纷扰扰的未知中，了解到自己应该做出怎样的决策，理性爱国。因此，在这几年间，我们通过阅读和学习，丰富了自己的见闻，提高了自己的知识水平。

当时，我希望，自己能是一个独立的人。对于社会而言，如果一个成年人始终需要外部的输血才能存活，那他就一直需要依赖他人。国家希望独立自主，我们也需要独立自主，减少父母的负担。因此，我们在不影响学习的前提下，应积极参加社会实习，用工作实现自身价值，做有用的人。

二、学习

当时，我希望，自己是一个自学能力强的人。跟随老师进入实验室学习如何做科研，自学的重要性被提上了日程。自己寻找资料的过程很痛苦，自己编程的过程很无助，没办法，硬着头皮去学习。

当时，我希望，自己是一个认真学习的人。见到了太多比自己优秀又比自己努力的人，才知道浪费时间的行为是多么愚蠢。认真学习，不仅是增加自己在学习时间上的投入，更是认真思考学习方法的改进，认真思考学习效率的提升。分析自己在学习中存在的问题，同时找出行之有效的方法。当时对学习成果检验的主要方法是课后回想上课所习得的内容，以及应对考试。而现在，学习成果的检验是能否代表亲爱的祖国，代表北京理工大学做出有实际意义的成果，做出具有国际公信力的科学研究，为祖国做出贡献。同时，我希望自己是一个能静心学习的人，能在做事时全身心投入其中，耐住寂寞不被外物打扰。做到能在任意时间任意地点想静心学习就能投入，不受环境限制。

当时，我希望自己是一个眼界开阔的人，只有亲眼看到，甚至亲身经历过，才能有发言权，希望自己以后不会闭门造车，有丰富的出游经历，了解异地的特点，和各个职业的人交流，收获更多的思路，从而在其中发现自己真正需要的东西，大场面见得多了，思路自然就打开了。有幸在本科阶段收到学校的支持，参与了一些交流活动，见识了国外的一些情况。感受到了国内的一些不足，但更感受到了祖国充满了朝气与希望，希望将自己的祖国建设得更好，并对这一点充满信心！

三、生活

日常生活是人生重要的部分，我认为，如果不知道自己想要怎样的生活，难以说成功。

当时，我想要一个健康的生活。现在的年轻人，注意身体似乎不多，天天熬夜，不注意饮食和锻炼，甚至抽烟。直到年轻的资本被挥霍殆尽，才知道身体的宝贵。《黄帝内经》云："治未病。"我们也该尽早注意。我在大学的四年中，保留了体育锻炼的习惯，健康饮食，多吃水果和蔬菜，多喝水。坚决不抽烟，同时抵制身边的人抽烟。调整生物钟，做到十一点前睡觉，起床自然醒。通过对自身生物钟的改造，过上有规律的生活。现阶段由于各种原因，睡眠可能会受到压缩，从而导致有时效率不高。但大多数时候，在没有任务截止点的时候，我都能较早睡觉。前段时间有"996"工作制的争论，但是国家同样重视人民的身体，鼓励我们用可持续的方式贡献，并用法律武器为我们做出保障。

当时，我想要一个充实的生活。在有了研究课题后，生活的节奏变快了，在迈过最初的不适应后，我终究形成规律，拥有了较为充实的生活，收获颇多。

四、结 语

完美的时光是基本不存在的，没有人能在未知的选择面前永远做出最优的选择。但是，我们能在时代的鼓舞下，做出无悔的选择。在北京理工大学的这段时光，少了幸运的眷顾，是一段成长的历程。

紧追时代步伐，与伟大祖国共成长

"清泉石上流"，是山间清泉初生发，怀揣的是期待，是远方；"平陆皆惊湍"，是滔滔江河遇险滩，拥有的是经验，是磨砺；"百川东到海"，是千回百转终不负，喷发的是喜悦，是苦尽甘来……结束了吗？不，"百川有余水，大海无满波"！

第四篇　人生梦

遇见未来更好的自己

光电学院　张子艺

时光如白驹过隙，转瞬即逝，我在北京理工大学的四年大学时光已经接近尾声。这四年，德育开题、中期和结题如同一缕悠长的丝线，串起了我的初心梦想、我的努力过程和我的累累收获，让我得以循着这时光的丝线回溯，遍历四年来的点点滴滴。

一、往昔岁月

（一）开题记忆

从许久未打开的"大一"文件夹中找到三年多前撰写的《德育答辩开题报告》，文件甫一打开，曾经一字一字敲下的文章携着一分熟悉和一分多年前的青涩自屏幕迎面而来。梦想、目标、繁忙、感慨，全都融在了文字里，映在了眼帘中，只觉眼眶微微发热。回想到德育开题时在大家面前认真讲述大学目标的自己，脑海里思绪万千。

曾经的我，在未知的未来生活前跃跃欲试，在学习科研、课余社团、未来方向上均给出了自己的期盼：学习上，第一个目标就是努力学习并拿到奖学金，其次是做一次完整的科创项目和考过六级；课余生活中，找到了自己喜欢的社团，希望自己能够在社团中承担好自己的责任，并多多参加各种志愿活动；未来方向上，希望自己能够尽早确定究竟是准备考研还是出国。

曾经的我，在面对当下的大学生活、当下的自己时，迷茫、孤单、小心翼翼。大一刚开始时，失去了向高考冲刺的那股劲头后，都不知道向哪儿努力，于是向长辈求助，和同学聊天，与自己对话，得到的暂时性结论是，多读书——不仅仅是专业课本，还有历史、传记和游记，开阔视野，完善"三观"，如作家王开岭所言"做一个精神明亮的人"。大一下学期时，学习任务和社团活动骤然增多，从迷茫到忙碌的我，渐渐意识到，忙碌会把自己拖垮。因此决定尽量调整自己，在增加工作效率的同时减少一些工作量，把精力再多投入一些到学习上，学习和社团活动兼顾。争取一些无所事事的下午，重新体验一回中学时期一本书、一杯花茶、一下午的悠然时光，让自己的心"活"起来。

曾经的我，讳言自己的不足，心中有着些许自卑，如今却愿意开始接纳自己的不完美，希望未来可以接受自己的缺点，更爱自己，通过努力遇见更好的自己。

看罢这些记忆中曾经的文字，我不禁起身找出三年多来积累的一沓厚厚的日记，摩挲着边缘微微发黄的纸页，寻找被收藏在角落、但从未被遗忘的过往。

（二）日记点滴

随着纸页的缓缓翻动，这些年的努力、收获、欢笑、泪水跃然纸上，裹挟着它们独有的音容笑貌如微咸的海风扑面而来，勾勒出四年里我经历的一点一滴。我慢慢翻着日记，回顾这些年的时光，发现在德育开题之后我很快投入了新的生活之中。

1. 完成目标：考过六级

在大二上学期第一次考六级的时候就考过了，但因为考前没有怎么复习，分数不是很高，但也算是完成了目标。后来又经过复习准备，再次考试，取得了比较满意的成绩。

2. 完成目标：拿奖学金

大二下学期终于拿到了第一次二等奖学金，虽然知道自己远没有那些拿一等奖学金，甚至国家奖学金的同学们厉害，但是这个二等奖学金也是通过我自己的努力获得的，心里还是倍感兴奋，还高高兴兴地发了一个小红包给爸妈，让他们也开心一下。之后几个学期都拿到了奖学金，算是对我付出的努力的一种肯定吧。

3. 完成目标：做一次完整的科创项目

大二上学期，2016年度的"大创"报名开始了，我早在暑假就已经找好了队友，并在开学后找好了导师。因为我对项目比较积极，所以几个队友推选我当了组长。我们一起选了题，一起敲定了电子元器件型号，一起连接电路，一起进行各部分程序编写……过程很辛苦，有笑有泪，幸好我们一起坚持了下来。待完整地完成了这个项目时，我们获得了几个奖项，专利也申请成功了，这都是对我们付出的努力的一种肯定。除了奖项以外，我还在过程中学到了一些科研方法，有了不少经验，并与并肩作战的队友们培养出了深厚的情谊。"大创"贯穿了我近一半的大学时光，是我在大学生活中浓墨重彩的一笔。

4. 完成目标：做好社团工作和参加志愿活动

大二这一年，我留任了北理绿萌资源与环境保护协会的宣传部部长，时常有许多宣传任务需要完成，还要引导下一级的部门成员学习宣传相关技能，逐渐适应部门和融入社团。尽管过程辛苦，但我仍尽己所能完成职责，在大二结束时，我已经更熟练地掌握了 PS、PR 等宣传常用软件，并多次参加社团的志愿活动，总志愿时长在 50 小时以上。很幸运能来到绿萌，认识了超好的学长学姐、靠谱的队友和暖心的小孩们。烈日下的外场活动、深夜修改海报、温馨整洁的绿萌书屋……日记中，这些记忆带着淡淡的老照片的气息跃然纸上，那都是曾经在绿萌中的点点滴滴。

5. 完成目标：考研

在大二的时候，我深觉自己最想长居的地方还是悠然的江南水乡，时常思念家乡湿润的空气、池塘的蛙鸣，因此就不考虑继续留在北方读研，更不考虑远走他乡出国留学，想先努力争取一下保研，争取不到的话就考到南方去。由于成绩一般，在保研时以一名之差没有获得保研资格，于是安心下来全力准备考研。很久没有这样沉下心来做一件长期的事了，复习的时候很辛苦，也没有老师的监督和引导，路子只能自己查找、自己摸索，坚持学习也只能凭借自己的定力和毅力，考研复习期间还有本科的必修课程和考试穿插，一定程度上压缩了我的复习时间。幸而在暑期结束后找到了靠谱的研友，两人互相监督，互进互助，过程艰辛又坎坷，但最终都考进了浙江大学光学工程专业，六个月的努力得到了收获。

6. 除了以上目标之外

在大学四年时光中，我并不是盯着以上某些目标只顾一头向前冲，而是在向目标缓步前行的过程中，不忘欣赏路边的风景、珍惜身边的朋友。每个暑假都和几位同学一起结伴出行，去青海直面青海湖的波涛，去云南体会茶马古道的古朴，去香港感受其特有的拥挤与繁华……在北湖湖畔欢声笑语，在图书馆书屋安静阅读自己喜欢的书籍，在宿舍床上悠闲听着喜欢的歌，在明媚又温柔的春日清晨，为那映着阳光、在风中摇曳的一树新叶沉醉……这些都被曾经的我记录到了日记本里，那厚厚一摞的纸页，承载着那逝去却不曾丢失的时光。

二、未来梦想

我的梦想是高中时期定下的，很简单很小的梦想，到现在过去多年，我仍执此初心。

翻开多年前那厚厚的日记本的第一页，是离高考还剩 53 天的内容，一瞬间高三生活的笑与泪涌上心头。那时候不敢玩手机、电脑，怕自己上瘾，所以每天唯一的放松时间就是写日记。学习压力倍增，还有来自老师、父母及自己的期望。可以说在那个除了学习就是学习的思想单一的时光里，我对生活的思考远多于课余生活丰富多彩的高一高二。日记中我也曾提到过，所有人都说逐梦，有梦想才有动力，然而我的梦想又是什么呢？有一天我独自走在放学回家的路上，看着一路熟悉的风景，突然想到，梦想大概就是对美好生活的追求吧，而我现在有亲爱的家人们、可爱的朋友们，有一个可以遮风挡雨的家并且我正向着它走去，还有充实的、不让人感到时光空耗的学习生活，我还拼命想着要追求什么呢？这大概就是我的梦想吧，平静快乐的生活。而我现在付出的所有努力，就是为了把这个我很满意的生活状态延续下去！很努力很努力地读书，让自己绝不为高三时光荒废而后悔，考上一个自己满意的大学，毕业以后读研，找一份可以养活自己和家人的工作，有一个自己新的小家庭，每天为生活中的琐事忙碌，也为生活中的美好欣喜。当时我在日记中写到，高三的我要做的就是多做一道题、多读一本书、多考一点分，让自己离好大学更近一些，有一个更好更高的起点来面对成年以后的未来。当我突然想通了这一点，心中有了这个梦想，我不由得加快了脚步，心里顿时明朗起来，觉得自己浑身充满力量。

从那时起到现在，我一直延续着我这个小小的、平凡的梦想。每当我陷入了迷茫、面临抉择之时，我就会打开日记本写下心中所思所想，然后忆起这个梦想。从这个初心出发，不知不觉，迷茫云开雾散，抉择也有了方向，渐渐地体会到"不忘初心，方得始终"之意。也希望在未来的人生中我可以继续保持这一初心，在人生中尽可能做自己当下认为最正确的选择，尽己所能承担自己的责任，做一个认真、善良的人，通过自己的努力延续平静、幸福的生活，遇见更好的自己。

渡越怅惘，满怀曦光

信息与电子学院　宫麟伟

我曾窥探高山，翻越过，又是另一座；

我亦面朝江河，激渡过，却成又一泊。

四年，即使放在整个人生的长度里，仍不算是短暂。和那被叫做童稚的六年小学、被称为无知的初中三年和被冠以懵懂的高中三年相比，大学，或许才是青春这个词最恰当的伊始。于我和我的生活而言，大学在各个方面，都是颠覆性的改变：完全自主的学习方式，开放的生活环境，时而充裕时而紧凑的时间安排，有选择性的交际圈子，数不清的机遇和挑战，多彩却又看不清的未来。或许从2015年9月踏入北京理工大学校门的第一刻起，我才走上了有选择权的人生。

而时至今日，我坐在电脑前，时而思索，时而望向异乡的窗外，回想起这箭矢般的四年，不知是时光刺穿了我，还是我洞穿了时光。而我摊开双手留下的，一半是得来不易的收获，另一半也有着些许缺憾。没有后悔，也不期望有重新经历一次的机会，在北理的这四年对我来说，已然是它最好的样子。我有过、有着并还将会有数不尽迷茫和不知所措，只是大学教会了我，渡越它们，眼光所及的地平线上，会有曦光。

一、学：不惘不息

大学，自然是学字当头。在以往的中小学学习模式中，我们更多的是听从父母和老师所设定好的学习任务和规划好的时间，而自身需要做的，只不过是按照既定的模式学习，并没有太多的自主选择的空间。而大学却完全相反，没有固定的学习场所，大块的自主学习时间，而且相比之前学习的内容更加专业化，难度自然也是有所提升。所以就我看来，大学学习成败与否，跟学习方式和自控力有很大关系。能够进入北理，意味着我们在高中阶段的学习已经处在较高的水平且拥有较好的学习能力，所以在大学的学习过程当中，自控能力和合理的时间安排将会成为决定学习成绩的关键因素。

大一伊始，我们面临的便是几门与数理知识相关的"硬课"，而在高数、大物、线代、C语言等课程的学习过程中，我能保持较好的学习习惯，在课堂中认真听讲，下课后及时完成课后作业以巩固所学知识。但在课前预习和课后复习的阶段，还没有做到最好，我习惯于在考前集中对一门课程进行复习，而忽略了日常积累的重要性。这导致在考试中成绩无法确保达到很高的分数，对于考题中一些细节问题的解答和处理掌握得不够好。从大二开始，我们正式接触专业课程的知识，真正意义上开始了专业的学习。专业知识在我看来更加注重对现象背后本质的理解，而不是简单地记忆公式和计算堆叠。在诸如电路分析、模拟电路等课程的知识体系中，对复杂公式的每个环节的理解都具有一定的挑战性。在专业课程的学习过程中，我觉得自己学习的深入程度还不是完全到位，没有能够做到完全参透每个知识点，且存在死记硬背公式的问题，我相信在以后的学习过程中，我还需要对这一部分空缺内容进行自学补充。只有对学科基础知识掌握扎实，才能在今后的学习工作中依托知识发展出更强的专业技能，成为一名合格的工程师。

在四年的专业学习过程中，诚然我有过懈怠、也有过成绩不佳的时候，也遗憾没有更多地参与竞赛和研究，但是我庆幸的是始终没有怀疑自己的能力，相信只要有足够的投入，便能够取得比较理想的成绩。关于总体成绩，我每个学期均获得二、三等奖学金，实现大学四年无挂科记录，优良率达到百分之九十以上。我也需要更进一步提升自己的自控能力，形成更加合理的时间安排，养成做计划的习惯，这些能力对一个人学业乃至事业的成败，都起着不可忽视的重要作用。我希望达到北理对每个学生终身学习和"学以精工"的要求和期待，在学业方面能够日益精进，不负母校之期。

二、活：你好色彩

大学的一个特质在于，你的生活将远远不止学习，活动、人际交往、生活方式都是构成大学生活的一抹色彩，区别只是你选择让它们焕发出本身的鲜明艳丽，还是乏味成一味压抑的黑。

对我来说最宝贵的财富，在我并不广的社交圈子里，认识到一些有着不同爱好、脾气，却愿意相互分享时光和故事的同学朋友们。对我而言，这会是青春记忆里，最浓墨重彩的一笔。从军训前大家彼此陌生，到初始的磨合，再到相处后的适应、熟悉，与其说大学交际圈带给我的更多是人脉的扩展和交往技巧的提升，不如说是更多地教会了我怎样更好地理解与包容。坦诚地说，我能理解每个同学朋友的个性特质，能够欣然接受每个不同背景、不同成长经历下的不同价值观，并且享受与每个人之间或远或近的相处方式：一场电影，一次通宵学习，一顿普通的饭，甚至是见面一个简单的招呼，都是我和同学、朋友们简洁但又不失心意的交际。而我也相信，与朋友们彼此之间的这份羁绊，也将伴随着我成长、成熟，一直走下去。

我大学生活的另一个主题是文体活动，是北理将我对文艺和体育活动的热爱，最大化地照进了现实。我对文字有一种很深的热爱，和书虫泡在书海里汲取营养不同，我更喜欢单纯地思考平淡生活中的点滴，斟酌文字间的韵味，并将二者结合在一起。我将短暂的二十多年的感悟和心绪，写作散文记录下来。作品中的三篇还获得全国大学生文学作品大赛二等奖，这也算是对我这份热爱的鼓励。而对于体育的热爱，则是好动的天性和不甘于人后的脾气共同促成的。北理丰富多彩的体育活动和竞赛，让我们每个普通的学生都有参与到其中的机会。我积极参与每一届院运会、校运会，拿到短跑项目十三枚奖牌。同时在大学伊始，加入了北理足协这个团体，有幸认识了一群热爱足球并且才华横溢的伙伴们，和大家一起举办并参与比赛，这些与汗水有关的经历和成绩，是我大学时光里最炽热的部分。我相信这份热爱和拼搏的精神，会是我今后无论学业、事业还是生活最激昂的动力。

文艺、体育、人际关系，它们无疑是我在大学时光中最炫目的三种色彩，也正是它们让我的青春最珍贵的一段没有就此黯淡，陪我经受住了时光的劫掠，变得成熟且坚韧。

三、未来：道阻弥坚

大学时光的另一重魅力，便是在于前途的未知性。初入大学，仿佛未来离我还很远，没有明确的规划，也没有所谓的目标，只是缓缓地前进。大学第一次思考未来，就已经来到了大三。一次偶然间和父亲谈到毕业去向，我们便决定了出国读研。和其他有规划的同学不同，大三是个很敏感的时间点：学校专业课程的数量和难度逐步加大，加上大学没有很认真地进一步提高自身英语水平，面对 TOEFL 和 GRE 两个难度很大的考试，准备时间已经所剩无几。就在这样的巨大压力下，我还是选择了这条道路，并按部就班地走下去。一边面对着云里雾里的专业课知识，一边是背不完、记不住的单词和刷不完、做不对的英语题，大三的这段时间整个人似乎被压力填满。在大三期末前的一段时间里，连续两周高强度和同学们约通宵自习，对于身体和精神上的考验都是巨大的。庆幸的是结果都很顺利，两项出国考试在半年多一点的时间里都有了相对理想的成绩，虽然流程繁复但也顺利地递交了申请，也在今年如愿拿到了包括两所藤校在内的七所美国名校的录取，正式加入了留学生这个群体。

留学意味着要在一个全新的环境和教学模式下开始学习，对于我来说无疑是个巨大的挑战，但这段全新旅程给我带来的不是未知的恐惧或是怯懦，更多的是一种新奇和坚毅。

不知从什么时候起，我开始意识到自己身上承载的是如此之多：亲人的期望、同辈的鼓舞、母校的希冀以及自己的未来。它们很重，但却从未压垮我，相反成了我步伐更加坚定的原因。我清楚地意识到未来一定不是坦途，迷惘也会长久陪伴着我，但我仍坚信在北理这四年我所经历的事情、遇到的良师益友、收获的人生感悟，都将使我足够强大，踏平前路所有荆棘坎坷，成长为一个兼具学识能力的温暖的人。

未来，无论是仰望山岳，抑或是尽眼江河，渡越过，便有笔触道不出的体悟和一个满怀曦光的我。

途路鲜知，但尽人事。

追忆往昔，憧憬未来

信息与电子学院　黄惠民

　　时光荏苒，岁月如梭。大学四年的学习和生活即将在 2019 年的这个夏日画上句号。在毕业之际，回顾大学四年的学习和生活，有渴望的期盼，有追求的辛勤，有成功的欢声笑语，当然也有失败和些许的无奈。四年时间似乎很短暂，我的记忆似乎停留在了 2015 年刚刚到北京理工大学的那个夏天，入学报到，参加军训，这感觉似乎就是过去不久的昨日一般，军训流过的汗水和初到大学的憧憬都历历在目。在这四年里，我长大了，由一个 18 岁的什么也不懂的孩子成长为一个真正的男子汉，同时我的各方面能力和素质也得到了很大的提高与进步。在马上毕业、离开母校的日子里，我将四年的时光总结下来，给未来留下美好的回忆。

一、学业收获

　　记得在开学典礼上，校长说"什么是大学？大学就是大部分时间用来学习"！我知道，作为一名学生，学习永远是第一天职，尤其作为一名家庭普通的学生来说，我更知道学习对我的重要性。四年来，我始终保持严谨认真的求学态度，努力学好专业知识，为以后的发展和从事的行业打下了扎实的基础。四年来，我懂得了运用学习方法，同时注重独立思考。想学好只埋头苦学是不行的，要学会"方法"，做事做人的方法。古语说："授人以鱼不如授人以渔。"我来到这儿的目的就是学会"渔"，但说起来容易，做起来难，我换了很多种方法。经过一番摸索之后，"独立思考"成为我的座右铭。这为我快速掌握新知识、解决新问题奠定了基础。

　　从大一开始，我就坚持按时上课，大学四年几乎没有旷课；课余时间，我充分利用图书馆的图书资源，阅读了大量的课外书籍，在扩展了知识面的同时，学习到了很多做人、做事的方法和方式，为以后的学习、工作和生活打下了坚实的基础。北京理工大学的学生是来自全国各地的精英，大一上学期我平均分只是班级前五，这个成绩有些人也许认为已经很不错了，但是我没有满足，因为我发现周围有的同学学习的时间比较少，但是成绩却相当不错，于是我调整自己的学习方法，提高学习的效率，在大二结束的时候将平均分提高到班级前三。到了大三，我已经开始准备出国的事宜，在努力提高托福和雅思分数的同时我也没有放松专业课的学习，最后凭借良好的成绩顺利拿到了美国芝加哥大学计算机科学的硕士录取通知。

回想大学四年，我一直鼓励自己不断努力，先后获得过优秀学生奖学金一等奖三次、优秀学生奖学金二等奖四次、中科院电子所奖学金优秀奖等多种奖学金，还获得了优秀学生和优秀团员等荣誉。四年来，随着学习的进步和方法的掌握，我不但充实了自己，也培养了自己多方面的技能，更重要的是，严谨的学风和端正的学习态度，塑造了朴实、稳重、创新的我。

二、思想进步

从进入大学到现在，我深刻认识到中国共产主义青年团是中国共产党领导的先进青年的群众组织，是广大青年在实践中学习中国特色社会主义和共产主义的学校，是中国共产党的助手和后备军。中国共产主义青年团坚决拥护中国共产党的纲领，深入贯彻落实科学发展观，解放思想、实事求是，与时俱进，团结全国各族青年，为把我国建设成为富强民主文明和谐的社会主义现代化国家，为最终实现共产主义而奋斗。这正是我个人追求的人生价值所在，因此，我认为能够成为一名团员，那曾经是我最大的梦想。

在思想上，首先是端正思想，提高思想觉悟水平，树立起作为共青团员应该起到的带头和模范作用。其次认真学习相关的知识，不断提高自己的理论水平和综合素质。我始终严格按照团的规定来要求自己，积极向党组织靠拢，做到热爱组织、热爱国家、热爱人民，努力为社会主义建设做出自己的贡献。同时，作为一名团员，我始终坚持中国共产党的领导，政治立场坚定，自觉服从党的要求，在思想上与中国共产党保持一致。平时，认真学习邓小平理论、"三个代表"重要思想、科学发展观和社会主义核心价值观的精神内涵；学习贯彻十九大报告，把十九大精神融入工作之中，结合工作的实际，深入领会，抓住精髓，以更加饱满的精神状态和更加扎实的工作作风干好本职工作。

作为一名党的后备军，作为共青团中的一员，我时刻不忘团员的职责，严格遵守团员的守则。自入团以来，我积极参加团组织的各类活动，努力完成团组织交给的任务，努力做好自己的本职工作。在工作上踏踏实实，在学习上积极进取，在思想上积极向党组织靠拢，努力使自己成为一名合格的、优秀的团员，争取早日加入中国共产党，成为党的一员，为人民做出我应有的贡献。

三、实践历练

2016—2017 学年开始后，通过班级民主选举，我被选为 05211502 班的班长。其间，我严格遵守学校和班级的各项规章制度，关心并热心参与班级事务，与同学友好相处，互帮互助。我坚信路就在脚下，也信奉脚踏实地，不好高骛远，对学习、生活、工作各方面都有着极强的责任心。我信奉"天将降大任于斯人也，必先苦其心智，劳其筋骨"，不管在工作中遇到多大挑战，我都迎难而上。在学生日常管理活动的同时，我深知班长是心系同学、为同学谋利的工作，我不断加强与其他班委的联系，关心学生的住宿、学习、实践活动等各方面的问题，在生活中建立了良好的人际关系，赢得了广大同学的支持，培养了自己较强的责任感和工作能力。

同时，我还积极参加各种社会实践和实习活动。比如，2016 年夏天，我报名参加了教务处组织的日本早稻田大学暑期学校暨海外社会实践活动；2018 年 9 月，我参加了学院组织的中兴通讯公司的实习活动。这些社会实践可以激发我更努力地学习，能够学以致用。十几年的学习，最终总是要用于社会实践中，知识的积累随着学习时间增加而增加，所谓学无止境，今天的学习就是为了明天的实践。我国的政治、经济建设需要一大批具有各种知识技能的人才，现在不努力学习，就无法承担这一份重任。时代给了我们压力，也给了我们动力，学习好各门知识，才能做一个合格的社会主义事业的建设者和接班人。

此外，通过这些实践活动，我逐步了解了社会，开阔了视野，增长了才干，并在社会实践活动中认清了自己的位置，发现了自己的不足，对自身价值能够进行客观评价。这在无形中使我对自己的未来有一个正确的定位，增强了自身努力学习知识并将之与社会相结合的信心和毅力。对于即将走上社会的大学生们，更应该提早走进社会、认识社会、适应社会。大学生暑期社会实践是大学生磨炼品格、增长才干、实现全面发展的重要舞台，在这个舞台我真正地锻炼了自己，为以后踏入社会做了更好的铺垫。

追忆往昔，憧憬未来

四、生活感悟

大学四年以来我一直坚信"好的生活没那么贵"，我崇尚真实质朴的生活，坚持着良好的生活习惯，深知金钱的来之不易，并且合理利用自己的生活费。我有良好的生活习惯，在寝室按时做打扫卫生的值日工作，清除死角，使得寝室能有个良好的环境，也有利于身体健康。

在同学方面，收获了深厚的同学情谊。班上的同学，同系的同学，从相遇、相识到相知，生活带给了我们太多的回忆：大家一起学习、一起通宵复习迎接考试，一起游山玩水、胡吃海塞，一起哭泣悲伤、欢歌笑语。感谢电信一班和通信二班的每位同学，相识是一种奇妙的缘分，感谢你们能够在正确的时间和正确的地点出现在我的生命里，因为你们的存在我的人生更加绚丽多彩，也希望每个同学都能够在今后的人生旅途中活出属于自己的精彩。

对于老师，我一向是十分敬重的，因为老师总会在我彷徨的时候帮助我解答疑惑，如果没有老师的帮忙，我不可能在知识的海洋里顺风顺水，扬帆畅行。随着学习的进步，我不只是学到了基础知识和很多专业知识，我的心智也有了一个质的飞跃，能较快地掌握一种新的知识，我认为这对于将来很重要。在学习知识这段时光里，我更与老师建立了浓厚的师生情谊，老师们的谆谆教导，使我体会了学习的乐趣。教诲如春风，师恩似海深，祝愿老师们能够桃李满天下，春晖遍四方！

五、人生梦想

我的梦想是能够在互联网行业创造属于自己的一番天地，成为一个像扎克伯格一样的领袖。如今，互联网行业蒸蒸日上，其中充满了无限的机会和挑战，而我希望能够抓住这些机遇，实现自己的价值。

人们常说，有志者，事竟成；还有人说，最贫的是无才，最贱的是无志。由此可见立志的重要性，所以，人不可没有梦想。雄鹰和母鸡都有一对翅膀，但雄鹰可以搏击蓝天，而母鸡只能扑腾于庭院。其根本原因就在于，母鸡的理想是一把米糠，雄鹰的理想是展翅翱翔！所以，我们立志就要立大志，志当存高远！我们青年人好幻想，每个人都有自己美好的梦想。

所以我觉得，人，该为梦想去奋斗，虽然我现在不如那些有经验和技术的人，但是，我相信无论有多累，条件有多差，环境有多恶劣，只要我肯下功夫去学习，为梦想打好扎实的基础，就能收获精彩。之后，我发现自己慢慢地爱上了这种为梦想而奋斗的日子，就算这种日子很累，很迷茫，可是却过得很充实，因为梦想在远方召唤我！

六、别了，我的母校

自习室的门还开着吗？准备托福考试时鏖战过几个月的那个屋子，如今应该换人了吧？一直对那段埋头苦读的日子心存感激，不论结果如何，它让我收获了很多……一幕幕的场景就像一张张绚烂的剪贴画，串成一部即将谢幕的电影，播放着我们的快乐和忧伤，记录着我们的青春和过往，也见证了我们的友谊和爱情！未来就像天空中一朵飘忽不定的云彩，而我们，从毕业这一天起，便开始了漫长的追逐云彩的旅程。明天是美好的，路途却可能是崎岖的，但无论如何，我们都有一份弥足珍贵的回忆、一种割舍不掉的友情、一段终生难忘的经历。

我知道，挥手之间就要道别。是的，时间的飞逝正印证在每一个努力成长的人的身上。突然觉得时间过得好快，就好像握在手中的沙子，一点点地流逝。就要离开这个熟悉的城市，离开再也熟悉不过的校园，大学生活将成为生命中最珍贵、最难忘记的回忆。多年以后，抑或是当我们老的哪儿也去不了，那些留在记忆深处的美好的大学生活的一幕幕，将会永远鲜艳，永不褪色。

别了，良乡北湖的鹅！别了，最钟爱的二食堂！别了，熟悉的"上网不涉密，涉密不上网"！别了，和蔼的老师们！别了，挚爱的同学们！别了，我的大学生活！别了，我的母校！

追忆往昔，憧憬未来

德育结题——致我们奋斗的青春

信息与电子学院　詹天予

　　2019 年 5 月 24 日，早晨 5 点起床的我成功赶上了第一班四号线，为了在 7 点 30 之前抵达美国大使馆，办理美国研究生入学签证。5：46，第一班四号线准时停靠在魏公村地铁站，惊讶地发现里面已经坐满了人。有的人穿着西装和皮鞋，低头刷着手机，看起来便是上班族；也有穿着工装的农民工，靠在车厢的角落上，将要前往某个正开发的工地；也有拿着小推车的北京老奶奶，为了宝贝孙子吃上香喷喷的午饭，早起去菜市场买菜；也有穿着校服的高中生，拿着便携书，嘴里在小声背着要考的文言文；我旁边的座位上有一对年轻的情侣，相互靠着，看起来睡得很沉。中转站海淀黄庄站到了，有很多人陆陆续续地往外走。一个陌生男士轻轻拍了拍那对熟睡的情侣，提醒他们该下车了……这就是有着帝都之称的北京清晨的地铁站。都说北京是一个可以实现梦想的地方，在这里的每个人都行色匆匆，每个人背后都有着或苦或酸或甜或涩的故事，但每一个小小的他们都在这个偌大的北京城里不断努力着。每当自己迷茫、焦虑、想放弃的时候，想想他们，便觉得很温暖，因为自己从来都不是一个人。时间真的过得很快，猛然发现自己在北京的日子已经开始倒数了，在这里度过了人生中最重要的四年，那其中的一点一滴都是青春的味道。

良乡的那两年

　　高考填志愿的时候，并不知道自己会来到良乡，录取之后才知道前两年是在新校区。那是我第一次来到北京，第一次坐上房山线。稻田站、篱笆房……一路的风景让我有种来到乡下的错觉。我的大学，就在那里开始了。大一时，身边的一切都很新鲜。第一次参加军训，第一次住宿舍，第一次见到各种社团。大学真的是一个很宽阔的平台，每一个人都会有足够的发挥和展示的空间。刚入学的自己对于一切事物都充满好奇，看到各种活动都想着去报名参加。加入了共学会、京工演讲团、北理交响乐团，每天都忙着参加各种例会，周末还要赶到村里参加交响团的排练。大一下学期，我报名参加了机械臂设计比赛、数学建模校赛，中间还穿插着共学会、交响乐团的活动，听课一直处于懵懂状态的我感到十分迷茫。GPA 也只维持在 84 分的水平。大一暑假前往河南支教，遇到了很优秀的同行，他们都有自己的规划，有的准备出国，有的准备考研，也有的准备保研。有一个同学告诉我说："高中的时候不想学习，大学反而想学了，因为可以规划自己的人生了。"当时的我很受触动，大二开始，我退出了交响乐团和演讲团，只留在了共学会，开始全身心地投入课业学习，除此之外参加了一些数学建模比赛。大二下因为课不多还找了个 3D 打印的兼职，不过这些都没有耗费很多时间。于是经过大二那一年的努力，我的课业成绩从大一的十名开外到了前三名。同时我开始思考出国这条路，于是报名了 TOEFL 班的学习，并且尝试申请了教务处通知的阿尔伯塔暑研项目，虽然当时没有成功，但是也为我大三申请暑研积累了经验。良乡两年很快，和后面的生活比起来，那两年真的可以说是安逸又舒适的日子：中食堂每天都有轰炸大鸡腿、红豆饼、杂粮煎饼和糖葫芦的陪伴，例会上和部员们开心玩"狼人杀"，圣诞节和"徐司机"给部员一个一个送圣诞礼物……那时候的我们，有时间尝试自己喜欢的各种东西，去为自己的未来设想各种可能。

"村"里的故事

　　时间真的很奇妙，大二结束，从良乡坐着学院的大巴来到中关村开始，仿佛所有事情都打开了开关，一瞬间涌了出来等着我做选择。中关村和良乡真的很不一样，比起良乡永远不会迷路的笔直又宽阔的大道，中关村多了些人情味儿和生活气息。夕阳下会有放学打闹的小学生，操场上会有散步的老年人，京工清真那条食堂街上也有很多小吃，暑假里信息教学楼和图书馆坐满了人，堆着考研和 TOEFL，GRE 语言考试的书籍。

　　大二的那个暑假，我因为参加电子设计竞赛在学校待了一个多月没有回家，那是我在中关村的第一个夏天，至今仍然印象深刻。7 月初我因为要去北戴河参加干训，耽误了近一周的电赛实验室的培训，回学校时，队友已经步入正轨在做锁相环的小作业了。我努力追赶他们的进度，学习基于 verilog 的 FPGA 编程。之后，老师给我们每个人发了 MSP430，让我们学习单片机的一些基础使用以及 AD 转换。研究了几天觉得太难了，于是我们组决定使用较简单的 51 单片机完成项目。三个人一起去图书馆找书，在实验室啃书，从零学起，最后终于成功理解了 AD 转换原理。比赛前两周，开始硬件部分的调试——搭程控放大器。从最初的一级放大到二级放大，再到单片机根据输入信号的大小控制放大倍数，原本空空的面包板上插满了乱糟糟的线。我和天天调试的过程中不断遇到各种意外，一开始经常是查错查了好久才发现是没有开电源或没有接地线，我和天天配合越来越默契，也越来越少这种低水平错误的发生。经过一个多月的训练，大三时关于电路的实验课我总是完成得又快又好。比赛的那几天，我们几乎没怎么睡觉，幻想着获个全国一等奖。然而最后成功被"打脸"，因为队友之间的配合出了问题，成为全实验室唯一没有上交最终成果的一组，也为此受到了教训，灰溜溜地被老师训了一顿踢出群聊，断了我们竞赛保研的念想。于是大三开学只能乖乖地好好学习，我也开始认真思考出国这个选择。恰巧大三刚开学，教务处发出了带有 CSC 资助的 Mitacs 暑研项目的通知。在大二的时候我已经参加过一次报名，没有通过面试，这一次有了大二的知识积累和电赛的实践经验，我更加有了信心，于是报了名。先是准备各种杂七杂八的材料，推荐信、简历、研究经历介绍等，然后等来了两个面试。最终成功被约克大学的 Hossein Kassiri 实验室录取，在暑假前往加拿大做关于癫痫病检测的硬件。整个大三和大一大二的节奏很不一样，被各种事情赶着往前走，其间还伴随着 TOEFL，GRE 的学习和找实验室做科研的迷茫，整个人感觉都紧绷着弦，早晨 8 点之前出宿舍，晚上 11 点 30 才回来。经常和小思思幻想赶紧熬过大三然后一起快乐大四，光是想想就能乐开花。

　　时间来到大三暑假，当时我带着 TOEFL93，GRE314 的成绩和曼妮两个人坐上了去往加拿大的飞机。从起初不熟练的炒菜到后来可以半个小时做完第二天的午饭和晚饭，从起初生涩的英语到后来可以和当地的同学自然地交流、吃饭打趣，虽然期间遇到了不怎么友好的房东闹了点不愉快，但是有非常有爱的学长们，带我们熟悉周围环境，每周带我们出去买菜。渐渐地我也可以很好地照顾自己的三餐，也会记得买水果给自己补充维生素。不过同时还是伴有失学的烦恼，因为暑研回国之后申请季就要到来了，所以在加拿大的三个月，我报名参加了两次 GRE 考试，一次 TOEFL 考试，立志回国前解决语言考试。然而理想和现实总是有差距的，GRE 第二次考了 319 以为自己第三次一定稳了，结果第三次还没有第二次高。那天不知道自己是怎么从 10 公里外的考场坐地铁回学校的，设想了自己申请季的无数种可能，给自己想了各种退路：要不申请香港的学校吧？要不考雅思申请英国的学校吧？紧接着过了几天，微信弹出了李导发的保研通知，问我是否放弃保研。迟疑了一下，回复了放弃保研的决定，斩断了自己的退路。努力了这么久，我不想放弃，想再给自己一次机会。10月1日回国，每天对着电脑仿真时序图，完成暑研期间剩下的最后的任务，把最终报告发给教授。然后连报了三场TOEFL和一场GRE。于是每天早起循环练阅读听力然后和GRE单词死磕。时间来到了11月中旬，一切开始顺利了起来，11月18日在天津考过了GRE，最后在考场上出分发现过320的那一刻我激动得差点笑出声，紧接着11月24日在河北考过了最后一场TOEFL。12月6日早晨6点爬起来查分，102。暑研的论文也写完初稿投递会议了，接下来就是每天机械地填网申，催老师帮忙交推荐信，和朋友们吐槽申请。回想整个大三和大四上，虽然比高三还要累，但是收获也很多，感谢自己当初的执着和不放弃。于是终于等到了梦寐以求的大四下的神仙生活，刚开学时尝试着找了实习，投了几十份简历换来了几个面试但是都没有成功，于是决定回炉重造，好好做毕业设计，为研究生打基础。

尾声

不知不觉即将收尾了，回看整个篇幅，发现中关村两年的内容比良乡两年的内容多了一倍。可能那段奋斗的日子更让人难忘吧。如今即将毕业，同学们也都已经做好了各自的选择，有的即将前往弗吉尼亚州攻读博士，也有的将去加州深造，还有的去了加拿大、新加坡……至于我呢，刚刚从EMS快递那儿取到了签证，还有两个月就前往气候宜人的位于亚特兰大的佐治亚理工学院开始新的生活了，将来找工作想必又将是一段艰辛的历程。没有谁会是一帆风顺的，每个人在每个阶段都有各自的苦恼和焦虑，但是我相信只要保持乐观的心态和不放弃的精神，终会战胜一个又一个的坎坷和烦恼。最后我想说，再见了，我的大学，再见了，我的同学们，我们江湖精彩处见。

我的大学

信息与电子学院　张　帆

有一段青春，留作永恒；
剪一段时光，放在最美的段落；
我的大学，犹如一首四季之歌；
春夏秋冬，是她优美的韵脚。

大一·春

　　大一的我犹如一株萌芽的小树苗，来到大学这个充满未知的世界里，我充满了好奇。我努力汲取一切能争取的养分，希望用繁枝茂叶来武装自己，使自己不会在大学这片森林中被吞噬湮灭。大一的我热爱学习，犹如树苗对阳光、雨水的渴望一般，仍记得我六点起床去教室占座、深夜十一点图书馆闭馆才回寝室的那段励志时光，那时的我还未摆脱高中的学习习惯，慢慢适应着大学节奏。大一的我阳光热情，我参加了班干部竞选，并成功当选了学习委员，我还进入了机械与运载学部学生会，在学习之余认识了更多朋友、锻炼了社交能力。大一的我严于律己，每天严格作息、每周缜密的运动和学习计划我都坚持完成。大一，是我大学四年最幸福、最无忧无虑的时光，北理的一切都符合我对大学最初的遐想，在这段阳光灿烂的日子里，我疯狂伸展躯干、吐露新芽，尽情享受这美好的一切。春雨在突然的一日滂沱而倾斜，伴着遥远的春雷，大一上学期，我的一位室友因为感情原因，选择了一种极端的方式永远离开了这个世界，我的整片天空因此蒙上了一层阴霾，我曾经幻想的大学的美好在这一刻被彻底打破，我开始认识到这个世界绚丽的表面之下涌动着黑暗与不幸。但春天的力量是强大的，沐浴过春雨、体验了惊雷，此时此刻，春风正暖，雨霁云开，我选择继续努力地生长。大一结束，我以机电学院武器系统与工程专业第一名的成绩成功转入了信息与电子学院。

大二·夏

当很多人还想挽住春的衣袖，不愿春的脚步远去时，风中隐约传来的一声蝉鸣，夏天的序曲已经奏响。大一结束的那个盛夏，我没有选择回家，而是跟随其他学院的同学到山西省方山县桥沟村进行志愿支教活动。夏日的桥沟，碧水流翠，鹭鸟翻飞，风动花影，清浅的夏色漫过田野、陌上，漫过了石桥、水岸，润了乡土、润了柳巷。在这，我见到了乡村孩子对外面世界好奇的双眸，体验了前所未有的艰苦条件，收获了志同道合的友谊。支教结束，回到学校，我参加了美国英语学会举办的 LINKU 暑期学校，不同学院的同学相遇在这段夏日，闻着幽幽荷香，沐着清风，流连在绿意葱茏的良乡校园，体会中西方语言文化迸发交流的魅力。转入信息与电子学院，换了一片学习的天地，我感受到了学习的压力与外界的竞争，我努力融入这个新的大集体，在新的班级我竞选了班级干部，学院举办的活动我积极参加。大二这年，褪去了大一刚来学习与生活的激情，大学的一切似乎已经变得自然，自己给自己画了一个舒适的圈子。我对大二这年的印象，仿佛就是一切都凑合、都挺好。学习上凑合，虽然不如大一，尚且还在前三；课余活动凑合，参加数学建模、物理、英语竞赛，成绩尚可；生活状态尚可，口渴时喝杯奶茶，疲惫时打个小盹儿。大二就如同慵懒的午后，将悠悠花开放于心间，盈香走在夏日，让自己返璞归真，也如闲云，在月光与星光里游走，将夏天的梦一个个拾起，然后，慢慢揉进思绪中。

大三·秋

北京的秋，天空蓝得像一块玻璃，在一声声落幕的蝉鸣里，仔细看了，地上已是有了落叶的痕迹。大三是我们到中关村校区的第一年，也是我的大学里学习任务最繁重的一年。专业课扎堆在一起，每天都是三点一线的学习生活，早出晚归，身心俱疲，这段秋的路程里仿佛唯有萧瑟和悲凉。但辛苦背后，回馈给汗水的是一个丰盈的秋天，播种与收获，付出与所得，希望与实现，这一切仿佛充满逻辑。秋天的色彩是单调的，就如同我的大三枯燥的学习生活；秋天的旋律是深邃的，是成熟稳重的，是深沉理性的，它不像春天那样绚丽，不像夏天那样闲适，却实实在在地给人真实的感觉。保研的同学铆足劲儿学习，考研的同学买好了复习资料，出国的同学准备申请材料，工作的同学开始实习……我的大三，充斥着学习的痛苦，如同秋的寂寥，但细细品读秋天，会发现它带给你的惊喜与感悟。大三，我考了大学课程里的第一个满分。在电磁场的世界里，我惊叹麦克斯韦方程组的伟大；在微波的世界里，我感慨传输线电压电流分布的奇妙；在天线的世界里，我钦佩小小的天线竟然能够辐射如此巨大的能量。大三的课程极大地帮助了我对专业背景的认知，让我明确了自己的兴趣方向。印象深刻的还有在百忙的学习中，每周到中国科学院大学聆听吴一戎院士的学科前沿讲堂，吴院士深入浅出、饱含激情地讲解近现代电子学的发展及重大事记，分析当今电子信息领域发展的前沿动态，教导当代青年大学生具有使命感与责任感，这门课程让我意识到要为祖国科技事业发展贡献自己的一份力量，以奋斗的姿态争做时代的精英。大三结束，电子菁英班的全体同学还一同前往中科院电子所苏州研究院参观实习，在参观游览的过程中我们感受科研文化、了解专业前沿、接触先进仪器、探索学术魅力。

大四·冬

季节的轮子转到了冬。冬天骨子里就很含蓄，不事张扬，它走过了一路的芬芳、火热与喧嚣，最后以谢幕的姿态淡定下来。如同一位沧桑老人，流金岁月历练出来一种刚毅与深沉，坦然应对以前的枯荣兴衰，承受这一切的喜怒哀乐，这可能就是我的大四吧！保研之后，一切都轻松了下来，学习上、生活上没有了任何压力。大四上学期，每周几节零星的课程，构成了全部的学习内容，当然我自己也没有选择闲着，而是联系了导师和学长了解以后的科研生活。大四下学期，开学一个半月是紧张的入学培训，通过培训我学到了很多实际技能，锻炼了动手能力。紧接着是做毕业设计，我人生里第一篇SCI论文也在此期间诞生。毕业设计是我提前融入科研生活的序章，同时也是我大学四年的尾声。大四一年，我还养成了健身的习惯。健身对我而言，不是简单的体能训练，它至少需要将训练、心理、饮食这三个层面相结合、才能够反馈出一种良好的状态，它也不是一个短期目标，而是一种积极向上的健康生活方式。找到最适合自己的训练方法，用心去感受每一块肌肉的运动轨迹和充血后的泵感，同时调整饮食结构，尊重身体的自然生长，我坚信好的身材定会水到渠成。冬天是蕴藏与孕育的季节，既是万物的终结也是精彩生命的起始。此时的我，少了一些浮华，多了一份内敛，少了一些狂热，多了一份成熟，风清气正，厚积薄发。

再见，我的大学

还有不到一个月，我就要毕业了。

望着窗外的余晖，不禁感慨时光如白驹过隙，稍纵即逝。这短短的大学四年，饱含着我人生弥足珍贵的回忆。犹记得，和 Emily、Julius、Sheldon 的十渡之旅；犹记得，和胖清、小楷同游世界公园；犹记得，北湖畔的杨柳姿影婆娑；犹记得，信息教学楼十一点的灯光迷离而斑驳。四年时光，有痛苦，有欢笑，有汗水，有泪光，有迷惘，也有坚定，这些种种，见证的是我从青涩到成熟的蜕变，此刻化作的是一种无形的力量，让我变得更坚强。我要感谢母校，大学教会我的不仅仅是专业知识，而是如何生活和做人。越努力，越幸运，不要等明天向我们走来，让我们走向明天吧。有时，我们却都像那没有伞的孩子，时时都必须保持着努力奔跑的姿态。那么，与其探索世界到底有多大，不如思考自己的心到底能有多宽。也许世界的模样，也只不过是心底的倒影；世界的美好，更是来自那份心地的光明与悲悯。我们可以在烦恼中经过，但却不能在烦恼中迷失。

还有不到三个月，我也即将踏上新的征途。

我知道，博士的道路一定不是一帆风顺的，等待我的将是如大山一样的科研难题，陪伴我的或是生活和心理上的压力，即使生活不易，即使论文仍遥遥，但总有一天，论文会有的，面包会有的，诗和远方，也不是幻想。人生重在选择，但无论如何选择，只要是自己的选择，那就根本不存在对错与后悔。在选择前，有一张真诚坚定的脸，在选择后，有一颗绝不改变的心。

人生一战·人生一站

自动化学院　杨启霖

四年时光匆匆过去，一切恍若隔世。前几天是高考，如火如荼。很喜欢那篇文章《高考：人生一战，最终不过是人生一站》，其实大学一战，又何尝不是人生一站？起早贪黑学习、忙忙碌碌比赛、辛辛苦苦考试、背水一战保研、胆战心惊答辩，每一场事先预想的轰轰烈烈，都不过是回头看时站牌一般的似水流年，都只是自己的臆想，是自己一个人的兵荒马乱。

一、咫尺愁风雨

2015年9月，自己有幸以国防生身份考入北理，成为北京理工大学的一员。初入北理，对一切都感觉新鲜，却也总有一种不舒服的感觉，我知道，是心病，是固执地认为自己录取分数低，自己本不属于北理。

（一）坎坷艰难

大一军训，国防生被单独划分为三十一连参加军训。现在的我清楚地知道这样划分只是为了便于军训管理，可当时的自己却固执地认为是因为国防生是"异类"，是有别于普通学生、低人一等的存在。然后是心理上的各种不适及对很多事物的排斥。

仍然记得入学军训时，自己站在第一排，是那种连报数都会哆嗦、连简单的阿拉伯数字"八"都死死卡在嗓子眼里喊不出来的自卑；第一次国防生大会，区队长们给我们上军事课，我被点名不守纪律，弱者心态、一点就炸，我竟当面跟他顶撞了起来。

那是我最低谷的一段时期。曾打电话向高中同学、老师倾诉，但更多时候还是自己一个人默默地承受，夜晚熄灯后的操场一个人徘徊、咀嚼悲伤的滋味，在黑暗中摸索、积蓄力量。自助者，天助之。很多时候，到达谷底，就意味着，要触底反弹了。

（二）否极泰来

自己终于接受了这样的安排，开始踏踏实实地投身日常的训练和学习生活。不知为何，国防生体能训练给了我最初的自信，体能成绩我一直保持区队第一的位置；有点小骄傲，大一上学期的许多课程我竟觉得不十分艰难，最终收获了二等奖学金的学期评比，给我莫大的鼓励。

参加社团和学生组织活动也让我结交到更多的小伙伴，和他们的接触，让我开朗了起来，投身科创比赛，给自己打开了一扇窗户，也恰逢班主任带我们参观实验室，引我走入科研的世界。

一切的一切都建立起我欠缺的底气，而最后的学期测评告诉我："你并不比别人差"，我才幡然醒悟。阳光驱散了阴霾、甘霖消解了枯涸，我有了直面未来的勇气。虽然国防生身份仍有些惶恐，但或许给我一个低的起点，是想让我用四年时间去奋斗出一个绝地反击的故事，我这样想。

二、不食人间愁滋味

有大一的成绩给自己打气，我开始四面出击，挑战想象中的不可能。以兴趣为支点，选修轮滑课、阅读民国大师等课程；发力竞赛，参加 3D 创意设计、结构设计等比赛；培养艺术细胞，新烛读写社、瞭望杯、国图新年音乐会留下我的脚步；承担责任，勤工助学、志愿者、国防生大队学习部等有过我的身影。

（一）四旋翼无人机的羞涩

迈出封闭自我的第一步，我响应学院号召积极组队参与大学生创新创业活动。在宣讲现场"左顾右盼""交头接耳"，最终找到志趣相投的很好的小伙伴，开始自己的第一次大创活动。平心而论，大创的过程中组队进度有些拖沓，小组间的合作也偶尔龃龉，但在大家的共同努力下，最终还是取得了不错的结果。

（二）"阅读民国大师"的愉悦

为弥补自己没有"大学语文"课程的遗憾，我选修"阅读民国大师"课程。有幸结识了红茶老师，她是我一辈子的良师益友。在姜老师的邀请下，我加入了"认真吃饭才是正经事儿"的大家庭，养成了每晚写字打卡的好习惯，直至今日。很骄傲工科四年能够在文学的世界遨游、在写诗的年纪不至于因为学科而太对不起自己。

（三）学生事务中心的忙碌

探寻自己的多种可能，我报名学生事务中心的小秘书值班。付老师让我负责助学贷款、大学生士兵服役等事项，与自己贫困生、国防生身份恰为呼应。这份工作让我了解到学校相关的资助事务流程，也让我交到很好的朋友，在之后的大学生活里可以倾心相对。

（四）理学楼外月光下的泪水

参加结构设计比赛时，自己是和机械学院的漫福同学和戈舟同学组队。不夸张地说，我在"打酱油"，基本都是他们动脑我打下手的情况。在比赛前后，大家都有很重要的考试来袭。崩溃的感觉像潮水般涌来，那天走出理学楼 B，顶着皎洁的月光，泪水不争气地掉了下来。队友的沉着稳重也让我看到了更高的境界，让自己可以向更高层次的人看齐。

三、咬定青山不放松

步入大三，赛程过半。翻看前两年的成绩，纯成绩和综测排名不断向前，从大一上学期的第三十八名到大二下的第八名，自己内心有些许的欣慰。但同时也感觉到更多的压力，原来在不知不觉中已经有了自己的小目标，便在心里暗下决心——要保研。仿佛孤注一掷，又或许只是简单地想确认一下自己到底行不行，没道理地选择国防科大作为自己要去的地方。只是当自己做出这个决定的时候，就应该想到，要用更多的汗水来抹平大一时候与 15% 的差距，大三的日子注定孤寂。

（一）不放弃

和基础课程形成对比，大三以自控课为首的多门课程明显不对自己的胃口，难度大，没兴趣。当只剩"坚持"时，生活便成了黑白色。在努力考高分的同时，自己还要协调好诸如交流访学、党支部任务等同样重要的非学习事务。实事求是地讲，搬到中关村后，自己的拼劲少了许多，所幸仍能做到图书馆关门后转战信息教学楼，11 点半再回宿舍。

（二）不抛弃

保研前一周，风云突变。说它改变了很多人的一生也不为过，当个人命运和国家命运相连，一纸公文足够千钧之重。政策允许国防生选择面向社会分流了。我的选择是：不分流。因为自己从未考虑过离开军队，我好像已经爱上了这身军装。吃饭时候我还跟老崔开玩笑说："我说有感情了，你信吗？"老崔说信，人各有志。是的，当初的自己还有些执拗地不想"原谅"某些人，现在想来，确实是人各有志，强求不得。

四、原来姹紫嫣红开遍

仿佛刀枪入库、马放南山，当保研的事尘埃落定，仿佛一夜之间卸下所有担子，自己有些无所适从。那扑面而来的迷茫空虚，只有自己亲身经历过才能体会。而今钟声敲响，回首我的大四，终于懂得所谓的"幸福生活"，不过幼稚如此。

（一）天天赛过年

大四上学期，正是考研同学攻坚克难的重要关头。老师也有意放宽纪律，为考研同学送上一波渺小的助攻和衷心的祝福。这就为我"划水"大四种下隐患。很多的时候，是别人考研我玩耍的状态，也曾惴惴不安过，但终究还是惰性战胜了理智。这就是我从良乡疏桐520早睡早起搬到中关村新一945"躺尸"一整天的大四"快乐"生活。

（二）温水煮青蛙

理想照进现实，内心冰冷刺骨。所谓的"享受生活"，不过是每天躺在床上刷剧、听歌、打王者荣耀。无聊至极。也有不多的正能量时间，约同学打球，去外面游玩，每周仍能给父母打电话问候等。想起入学之初李楠学长的话："大一不知道自己不知道；大二知道自己不知道；大三不知道自己知道；大四朝花夕拾。"

五、总是关山旧别情

思绪回到现在，毕业季钟声响起。这四年，收获了经历、收获了朋友，也懂得了真正的离别，没有什么长亭古道，没有什么劝君更尽一杯酒，只是在一个寻常不过的清晨，有人留在了昨天。

（一）一辈子的好朋友

闭上眼睛，往事在脑海中幻灯片一样循环往复。不想说北理再见，见过了春日夏风、秋叶冬雪，踏过了南水北山、东麓西岭，还是北理的四季春秋最沁我心脾。学生事务中心的师兄师姐、澳国立访学的皓哥、国防生中的兄弟……逝去的种种，帮助也好，伤害也罢，让我渐渐地成长，成了现在的自己。

自己是一个相当固执的人，除了皓哥、欣姐、贞哥、平哥等极少数，我是不愿意对别人以"哥、姐"等相称的，相当反感和排斥。看过电影《千与千寻》，我怕，把名字改了，就找不到回家的路了。大学中的好朋友们，真诚地对你们说一声，谢谢。

对比深夜的酒，我更喜欢清晨的粥，酒是苦的，粥是甜的，生活都是自己选的。四年的时间，对于不好的经历，我持沉默态度，不谈原谅，不谈宽恕。这样的事情，放过自己是最好的选择。又或许是早就放下了吧，而对于自己的年少轻狂、横冲直撞、冒犯别人，我在此郑重道歉，往后有缘再去弥补吧。

（二）当我和世界初相见

老师说过，这个时候的我们，所忧者无非前程，所虑者不过父母。涉世未深、空如白纸的我们，要记得把生命中重要的位置留给合适的人，不要去强求，握不住的沙，不如扬了它，还自己一份潇洒。要知道强扭的瓜，不甜。

倚楼听风雨，昨日种种仿佛历历在目，却真真切切成为回不去的过往。当情绪漫上心头，要学会去控制它，让这股力量为我所用而不是任它驱使。夜深人静，午夜梦回，常会想起。谢谢曾经陌生的你，或许直到今天，我仍记不起你的名姓；谢谢已不再陌生的你，与我一同胡天胡地，让我拥有了更多彩色记忆；谢谢变得陌生的你，在某个闲暇安静的瞬间，关于你的细节我会常常记起。

回到良乡，近乡情怯。最好的永远在记忆里，当物是人非，当过往烟消云散，便不属于自己了。叶散的时候，你明白欢聚；花落，我懂了青春。站在大学的尾巴上，珍惜现在的每一天，再多开一句舍友的玩笑，再多看一眼中教的灯，再多走一走校园的路。愿多年后自己翻看前生，有满足的点点滴滴，愿多年后的自己仍能拥有一双清澈的双眼，告诉自己你曾是少年。

不积小流，无以成江海

自动化学院　张　辰

"不积跬步，无以至千里；不积小流，无以成江海。"

大学四年的学习生涯，让我渐渐明晰了积累的重要性，所谓厚积薄发，当一个人的积累足够厚重的时候，那么成果往往会接踵而至。

一、清泉石上流

"明月松间照，清泉石上流。"

刚刚来到大学的时候，其实每位同学起点都是一致的，我们也都会经历一些相似的历程，可能会是军训时烈日下的暴晒，可能会是学习课程时的困倦，更多的则是对大学生活的适应。就我而言，我其实在刚入学时，经历了一个很长时间的适应期，从适应食堂、适应上课的时间到适应和同学的相处，其中最难以适应的应当是对未来的迷茫了。

与高中在老师带领下的步步为营不同，大学为我们提供了一个更自由也更广阔的舞台，并期待着我们能在其中发光发热。我深知这个道理，但却也难以掩盖我对自己将来要干什么、要做一个什么样的人的疑惑。带着这样的疑惑，我开始尝试一些或者与专业相关，或者能提升自己能力的事情。

从同学那里知道了学校设的课外实验选修课，带着试一试的想法，我选修了一门关于四旋翼飞行器的课程，一开始的初生牛犊不怕虎并没能持续多长时间，而后我就发现这件事情好像已经超出了我的能力范围，并且我似乎并不对这件事有多大的兴趣，于是中途放弃了，后来也再也没碰过与四旋翼相关的事物。不过很幸运的是碰到了这门课的任课人刘伟老师，他对事物一丝不苟的精神让我知道应该把每件事都做好，做到极致。

后来机缘巧合进入了一个与科创相关的学生组织，在那里我遇到了形形色色的人，我的尴尬的交流能力渐渐好转，管理能力也得到了一些提升，最终在部门担任起了部长，协调同学的分工。很幸运能够与这些人相知，让我大一大二的时光没有那么单调。

曾参与的一些志愿活动，使我从不同的方面认识了我们所处的社会。印象最深刻的是在一个夏令营中充当教师的角色，在孩子们中斡旋真的不是那么一件容易的事。而那些体育活动，则使我认识到体育竞技的魅力。从篮球比赛到乒乓球比赛，我充分感受到了同学们的集体荣誉感，也知晓了如何正确地对待对手对自身的冲击。

在 C 语言编程实践这门课程中，我渐渐发现我对于编程和算法的热爱。相比于一些同学在编程时的痛苦不堪，我更沉浸于用代码实现自己想法的喜悦。赵丰年老师的循循善诱，让我意识到我可能真的更适合做一个算法的追随者。

二、河流未到海

"河流未到海，平陆皆惊湍。"

知道了自己对哪些东西感兴趣是一件好事，这让我在学习的时候有了更明确的方向。我开始学习一些与计算机相关的课程，并花费大量的时间进行练习。但很多时候，我都没有一个具体的目标，只是说要变得使知识更丰富。所以这个过程相对来说显得繁复、索然无味，但也是这样的一个过程造就了我在后面的科研路上的沉稳。

直到大二下学期的暑假，我看到了一个关于棋类 AI 的比赛，这种算法和游戏相结合、类似与体育竞技的形式激起了我的兴趣，于是我决定尝试参加一下。真正上手的时候，我才发现其实这个比赛并不容易，我需要学习很多之前没有接触过的算法，在快速的学习后将他们用自己的方式实现出来并用于自己的 AI 中。时间的紧迫让我经常早上起来就开始阅读文献，尝试编码，直到深夜才停下来。虽然偶尔感觉到喉咙被命运所扼，但这种专心为一个目标的认真让我感到享受，我享受这种纯粹与无忧无虑。

比赛过后，我取得了不错的成绩，我想我应该将我所做的努力写下来。这鞭策我去看更多的论文，去学习怎样写论文。后来经过一个多月的缝缝补补，我将我比赛中所提出的算法撰写成文，投到一个与游戏 AI 相关的国际会议上。很高兴第一次在论文写作上的尝试就被认可，这是我第一次经历做科研到出成果的全过程，也使我之后在做工作时更加有动力。

AlphaGo 横空出世，人工智能受到了身边人越来越多的关注。而我则开始思考怎样将他们的算法结合到自己的游戏 AI 中，在看了许多人的分析以后，我经过两个月的努力，成功地将 AlphaGo 的算法给复现了出来。在大三下学期的暑假，我带着我全新的棋类 AI 再次征战赛场，最终夺魁。

其间我参加了学校的机器人队，那些在体育馆地下室的日日夜夜以及在山东备赛时的日夜让我现在回忆起来，都觉得热血涌动。很巧的是，机器人队的指导老师正是我大一时认识的刘伟老师，他与我们一起讨论、一起备赛，在那时我从他身上学到了很多，关于团队、关于责任感。

后来我渐渐对自然语言处理生发了兴趣，并开始学习和理解自然语言处理领域的一些应用。

在班主任汪湛清老师的指导下，我参加了国际大学生类脑计算大赛，那算是我第一次将我所了解的自然语言处理运用到实际的项目中。我们所作的古诗生成系统能够从一个画面写出一首诗来。在其中，我感觉我的代码能力得到了提升，与此同时对一些以往懵懵懂懂的概念也更加清晰了。

然后我顺利保研进入了实验室，在大四的时光继续关于自然语言处理的相关工作，读论文、查资料、看源代码，这些过程也逐渐变成了学习生活的一部分。虽然实验室的生活是劳累的，但偶尔与同学们在操场跑步，约着两三个人在自己所热爱的羽毛球场挥洒汗水，我感到充实，也使我觉得，生活就是平淡如水，偶尔酸甜苦辣。

三、百川东到海

"百川东到海，何时复西归？"

到了现在，眼看着本科生涯就要结束了。我很骄傲，可以说我现在做到了厚积薄发，甚至于大四开始时立的要发一篇领域内顶级会议的目标也实现了。可是我接下来又要做什么呢？

学海无涯，我想我应该继续维持厚积而薄发的精神。现在回过头来看，我所取得的成就没有一项不是我以前期大量的积累所换得的，我的算法往往源于阅读大量论文和源代码而受到的启发，我论文中所阐述的创新也皆是我细心观察生活的凝练，至于那些零零散散的奖励，也都是我挥洒的汗水。

又或许，我应该尝试一些新鲜的事物，那些我仍然有所欠缺的地方。我发现我更倾向于个人的工作而非团队的协作，我也知道我的基础尚有许多不足的地方需要我去弥补，更多地，也许我应该厚积而厚发，在领域的前沿做一个弄潮儿、一个领路人，为推动领域的发展做出自己的贡献。

不积小流，无以成江海

　　我想做这么一个可以推动领域发展的研究者，我也想做一个热血的工程师，我同时也是一个社会中的人。我是家中的一员，我是学校的一名学生，我是领域内一名年轻的研究者，我未来也许会是需要担起家庭责任的人。而这些东西，我在本科生涯都有些许的忽略。

　　作为家中的一员，我是否应当为父母分担一些忧虑？作为学校的一员，我是否应当为学校的发展出谋划策？作为一名年轻的研究者，我是否做的每一项研究都对领域有所裨益？作为一个需要对家庭负责的人，我是否做好了准备？种种这些，我希望自己都能在未来加以思考、得以提升。

　　我希望自己是一个有责任感的大人，也是一个有趣的大人。我喜欢在路上碰到同学时不由自主地笑，我喜欢在和同学侃大山时的"空中飞牛"，我喜欢和同学交流自己对于领域发展的认识，我多么希望在我想到一个自己认为精美绝伦的点子的时候与别人分享，即便我说不清楚，即便别人听不懂。

　　大学成就了我，也是我的一个起点。我将以全新的自己去面对未来，面对未来的欣喜与痛苦、坦途与挑战。

　　清泉石上流，是山间的清泉刚刚生发，是期待，是探索，是跃跃欲试；河流未到海，是茫茫天际下的涌动，是平淡，是积累，是一路向前；百川东到海，是注入洋流的欢快，是喷发，是喜悦，是回首顾盼。这以后，我们不应当停止不前，何时复西归？是总结，是期望，是苦海作舟。以前的我期望成长，而现在的我希望我能够最终成为一个自己佩服的人，一个有责任感、有趣的研究者和大人。

我与我的大学四年

计算机学院　郭振宇

时光荏苒，日月如梭。我已然在北理度过了四年，本科阶段的学习和生活也即将画上句号。回顾往昔，我遇到了很多人，经历了很多事，有的令我愉悦，有的令我悲伤，有的令我闲适，有的令我紧张。这些种种，无一不在记忆的长河里流淌着，在积淀之后给予我教诲，激励我不断成长。

如果说，人们用大学四年的时间谱写了自己的一首诗，有的人叙事，有的人议论，那我想，我大概撰写的是一篇散文诗，遇见不同的人，有着不同的解读方式。

一、相识

与大多数散文诗相似，我的大学伊始是朦胧地展开的。

2015 年的初秋，我怀着兴奋而又忐忑的心情迈入北理工。兴奋的是，我以为我可以抛下高中时的阴霾，在大学开始一段真正属于自己的时光，可以自由地奋斗；忐忑的是，我即将面临的是一段崭新的命运，无从预知、无从回头，我不知道自己能否在这个优秀的环境中赶上潮流。德育开题时的我，为自己立下了一个目标——用"不在云端"的勇气走过四年。

与此同时，是一群同学和环境的相识。

大一时的我，怀揣着对于新环境满满的好奇心，结识了许多同学，不管是班级同学，还是学院同学，似乎我都努力地去认识大家。然而，初识总是伴随着跌跌撞撞的失误，由于对自己的现实情况认知不足，对自己能力的认识也不到位，我大一一直在幻想中度过，并没有获得什么实际的进步。与室友之间也是分分合合，没能把握好宿舍内环境的张弛有度，使得自己一度处于尴尬的地位。同时，我也逐渐从"大学就放松了"这样的魔咒中逃脱出来，认识到成绩依旧是分数制，科目的分数才是大学四年最能拿得出手、最能够被人们认可的东西。大学还是那个学习的地方，努力依然需要找到方向。渐渐地，我对于大学有了一点点认识，缓缓走向按部就班学习的正轨。

二、相知

　　匆匆一年，我来到了大二，但是我却因为大一的一些事情感到烦恼，似乎无暇顾及大二的规划。回想起自己大一的生活和刚入学时的幻想，我感受到了很强的悔恨，同时也对自己的未来抱有无限的悲观，似乎，我就这样迷惘下去，混过四年，步入社会工作。

　　好在，我选择了与辅导员进行交流，与心理咨询室的老师进行交流。他们以自己的亲身经历告诉了我许多，我意识到，认清自己往往比认识别人更加重要，对自己有充分的了解，明白自己的能力所及，才能规划好前路，才能有不以物喜、不以己悲的豁达。和别人相处也是这样，如果能增进友谊，那固然是好事，如果不能，那也应该从容应对。我渐渐地学习到了知行合一的重要性，主动融入大二的学习和生活中。我也开始主动经营起自己的人际关系来，与室友们逐渐相知，不再无节制地扩展自己的朋友圈，转向培养自己的挚友。在整个大二时期，我似乎回到了大学生活该有的节奏上，对于每门课程都认真地学习，专注于教务处上安排的考试。总体而言虽然成绩不是拔尖水平，但保持稳定，没有出现大一时候那样大幅的变动。也正是大二时，我才真正认识到了大学的面貌。相比其他同学在大一时就立下的保研、出国等计划，我却一知半解，直到大一一整年的成绩出来，我才后知后觉到攻读研究生的途径，开启了保研的计划。

　　在前两年里，我虽然加入了学生会，也在班级担任班干部，但依然会抽空去阅读一些课外的书籍，但是很遗憾，由于我自己知识储备的原因，包括单片机在内的一些书籍我需要花费大量的时间去学习，并且由于缺乏具体的实验支持，我很快发现自己力不从心，没有多余的时间去研究。再加上自己专业课内并没有与之相关的内容，因此开始怀疑自己的兴趣方向是否在这里，学习这些是否对自己有帮助，最终遗憾地放弃了。

　　大二一年，是与大学生活的相知，是与挚友的相知，我感慨于自己当年的学习动力，甚至羡慕那时候的激情。但是我也明白，空有激情是不够的，更重要的是学习的方法和策略，只有这样才具备将激情转化为知识的能力。

三、相容

大三一年最令人难忘的，莫过于每天程序性的课业压力了。但与此同时，我面临的是各种课业之外的事情。

在本科的前三年，我的内心一直都无法摆脱高中延续而来的自卑阴影，并且似乎已经养成了一种习惯。我不敢对事情抱有太多的想法，甚至会因此放弃一些机会。在日常生活中，我会看到许多比自己强大的人，从而更容易加剧自己的自卑心理，导致做事的时候畏首畏尾不能做好，并从此形成恶性正反馈，最终习惯越来越严重。直到大三，我经历了一重又一重的考试，还有一项又一项的大作业，每一次都会在中途发现这个任务并不那么简单，但每一次都会通过一份又一份的资料查阅中发现攻破问题的小技巧。这样循环往复，我的信心逐渐增强，即使遇到难关一周都没能解决，我也不像大二的时候那样轻易放弃，咬咬牙关，向老师或者学长们寻求帮助，最终成功地将大三的专业课踩在脚下，完成了各项老师要求的任务。

在这一年里，我最大的收获不是完成了教务处安排的课业，而是在这个学年里将心头自卑的阴霾扫去一些，同时提高了自己的自觉能力和自控能力。

另外，大三一年我也延续了大二的为人处世，尤其是在这样一个未来的分岔路口上。我逐渐地融入了大学生活中，在承担班级和学院事务的同时。我也逐渐明白，与人交往过程中，"矛盾"的重要性，与其一味地谦让，消耗自己来维护友谊，不如及时放手，把这份功夫用在更值得的人身上。每个人都是不完美的，我没必要去包容身边所有人，更要提防自己在学习和生活中轻易地被别人利用。如果能成为朋友，那么固然是好事，如果不能，那么至少为彼此都保有一份尊严。

四、相望

大三到大四，我们所有人都经历了一件重大的转折，那就是毕业的计划。我成功地搭上了保研的顺风车，能够在毕业后留在本校继续攻读学术型硕士。我也非常幸运地成了礼欣导师的学生，得到了她的认可。

在接下来的一年，为了能够顺利地毕业，我谨慎地进行着毕业设计。初选毕业设计课题时，我自以为是一个非常简单的题目，甚至一度以为能够提前很多时间就完成。但在实战过程中，我第一次品尝到了学术钻研的艰难——面对庞大的数据集，我需要想办法进行获取；面对成千行的代码，我需要一点一点去研究；面对全英文的资料，我需要一个词一个词去研习；面对自己完全没有经验的编程环境，我需要一条语句一条语句去习惯。我甚至一度认为，自己的毕业设计无法达到当初开题时立下的高度，但在老师和实验室前辈们的帮助下，我最终完成了毕业设计，并且以 88 分的成绩拿下了答辩。

在毕业设计的过程中，我意识到自己当前最大的问题是思维角度的转化，我习惯于使用传统的、先验性的知识去处理当前的问题，如果在做这件事的时候，我看不到它的结局，或者能够昭示结局的信息，我可能就会缺乏信心，丧失激情，因此失去动手开始做的动力。对于我所熟悉的工作，那我可能会完成得非常迅速，而对于陌生的领域，我常常瞻前顾后，踌躇不定，害怕自己捅出篓子，这将会是我今后需要改善的问题。

大四一年，我更加珍视身边的朋友，珍惜每一次和大家一起开展活动的机会。不管是我的同学，还是我的挚友，我们一起经历的四年，是无法在历史上抹去的印记。他们教会了我很多做人的道理，不管我们曾经的关系是好是坏，我都会把这段记忆铭刻在内心，作为人生的一块拼图保留下去。

现在，我站大四这样一个过渡阶段，回望四年本科生活，瞭望三年研究生生活，我期待着能够遇到更多人，经历更多有趣的故事。

大学四年是短暂的，如白驹过隙，稍纵即逝；大学四年又是绵长的，留下了太多太多的情愫。我想对我生命中遇到的每一位都心怀感激之情，因为有你们的身影，我的四年熠熠生辉。

德育答辩——我的大学

计算机学院　蒋浩然

光阴荏苒，四年的本科生涯如同白驹过隙，匆匆的让人以为开学恍如隔日，依稀记得曾自豪于开学典礼上优秀学生代表那句"北理是中国红色工程师的摇篮"的豪言壮语，曾激动于行走在中国人民抗日战争胜利70周年阅兵阵中带有北理基因的装甲部队，曾兴奋于三位北京理工大学教师被增选为工程院院士的消息。那么在这样一个优秀的"双一流"大学生活里，我的大学生活又是如何呢？

一、初识大学

（一）大学的三点一线

记得德育开题的时候访问过2006级学长曾海，他说大学就是三点一线，三点是学习、实践、健康，一线是实事求是的心。

1. 理论学习造基础

人的学习是一种生而有之的责任与权力，没有学习，上古人类也就不会走出黑暗时代，也就不会有今天灿烂的世界。学习教会我们思考，教会我们在面对难题时，如何最有效地解决问题，教会了我们如何用一套严谨、完整的逻辑去看待社会上的方方面面。

学习带给我们的不仅仅是一纸文凭，更多的是让我们成长、进化、思考，从而不断地完善自我，脱离乡愿，进入更高的精神层次。大学的理论学习很枯燥，但却是做任何事情的基础。万丈高楼平地起，地基决定着我们未来为自己这座大厦添砖加瓦的厚度。

2. 实践工作出真知

实践是检验真理的唯一标准，"读万卷书，行万里路"，实践才能出真知。知识是学不完的，倘若仅仅读死书，我们是适应不了这个变化、复杂的社会的。读书、学习好比练内功，实践好比修秘籍。空有一身武功，却不知劲往何处使，无用。

能力带给我们的是更好地融入这个社会，加速我们从象牙塔的天真向着社会人的成熟转变，使得我们更加适应社会的需求。因为公司需要的是实用性人才，而不是满腹经纶的书呆子，通过大学里的多次社会实践、学生工作、实习工作，我也算是通过实践逐步完成从大学生向合格社会人的转变。

3. 运动健康是根本

毛主席曾说："身体是革命的本钱。"不仅如此，健康的身体也是享福的本钱。倘若，因为学习，锻炼能力，透支了自己的身体，哪怕最后站在了世界巅峰，又有何用？好比耀眼的流星虽美，湮灭过后，却给世人留下无尽的遗憾与感伤，唯有永恒的月亮，在黑夜给人以温暖。

只有具有良好的身体基础，才能健康工作五十年，才能为中华民族伟大复兴之梦而贡献自己最大的努力。

4. 实事求是理工魂

如果说大学里让我最难忘的一句话是什么，唯有"实事求是，不自以为是"。我认为这也是理工灵魂所在。按照事实说话，真诚待人，绝不弄虚作假，固然有的人可以通过谎言、欺诈横行一时，但唯有诚信、尊重才能盛行一世。

不自以为是，千古多少豪杰败在"骄傲"二字上，永远看到自己的不足，永远正视自己的弱势，永远将自己身段放低，永远谦逊。当我们自满时，一定要仰望天空，看看自己的渺小，然后埋头做事儿，一步一步去实现自己的梦想。

二、大学成长

（一）学生工作

在北京理工大学学生社团联合会的学生工作贯穿了我的整个大学生活，可以说是社联是我大学的第二课堂。

1. 有趣的灵魂在奋斗

社联本质上是一群有趣的灵魂在一起为了一个共同的目标去努力，这里没有上下级、没有对手、没有明争暗斗，只有一群做事儿的人。很庆幸自己在大学之初加入了社联，才铸就现在的我。

社联的价值观是专业、激情、沟通、利他、内驱力。利他是根本，利他是一种兼济天下的事业心，是一种服务众人、设身处地考虑问题的处事心，是一种正能量的传递。利他之心告诉我们做事儿的时候不要考虑自己的利益得失，而是以集体利益为先，怀着利他之心。

2. 社联家文化的初思考

家文化是我在大学首次接触的概念，第一次接触到只觉得温馨，这里就像家一样给人以温暖。每当我在理论学习或者生活出现困难的时候，回到社联就能消除这些不良情绪。每当别人伤心难过的时候，我也能主动地上前关心，排忧解难。

家文化给了我温暖的港湾，给了我坚强的臂膀，让我能在大学中不断成长。

（二）初入社会

在大学里我第一次正式长期地接触社会，是我在腾讯公司实习的那段时间。腾讯是一家优秀的互联网公司，腾讯的产品也伴随着我童年至今的成长与生活，在这样一家公司我又学习几何？

1. 家文化的再思考

腾讯家文化与社联的家文化类似，腾讯的氛围真的很好，大家见面很和谐，融入度很高，在这里工作非常安逸，但是这也滋生了得过且过、刻意追求等问题，缺少了奋斗时刻的拼搏，大家都非常有安全感，因为项目失败也就打散重组，少有裁员，这就容易懈怠，失去对问题、危机的敏锐度；反观一些狼性文化的组织，大家都缺乏安全感，所以都时刻充满警惕，保持对周围环境的敏锐度。

真正的家文化是心心相印的文化，是待人如家人的处事方式，彼此沟通无障碍，无隔阂；我可以直截了当地指出你的问题，你也可以对我劈头盖脸地批评，只是对事不对人，大家不会因为互相指出问题而怀恨，而是感激；不会因为表面和气，嘻嘻哈哈而高兴，而是痛心。这才是真正的家文化，也是我觉得在人际交往中真正需要提倡的心态。

2. 修补失衡的心态

经过实习我发现了自己最大的问题——总是将目光局限在一个人的缺点上面，这造成我在与人交往中，我总是先看到别人的缺点，然后脑补出对方如何不堪。先把别人看扁了，导致自己容易谜之自信，喜欢把一个复杂的问题说得很简单，然后到自己落实的时候，发现根本不是这个样子，结果让人失望，最后对自我也产生了怀疑，然后不断地贬低自己、批判自己，又造成了内心的负面情绪滋生，最后在这个循环中，越发失了智，越发愚钝，越发堕落，这段经历构成了我高中、大一至大三的样子，直到近期不断地自我反思，在今天终于想透了这个点——为什么我越努力，越发焦虑？为什么看着很简单的事情，自己做不好？为什么想要改变自己，却总是回到原点？因为心态，你看到的是你想看到的世界，就是你内心的世界。这其实也就是家文化的延伸，我没能将他人真正视为自己的家人，而只是同事、路人，所以我才会有这么多的疑惑，这么多的烦恼。

三、大学记忆

（一）未来思考

转眼间大学就要毕业了，我毕业的时间点很特别，正赶上互联网浪潮退去之时。

1. 中华民族伟大复兴

毛主席带领中国人民崛起，邓小平带领中国人民富裕，现在这个时间点，习大大将带领中国人民强大，实现中华民族伟大复兴之梦。作为公民的我，只有贡献出自己的一份力量，为中国梦而努力！

2. 中国制造2025

制造业是国家经济建设的基础，而产业互联网，是制造业互联网，人工智能、制造等提升产能，最后满足用户的个性化需求。由产业互联网的东西直接定制出用户所需东西，交付到用户手上，也贴合中国制造2025的进程。

在这个互联网浪潮退去，孕育下一波新的浪潮之际，我也将投身互联网经济建设之中，用我的精力与微薄的智慧去添砖加瓦。未来五年，就是奋斗的五年，究竟是潜龙在渊一遇风雨便化龙，还是沉沦在社会发展的浪潮里无法自拔，全靠个人本事。但我相信，经过我在北京理工大学这样一所优秀的"双一流"大学四年的学习，我有足够的能力去成为中国经济建设里的一条蛟龙。

四年匆匆而去，未来可期，聚是一团火，散是满天星。北理好儿郎，我们在精彩的未来相见！

每个人都是自己的盖世英雄

化学与化工学院　李佳珍

　　何为大学？有容乃大，大学为学。转眼即将离开北理，告别以前少不更事的自己，良乡东路的日子让我看到、听到、学到、成长了许多。

一、克服自卑

　　《史典》中有句话："自信者不疑人，人亦信之。自疑者不信人，人亦疑之。"我来自山西省运城市的一个小县城，军训的时候注意到周围的人能歌善舞、多才多艺、落落大方，而我性格偏内向，才疏学浅，不免有一点点自卑，尤其是在体验了几乎每名大一新生都会经历的"百团大战"之后。刚入学的我也像身边人一样加入了各种面试之中，一直惧怕这种场面的我心跳加速、双脸发红、语无伦次，与其他同学落落大方的表现相比，更加剧了我的自卑心理。面试完便是国庆长假，在对自己面试表现不满和想家的双重感受下，我甚至向院报投了一篇《我有所念人隔在远远乡，我有所感事结在深深肠》的文章大诉心情。然而国庆结束后竟然收到了面试通过的短信，顿时又觉得生活充满了光明，自己之前真是太悲观了。恰巧之后看到"如果你没有别人所拥有的一些好的条件，但你们最终来到了同一个地方，那说明你更优秀"，我知道这句话并不客观，但是它确实在一定大程度上消除了我的自卑心理。每个人都有自己的优势和不足，为什么要自卑呢？再加之我的三个室友经常告诉我要自信，无所畏惧，不知不觉间"不要怂，就是干"竟成了我的口头禅。

　　我知道一定有人会像我一样曾有过自卑心理，或是因为容貌，或是因为家庭，等等，改变这种心态一方面要靠自己的鼓励，另一方面则要靠提升自己，实现质的改变。张爱玲说过："读书多了，容颜自然改变，许多时候，自己可能以为许多看过的书籍都成过眼烟云，不复记忆，其实他们仍是潜在的，在气质里、在谈吐上、在胸襟的无涯，当然也可能显露在生活和文字中。"所以读书是提升自我的一种有效方法，近些年来的《中国诗词大会》《成语大会》《朗读者》等节目，让我们深刻体会到了"腹有诗书气自华"。因此，想遇见更好的自己，我们不仅需要读专业书、学专业知识，还需要走出自己的圈子，去体会、学习未曾涉猎的领域，丰富自我，发现不足并正确对待，而不是妄自菲薄。

二、敢于尝试

在这四年里，误打误撞做了一些事情且有所收获，我渐渐发现很多事情并不像表面看起来那么困难和复杂，敢于去尝试，就会发现自己的潜力无穷。

大一时，我在室友的怂恿下和她一起报名辩论赛，虽然比赛时候我没有像自己之前幻想的那样据理力争、头头是道，我们所在队伍也没有取得荣誉，但是这一次辩论赛为我打开了一片新的世界，我看到了学长们尽心尽力帮助我们的热心和责任感，看到了对方辩友身上的自信，看到了一件事物往往都有两面性。从那时候起，我知道了其实一些事情不在于最终结果而在于过程中学到了什么。

还有刚入学时候竞选团支书，说实话，当时不知道哪来的勇气就想去尝试一下，觉得既然来到了大学就去尝试一些没有接触的事情。因为担任团支书，我经历了许多第一次，第一次开完支书例会通知班级同学各项事务，第一次与班长准备班级见面会，第一次组织团日活动，第一次为班级评奖准备材料，第一次发现自己原来可以为班级做许多事情，第一次知道自己有能力做好从未做过的事情。除此之外，在大二时担任了化学与化工学院化学爱好者协会副部长，同样经历了许多第一次，第一次筹办新生化学挑战赛，第一次带领学弟学妹们完成工作，当然这些活动让我充分认识到了自己经验不足、考虑不周，还需努力。

第十三届世纪杯时，为完成学院对每个班级提交项目的要求，我报着充数的心态，提交了一个想法，从未想过可以通过审核，于是我又经历了人生第一次的答辩，当时室友还特地来报告厅给我加油，我成功地完成了一次在评委面前的答辩，虽然最终也只得了三等奖，但是给我最大的收获不是奖项，而是这一次尝试的机会。

大三报名暑期夏令营时，收到了许多拒信，好在有机会参加上海交大和化学所的夏令营，但是遇到了好几个手握各项专利以及文章的人，便开始自暴自弃，放弃联系导师，好在自己面试和笔试时的表现还不错，最终也拿到了优秀营员。其实很多看似我们做不到的事情，都是在自己吓自己。遇到想做的事情，就去尝试，大不了失败。失败也就是一瞬间的事情，而懊悔则通常会陪伴终生。

三、踏实做事

这四年里，从多方面让我感受到了要踏实做事，凡事提前做好充足准备。在学习上，每一次考试前如果自己确实踏踏实实复习，认真捋过每个知识点，考试结果都不会太差，但是如果我在还没掌握每个知识点的情况下就只想依靠刷几套题来应付差事时通常就会得到较差的结果。在科研中，我也感受到了踏实的重要性，师姐常常告诉我科研没有捷径，该做的表征、该做的测试一个也不能落。在毕业设计撰写论文期间，老师们总能一眼挑出论文中的格式错误，让我意识到了论文书写的不易，只有真正沉下心、认真地检查核对才能确保无误。在团队协作过程中，更是要对分配给自己的任务负责，大三参加创青春创业赛时，我被安排负责从未接触过的市场营销部分，然而最初自己没有抱着认真踏实的态度，在截止日期前一天晚上才匆匆翻阅了一些相关书籍以及已有的创业计划书，进行了修改，草草提交，第二天便被组长一眼看穿，经过他们的批评后我也充分认识到自己的不足，知道了要想出色完成一个任务，就要充分付出自己的时间和精力，踏踏实实去做。在此之后，我开始尽量去让自己成为一个踏实认真、不浮躁的人。

四、心怀感恩

"走过的路，见过的人，各有其因，各有其缘"。从出生到现在，我们遇到了形形色色的人，他们都在不经意间影响和改变着我们，我们应心怀感恩，谢谢生命中遇到的每一个人。感谢110的三个小伙伴——末倾、言言和旖旎，在末倾身上，我看到了身为化学与化工学院学生会副主席的她对每场活动的尽心尽力，看到了她对每一个部员的用心相待，感谢她使我反思自己在担任学生干部时候是否也拼尽全力以求活动圆满完成，除此之外，感谢她总是给我讲各种有趣的段子，给我带来快乐；感谢旖旎在大一每次英语考试前帮助英语口语极烂的我纠正发音，感谢她帮忙解答我学习上遇到的问题；感谢言言经常与我们分享开心的事情，感谢她每天晚上帮助全宿舍人关灯。感谢其他两个好朋友史雅欣和杜杜：感谢史雅欣在我堕落时约我学习，在有学习资料时和我分享，在无聊时一起步行到伟业嘉园买水果；感谢杜杜和我一起去看一部又一部电影，一起跨年，一起吃遍北京，也感谢我们迷茫时的彼此鼓励。感谢 19821502 班的每一个人，感谢他们不嫌弃做实验时笨手笨脚的我还经常帮助我，感谢认真负责的班主任在我们大学的每一个阶段都给出相应的建议。感谢 2 班这个团结的大家庭，给我留下了每次班级聚会全员出席的美好回忆。感谢化院的其他人，会有不同的人在年级群里答疑解惑，会有人在重要考试或活动前提醒大家，会有人在我发朋友圈说被门砸到的时候送来创可贴，会有人看到我一个人吃饭时邀请我加入他们的吃饭大军。还有老师们，在差点被骗时及时点醒我，在各种活动举行前征求同学们的意见。除大学里认识的人外，还有以前认识的所有人都应被牢牢记住：高考前给我鼓励的数学老师，迷茫时让我做好当下的班主任，小学一年级时发现我投机取巧不做作业狠狠批评我的语文老师。

回首这四年，时光匆匆，潜移默化中我在渐渐成长。从一个班级的小透明到主动担任团支书，从两耳不闻窗外事到积极参加各项活动，从慢热到交到最好的几个朋友，从不自信到自信，从实验室仪器"杀手"到可以自己查阅文献解决问题，或是因为身边人的影响，或是学校这个大环境给予的推动力。感谢这四年，让我知道或许我们不像其他人拥有某些有利的先天条件，但是只要我们能够克服困难、敢于尝试、踏实做事、心怀感恩，我们就是自己的盖世英雄，而英雄不用身披金甲也能自带光芒！

年少有为

化学与化工学院　刘泽伟

　　现在是五月下旬的北京，也是大学四年时光的尾巴，闻着空气里满是盛夏的味道，恍然若梦，不久前也是在这样熟悉的味道里，自己一个人拉着拉杆箱踏入北理，想想马上也将一个人离开北理。这四年，我学到了什么，完成了什么，收获了什么，又失去了什么？对什么感到遗憾，对什么感到欣然？真是一段平静悠然又热血激情的大学时光啊。

一、年少有得

（一）少年有学习

　　对于读书人，或者说学生来说，总有一件事无法避开，那就是学习，学习是学生的本分，没有错的。学习有多重要呢？学习是一种人生的态度，是一种成长的手段，以促使自己进步提升完善。从现实意义上来说，学习关乎奖学金、升学、工作等方方面面，尤其在国内现有观念里，哪怕是为了学历也得学习。

　　过去四年，总体来说，尽管有时懈怠，我还是可以理直气壮地说我有好好学习，包括各种专业课程、通识课程、实践课程、实验课程，掌握了众多的化学专业知识和其他知识，也获得过奖学金，得到过好名次。关于学习，印象最深刻的莫过于考研，毕竟与高考一个量级，想想当初为了高考有多辛苦，考研时光就有多累，并且老实说，考研某种意义来说可能更为困难，高考时候思想比较单纯，能安静下来好好学习，再者还有老师在后督促，考研，考验的不仅仅是个人的学习能力，更是自控能力、意志力等，还有个人的安排统筹等，所以对于考研党，考研经历往往铭记终生。我还记得每天早出晚归，图书馆、宿舍，两点一线的重复枯燥，还有其他事情阻碍学习时的无奈、愤懑，尽管最终与目标学校失之交臂，没能成功上岸，但是，考研经历依旧使我受益匪浅，无论是自制力、意志力，还是对于人生的规划、个人目标的认知等。

学习是一个持续的过程，学习仅仅是学生时代的事情，仅仅是学校教材里的东西吗？人生何处不学习，也许每天玩手机打游戏确实轻松，但是想要成为一个内蕴非凡的人，实现更高的人生价值，学习不可或缺，并且学习也是一种乐趣。大学四年，交给我的不仅仅是各种知识，更是学习的态度，以及自主学习的能力，

（二）少年有社团

在丰富多彩的大学生活中，社团是非常重要的组成部分，极大地丰富了课余生活。众多社团里，碳知新闻社是我付出最多的一个，里边有我一段漫长而愉快的时光。在碳知新闻社里，我"搬过砖"，拍过照，写过企划书，筹办过活动，最重要的是，以上都是和社员一起完成的，我们还一起组织过别墅夜宴，外出游玩，学院迎新等，以及一起完成各种活动任务。社团，在我看来，某种程度上介于学校和社会之间，有些像是过渡，社团的组织架构、运行模式都很像一个小小的公司，有同事，有上下级，有工作任务，能锻炼人际交往，为人处世方式等。同时，因为社团一般都是兴趣爱好性质的，所以往往能在某些方面，比如摄影，学到很多东西，认识并交到很多兴趣相投的朋友，能与志趣相投的伙伴一起从事热爱的事情是非常难得且珍贵的经历。并且，由于碳知新闻社负责范围较广，经常需要联系许多学术"大牛"举办讲座等，极大扩大了学术圈的认识面以及与"大牛"面对面交流的机会，另外诸如采访、记录等社团日常事务十分锻炼个人交流沟通能力，对未来踏入社会的人际关系极有裨益。总的来说，社团经历给予了我丰富的课余生活，学习锻炼了许多兴趣爱好技能，磨炼了与人沟通交流建立人际关系的能力，最后收获了一群趣味相投的小伙伴。

（三）少年有实验

作为化学专业的学生，没有在实验室做过实验是不合格的，没有亲手合成一些分子或培养晶体等是非常遗憾的，在实验室朝九晚十也是很正常的，化学是一门实验性质的学科，实验是化学发展的重要手段，理论如何发展最终还是得实验室走一走。在大学四年里，除了课表安排的实验课程，进组做

实验这一部分花费了我大量的时间，尤其对于有机合成、称量药品、搭建反应装置、投反应、萃取分液、无水硫酸钠干燥、旋蒸、装柱子、过柱子、旋蒸等，一整套流程持续一天两天是很平常的事，尽管很枯燥，可能失败，但是，拿到最终产物时的喜悦是难以比拟的，尽管可能这产物马上又会投入下一步反应而消失不见，但是非常满足。在实验室里锻炼到现在，我可以很自信地说，在这段时间中实验操作、化学知识、科研思维等都得到了极大锻炼，这对于我以后从事化学相关领域工作有积极作用，并且也是面试时候的重要加分项，是化学系学生难以忘怀的经历。

（四）少年有组织

小学时候是少先队员，初高中是共青团员，再到大学，想更进一步，或者说完胜人生的一个小目标，积极申请加入中国共产党，经过积极分子考察期、预备党员考察期，漫长的两年，持续学习的两年，我终于如愿以偿地在2018年6月成为一名光荣的中共党员。入党能给自己带来什么呢？大概是一种人生的信仰、目标以及要求。党员身份无时无刻不在督促自己进步，无时无刻不在严格要求自己，无时无刻不在提升自己的精神修养，于是自己坐立行走皆有法度，为人处世均有遵循，并且，有了更加远大的追求，而不再拘泥于小我，从此广阔天地大有所为。再之后，担任了党支部书记，十分辛苦，但是有一份满满的融入感与归属感，所以累且不怕，更担心自己做得不够好，担心自己有愧于支书这一称呼，所幸兢兢业业地圆满完成了各项党交予的任务，支部工作一切也都有序进行。入了党，找到了组织，成为光荣的中共党员，是我一生的自豪。

（五）少年有朋友

要说大学的收获，第一映入脑海的是学习知识，那第二就一定是大学四年里认识的老师同学、朋友伙伴、师兄师姐、学弟学妹了吧。朋友是人生宝贵的财富，高兴开心时一起分享，沮丧伤心时相互安慰支持，闲暇时相约四处游玩。有了朋友才不孤独，有了朋友才更出彩。尽管我自己不是那种特别外向，随时能和别人打成一片的人，但是我仍然无法想象没有朋友我会活成什么样子。人的一生之所以丰富多彩，很大程度上正是因为人生路途上遇到的形形色色的朋友伙伴，很高兴能在年少轻狂敢放纵的年岁认识这么多有趣的人，并组成大学四年的绚烂时光。

二、年少有失

学习是学生的本分，所以相对应的，就有了大学最大的遗憾，成绩没能拿到国奖，没能保研，最后甚至没能考研上岸。原因大概有三：第一是心态浮躁，没能安静下来真正全身心地投入学习；第二是学习方法的问题，没能迅速转变学习态度，学习方法某种程度上还停留在高中时期，难以适应大学阶段自主的课程要求；第三是社团组织等事情太多，而自己虽然努力平衡但最终还是没能成功，许多社团组织任务严重挤压了学习的时间和精力，所以，尽管成绩不算太差，但也绝算不上好。当然，经历这么严重的失败，自己的警醒也无比深刻痛彻，学习是第一位的，就算步入社会开始工作也绝不能懈怠，学习方法时学时新，学习态度时时自省，并且，人的潜力无穷，知识很多时候是逼出来的，所以严格苛刻地要求自己必不可少。再就是，自己制订的计划就算再忙再没时间再困难也务必竭力完成，人的本性总是怠惰的，贪图享逸的借口也是随手拈来，不下定决心，不严格要求，只能浑浑噩噩地度过一天又一天。

另外，尽管在大学认识了众多的朋友，还是感觉自己的社交水平比较低。有时候，我都会想回到大一，打破学院界限，参加社联、校学生会等组织，这样自己能接触到更广的圈子。

再就是，自己计划的许多兴趣爱好也没能顺利开展，诸如摄影、旅行、日语等，只能在后续的时间里慢慢找时间学习了。但是，大学，或者说学生时期，大概是整个人生中最轻松、最舒服的，以后上哪去找这样无忧无虑的时光，而自己没能好好利用很遗憾。

三、年少有志

前边也说了，考研失败，没能成功上岸，但是，幸好找到了还算不错的工作，但是，认真地说，自己还是想继续深造，获取更多知识，所以，会在边工作的时候边复习准备，但是，我想说的是，志在学习，就算退一步说我直接工作，那学习也是一个持续性的、贯穿人生的过程。学到老，活到老，只有不断学习才能不断进步，而不是慢慢泯然众人。世界上的知识方方面面，上至天文，下达地理，值得学习的东西浩如星海。另外，作为共产党员，作为 21 世纪新青年，国家与个人的命运息息相关，青年强则国家强，国家强则人民幸福，所在在以后未来的日子里，无论到了何时何地，都将努力拼搏、艰苦奋斗，为自己人生拼搏的同时也为国家发展贡献绵薄之力。尽管个人是如此渺小，但是在中华民族伟大复兴中有自己一份绵薄贡献也就心满意足。

　　大学也许在整个人生阶段里非常短暂，也就四年而已，但是，在这四年，却对整个人生阶段拥有无比深远的影响，在这段时光，我们的人生观、价值观、世界观逐渐完整，自己的人生信条、态度、目标也基本确立，开始明白自己人生的路该如何走。感谢大学时光，感谢大学时光里陪我走过的朋友、同学，这是难忘的经历，值得我永远珍藏与感恩。

大学，在我与我的"角逐"中成长

——追忆四年生活，铭记三句箴言

生命学院　张栩阳

一、绪论

入夏六月，学校里一切都像往常一样平静安宁、井然有序。宿舍、教室和食堂师生流动，马路车来车往，每个人都在为理想和愿望而奔波，书写着自己的故事。可转瞬间，我们已经从这些故事的主人公，一下子变成了故事的读者，不禁慢慢回忆过去四年的一切，曾经或平缓或紧张的生活，不断地提醒着我们要仔细品味大学生活中的每一个细节、感受每一个角落、欣赏每一个人，但是到最后，总归还是会有或多或少的遗憾。我们不必因此而后悔，世界上没有完美的人和事，不是所有人都以同样的方式度过大学生活，也不可能有同样的方式理解这里的一切，我们总归各有所失，各有所得，在自己的脑海中留下了许多弥足珍贵的东西。

对于我自己来说，我已经无法记起在最初的脑海里，憧憬的大学生活是什么样子了，但说实话，一定不是现在的样子，我只知道当我真的开始经历这段生活，体会其中的悲欢时，才真正感慨到一切都不是想象中的那样简单，我们会因为自己奋斗、得到收获而快乐，也会因不断地博弈而疲惫，但这才是真正的大学生活，是成长和收获的伊甸园，也是拼搏和磨炼的修罗场。我会分两个部分展开本论文的内容，首先是按时间分段的方式回顾我的四年生活经历，然后分析一下生活中总结出的三点思想成长，开启对未来的展望。希望我能够在陈述的过程中加深对大学生活的理解及对自己和身边的人的理解，发掘更深刻的感悟。大学生活，就是一场我与自己的"角逐"，我在这场竞赛中认识了自己，无论结果如何，这都是一个"强者"战胜"弱者"的过程。

二、生活回顾

（一）大一：大学，你好

四年前拎着皮箱、背着包裹，初来乍到的我在志愿者的帮助下领到了一张直到现在都随身携带的学生卡，我开始了为期四年的学习生涯。那时我还生活在过去的影子里，觉得只是换了一个环境而已，生活方式和节奏与过去的三年一样，普普通通一路下去，日子过得越简单越好，等待着摆到面前的机遇。而这样的生活在现在的我看来，和一般的失败者没有什么区别。其实我也不是什么都不在乎，我还像过去一样看重成绩，因为我知道自己仍然是一个学生的身份，学习怎么样仍是我最重要的属性。比较幸运的是第一年我在专业一百多人中排在第八名，这应该是唯一一个从一开始就被我认真追求过的东西。更幸运的是排名在前的人好多在一年以后准备转专业，然后国家奖学金就落到了我的头上，我其实一直不解为什么会有这样的安排，也忘记了当时是怎样一个细节，就这样我拿到了第一笔"巨额奖金"，却也因为自己不懂得主动争取，被辅导员批评了一顿，从此我好像懂得成绩是什么，它比我想象的有"价值"。从那以后追求卓越和攀比在我心中占据了很重要的地位，我开始发生了转变，但是并不彻底。

大一时的我心底还是有一些探索欲的，只是没有那么强烈，因为我一直觉得自己很普通。我参加了一些学生工作，觉得自己适合写字、办板报，于是通过面试进入了宣传部，宣传部遇到的人都是经验丰富的人，工作、学习游刃有余，而我却缺少这种能力。我花了一年的时间认识大学，认识到它不是我想象中的那样简单，我不能一直打着"等待"这一张牌，我必须要变得主动。大学，你好，虽然已经见了一年，但我们还是要重新认识一下彼此。

（二）大二：踏上进阶之路

这是一年的进阶之路，我开始让自己的生活有了方向。我知道自己的优势是什么，也决定保持着这样的优势。课程难度开始加大了，但是我的适时调整让我应对起来得心应手。我在这一年中保持了两次年级第一名。这一年，我成为学院的新闻部部长，大二，我在追求成长，但是没有人帮助我，也没有人为我指明方向，我只有在摸索中跌跌撞撞前进，有所得，也有所失。这一年我忙于学习和工作，努力装饰自己，最后我做到了，但我并没有收获很多快乐。现在看来，当时的我很天真地保持着一个追逐虚荣的心。

（三）大三：在选择与坚持中成长

这一年我面临了很多的选择，我在这些选择中有过犹豫，有过权衡，但我最终还是敲定了它们。这些选择中可能有错有对，但是我们都没有办法保证，也没有办法去改变，我只能选择坚持下去，做到最后，做到我所期望的成果出现的时候。这一年的课比大二少一些，但是却更加让人心力交瘁。这一年，我选择保研在本校，同时也失去了其他机会，但总归是我的选择。

（四）大四：学会理解世界

我进入实验室，开始做课题，开始接触更广阔的世界，我很欣慰我有这样的机会。生活开始了忙碌。我开始变得更加务实，不再为所谓的虚荣而奋斗，我为的是一种责任。因为与更大的世界相处，我见到了许多自己曾经认为的美好和理想的世界，绝大多数都已经"面目全非"了，我变得越来越客观、现实和努力。我已经学会了如何学习、如何做科研、如何坚持、如何管理自己，但是我还有很多没有学会的，比如如何照顾自己、如何恋爱、如何去珍惜现在我所拥有的一切。

三、思想成长

四年光阴，我们完成了自己的使命，也都见证了自己的成长。其实回过头来发现，大学生活是一场竞赛，每一个毕业生都是这场竞赛的胜者，因为这是自我与自我的角逐，我们是赛场的败者，亦是赛场的胜者，我们败于过去的踌躇、怯弱、天真和无知，胜于今天的果敢、坚强、成熟和聪慧。每个人都写完了自己的四年故事，总结一下，发现这四年的朝朝暮暮中，总有几点想法和变化是值得铭记的，因为它们让我们看到了更好的自己。在我与我的角逐中，有三项箴言给予了我足够的力量和智慧去面对大学路上的各种阻碍。

（一）珍惜并坚守自己的选择

大学生活不是游戏，而是人生，我们总会面临许多不可逆的选择，它们值得我们珍惜，值得认真对待。在是非面前，永远选择正确的路，在无所谓是非的面前，永远选择适合内心的路。选择不是儿戏，这是我们多年以后回顾自我成长的里程碑，所以不仅要慎重，更要从一而终，直到我们真的走到最后，得到自己向往的结果，这才是真正的价值体现。

（二）不要怀疑自己，要学会认识自己

不要总是怀疑自己的能力，一个人总会比想象中的自己强大许多，很多曾经觉得无法完成的事情，会因为自我的蜕变而变得很简单。当产生怀疑的时候，毫不犹豫地做下去，总会发现一步一个脚印地踏上这段征程，一切都会变得游刃有余。

（三）努力为自己创造需求

一直认为，我们没能养成一种习惯，或者获得一种能力，都是因为我们没有得到这种需求，所以如果真的希望提高自己的能力，就努力地去创造这种需求，让它成为成长的起点，因为需求带来行动，而行动必定会创造或多或少的价值。

这就是我在与自己的竞争中学会的道理，努力让每一个决策都有它的意义，让度过的每一分一秒都有价值，这样才会让生活充满热情，无怨无悔。我们没有办法决定天资，也没有办法掌握运气，但是我们能控制自己手里的一切。不要让自己成为阻碍前行的沟壑，至于最终能否实现愿望，以及实现到了什么程度，都是后话，毕竟只有始终掌握当下的人，才有资格在未来尽情地和这个时代畅谈自己的人生。

大学，在我与我的『角逐』中成长——追忆四年生活，铭记三句箴言

愿你出走半生，归来仍是少年

数学与统计学院　程芃傑

"轻轻的我走了，正如我轻轻的来；我轻轻的招手，作别西天的云彩。"我在北理的这四年，就像徐志摩先生的诗所描述的一样，来的时候充满着对自由生活的向往，走的时候饱含着对曲终人散的忧伤。

细细回味，从初入校园的血气方刚，到大二大三的低落失意，再到毕业前夕的幡然醒悟，大学生活犹如一台跌宕起伏的舞台剧，有拉开帷幕时的新鲜，有低吟旁白时的沉闷，有音乐骤响时的激动，也有灯光退却时的遗憾。当戏曲唱罢、谢台闭幕之际，回头望去，才发现时光已逝，大梦方觉。

走到台下，再评析这部长达四年的舞台剧，感慨颇多。由表及里，去伪存真，最终千言万语化为了一句简练的禅语："起初，看山是山，看水是水；后来，看山不是山，看水不是水；最后，看山还是山，看水还是水。只愿你出走半生，归来仍是少年。"

一、山就是山，水就是水

（一）高中遗梦

思绪又回到了临近高考时的一个早上，那时的我还不知道未来四年会在哪里度过，我甚至还没开始了解过北理这所学校。我坐在教室里，既怀揣着梦想，又面对着现实，很是紧张。这种紧张由来已久，因为梦想很丰满，现实很骨感。那天早上，我终究还是没有扛住这种压力，中午悄悄约了几个同学，出去喝了个通透。

于是我这辈子永远难忘的一幕就这样发生了。在下午班主任的第一节数学课上课前几分钟，几个满脸通红的醉汉突然接二连三地拍案而起，对着全班吐起了酒后真言。一个人诉说着他的爱情，追求已久却是分分合合，很真切，很让人同情；一个人讲述着他和钢琴的故事，为了高考只能放弃爱好，很无奈，很让人惋惜；一个人抱怨着老师对他的不公，只因他成绩不好抽烟就只罚他一个，很愤怒，很让人激动。当然我还记得我，也站了起来，说出了掩藏在内心的那个声音："不求能考上那一所学校，但也一定要考到同一个城市。"

那天后来发生了什么现在已经记得很模糊了，总之后面的几天，我们都被班主任罚回了家反省。不过也是从那一天起，"博学而笃志，切问而近思"成为我高中时代唯一的信条。

（二）缘定北理

后面的故事并没有像小说或是电视剧里的情节那么展开，不是每个人都能像故事里的主人公那样，仰天长啸之后证明自己。也正是这样，才有了我和北京理工大学这四年的缘分。

高考结束那天，班级搞了一个小小的毕业聚会。从那之后，很多人我都再没有见过，也不知道以后还会不会再见。正是当着这样一群人，我第一次坐在角落里哭了，眼泪里或许装着的是遗憾和不舍，但更多的还是对自己的不满，因为我已经预感到自己错过了第一次圆梦的机会。

成绩出来那天，我犹豫了，一方面是对复读的畏惧，另一方面是对理想学校的渴望，再一方面是对可能选择的迷茫。三种情绪在内心激烈斗争着，手足无措的我静坐在书桌前，经历了人生第一个天黑到天明。

拂晓时分，和我一样熬了一夜的父亲，激动地推开了我的房门。"找到了，去这吧，你运气真好。"就这短短的一句话，让我的眼睛有了神，内心的阴云也被一束名叫北京理工大学的阳光缓缓驱散。这束阳光是温暖，这束阳光是希望，这束阳光是新的一天的开端。

后来我想了很久，直到进入了北理的校园，才渐渐明白父亲那句短短的话为什么打动了我。北理是一种低调的奢华，说它低调是因为它从不张扬，说它奢华是因为它默默奉献；北理是一片虔诚的沃土，说它虔诚是因为它实事求是，说它肥沃是因为它脚踏实地；北理是一次幸运的眷顾，说我幸运是因为我学不沾洽，说我被眷顾是因为它海纳百川。

（三）北理续梦

我就这样悄悄地背着书包拖着行李来到了这里，闻着四周自由的气息，踏上了大学的旅程。

愿你出走半生，归来仍是少年

209

"这两天很高兴，很像我想象的大学生活，可惜明天还要面对现实。"这是我入校以后发的一条朋友圈。就像这条朋友圈的内容一样，那时的我，还惦记着自己没有实现的那个梦想。对于我来说，我想得很简单，北理是一个新的起点，而人生的旅途，我还想去到处看看。

大学伊始的两年，我过得很充实。军训时，站在炎炎烈日下的操场上，我默默地做着学习的规划；高代课上，看着密密麻麻的黑板，我静静地思考着其中的内容；社团活动里，挤在人头攒动的活动室，我偷偷地学习着交际的礼仪；学生工作中，坐在严肃的会议室，我仔细地锻炼着沟通协调的技巧。

大一寒假，为了增加工作实习的经历，我参加了远赴香港的安盛伏龙计划；大一暑假，为了加强对北理精神的了解，我加入了前往延安的寻根实践活动；大二寒假，为了拓展英语学习的眼界，我报名了早八晚六的雅思培训课堂；大二暑假，为了提升组织交流的能力，我动员了奔赴南充的农业社会实践。

我想把自己修炼成一个勤勤恳恳的苦行僧，一边体会多姿多彩的大学生活，一边准备漫长烦琐的研究生考试学习。我计划在这片富饶的沃土上，辛劳地播种四年，最后收获那份属于我的硕果。

那两年的我就是那个我，那个看山就是山、看水就是水的我，那个怀揣着梦想、继续着奋斗的我。

二、山已非山，水亦不水

（一）迷失北理

然而苦行僧的路并没有那么好走，漫长、单调，纵然充实，也有疲惫。和这花花绿绿的大学校园相比，相差甚远。加之大二暑假在家闷出的一些琐事，体会了"后无来者"的悸动，又失去了"前所未有"的感觉，使得大三开始的时候，我那种对待生活的积极态度急转直下。

那一段时间很低落，因为碌碌两年好似一无所获；那一段时间很伤感，因为世事无常就像昙花一现；那一段时间很迷茫，因为造化弄人便觉今是昨非。

晚上开始了失眠，白天习惯了赖床，图书馆去得少了，宿舍里待得长了。网络游戏开始慢慢进入这种混沌的生活，从英雄联盟到绝地求生，似乎每赢一局排位、每拿一次第一就是一种慰藉。

比生活的变化更让人寒心的是心态的变化。从小好胜心和占有欲很强的我，变得有点漫不经心，或者有点误入歧途。当学习成绩开始滑坡的时候，我只是觉得以前我好过，现在不过是因为努力少了；而当游戏操作被人吐槽的时候，我却在想凭什么你行，而我却这么一塌糊涂。心态引导着我开始了一种虚拟的生活，愤怒、焦虑，甚至有点自暴自弃。或许这是一种逃避，更或许这是一种自闭。

那个时候的北理，就像一个充满荆棘的迷宫，对于我来说除了寝室巴掌大的地方是安全的，其他的地方都是刺眼的。我害怕出门，便渐渐地把自己锁了起来，然后开始假装自己很快乐。

（二）浮生若梦

这种畸形的生活持续了接近一年，到最后我几乎是昼伏夜出、黑白颠倒。北理上午的阳光再也没有照耀在我的身上，下午的夕阳和寂静的黑夜成为我最好的朋友。

课堂的作业成为放飞自我的障碍，最后应付了事；专业的考试成为顺利毕业的负担，最后突击应对；学校的活动成了享受生活的包袱，最后半途而废。学院的学生工作，在我仅剩的一点责任心下完成得有始有终，其他的事情都做得潦潦草草。至于高中的梦想，更是抛到脑后。

那一年就像一场梦，一场浑浑噩噩的梦，在梦里，山已非山，水亦非水，我也不我，似乎都与那刚来时的初心渐行渐远了。

三、山仍是山，水还是水

（一）重拾旧梦

我从小就很喜欢莎士比亚的《仲夏夜之梦》，童话浪漫，跌宕起伏，最后结局圆满。如果我能导演一场剧，那我永远都不可能让它以悲剧的形式收尾。

考研的临近无疑是我大学这部舞台剧的转折，经历了新鲜、沉闷，总该有些激情和热血。当然在合理的剧情里，除了有转折时间上的衔接使之紧凑，还需要有人物关系的催化使之生动。而一个多年不联系的朋友，就是这剂催化最自然的设定。

他是我高一的一个同学，长得不帅，也没什么特长，和我一样，只是万

愿你出走半生，归来仍是少年

千学生中不起眼的一个。他当时成绩也不算好，和我相比稍微有些差距，最后高考超常发挥，考入了重大。一个偶然的机会，他告诉我他在参加我们学校的夏令营，准备保送了。而最近他告诉我，他已经即将成为北理 2019 级的一名研究生了。

在那次聊天里，我很震惊，或者说有些羡慕。能够保送到北京理工大学，足以证明他在大学四年的努力和付出。对比之下，大三之后，我成绩一路滑坡，从刚好触及保研线滑落到每学期的学院奖学金都望尘莫及，两者相差甚远。那天晚上，又是一夜无眠，躺在床上，细数着自己的荒唐。清晨当我睡着以后，做了个梦，在梦里我又去了一次那个地方，那个高中梦里总去的地方。

醒来以后，我又悄悄地点开了百度，搜索了曾经那个梦想的学校，查看了曾经梦想的那个专业。那一刻，没和家里人商量，也没有咨询老师和同学，我便暗自下定了决心，我想要再为了这个梦想努力一次，因为我就是我。

（二）再识北理

那天夜里，我睡得很早。第二天，我又像一年以前一样，开始频繁地走出寝室，频繁地走入阔别已久的图书馆。我还是喜欢在寂静的时候出门，唯一不同的是，一路上阳光明媚。

那段复习的日子，生活好像又充实了起来，我找了一个角落的位子，偶尔抬头看看图书馆的人来人往。有些人我以前见过，但隔这么久了，便感觉陌生了些；有些人我以前没见过，但见的次数多了，便感觉熟悉了些。我认为我见过的那些人，或许我以前就没见过；我认为我没见过的那些人，或许我以前就见过。因为，我确实太久没有见过我自己了，久得都模糊了。

当然，偶尔还能遇见一些同专业的同学，他们有的还是老样子，喜欢在图书馆安安静静地看书，连位子都没变，有的却变化很多，都开始在图书馆里认认真真地学习了，连篮球都不打了。大四了，大家都成熟了，因为我们都不小了。

北理在我眼前又充满了生机，"实事求是，不自以为是"的校训又充斥在我的耳旁，大门上"北京理工大学"几个大字在晨阳下重新闪耀，图书馆大厅里徐特立老院长的坐像在灯光里坚定如初。

原来北理还是那么美好，就和我刚踏入这片校园时的感觉一样，这里山仍是山，水还是水，我还是我。

四、出走半生，仍是少年

新鲜、沉闷、激情三个要素在我大学的剧情里都演绎了，只剩下遗憾始终没有出场。回想高中和大学的经历，现在我才感觉或许残缺才是一种美，尽管它只在结束的时候才会登台，但是能够美得让人永远铭记，美得让人有所眷恋，美得让人砥砺前行，美得让人继续为之奋斗。

这种遗憾还是那个最初的梦想，那个高中的梦最终还是延续给了大学的梦。这或许是因为我醒得太晚，到了七月，才开始准备跨专业的考研，又或许因为是我不够努力，即使醒了，还有一些不好的习惯没有完全改正，抑或许是因为我需要磨炼，荒废一年，不把这段时间补平无以正视在北理的这四年青春。

无论是什么原因，我离那个梦想的地方还尚有一段距离，而弥补这段距离则依赖于我对北理的留恋。我留恋这里烈日下的每一滴汗水；我留恋这里食堂里的每一颗米粒；我留恋这里课堂上的每一声训诫；我留恋这里微风中的每一缕花香；我更留恋这里阳光下迷人的笑容。有所恋，才有所思；有所思，才有所悟；有所悟，才有所行。

离别不是终点，曲罢亦不是舞台的尽头。多年以后，或许我们都有了新的梦想，有了别样的人生，然后偶遇在某个街角的咖啡店，只是寒暄，最后发现，我们出走半生，都还仍是那个澄澈的少年。

悄悄地我走了，正如我悄悄地来；我挥一挥衣袖，只带走最初的云彩。

遇见，更好的自己

人文与社会科学学院　马昌明皓

时光如白驹过隙，很快，我就到了大四。从懵懂无知的大一新生到大四学姐，四年中有很多难以忘怀的事，以德育答辩论文为契机，对大学四年的收获和成长做一个总结。

学 业

大学四年，我对待学习一直非常认真，脚踏实地，取得了期待的成绩。从小，我的好奇心就比较强，也不怕吃苦。我注重自己数理方面的训练，认真学习了统计学的课程，为提升自己，我利用网络课程提高自身统计分析能力，学习 SPSS、Nvivo 等统计分析软件，申报大学生创新创业项目、寒暑期社会实践，作为负责人申报了国家级大学生创新创业项目"困境家庭中唇腭裂儿童的社会支持系统"，参与了北京市级大学生创新创业项目"北京市支持性就业服务政策下心智障碍者就业效果评估及促进研究"。

除此之外，我也不断学习，不断探索新的知识。如今，互联网逐渐渗透我们的生活，网络大数据的采集促使研究样本无限接近总体分布情况，我从文献中了解到国外已经出现了社会工作与数据结合的尝试，这可能会对制定、评估政策，干预危机提供更精准可靠的依据。这也启发了我，我尝试运用爬虫软件，采集微博信息，撰写了我的论文《受性侵儿童的权益保护——公众认知与现实的断裂》，获得了"世纪杯"课外学术作品竞赛二等奖，虽然这只是一次小小的尝试，但在这之中，我领会到了计算机与社会工作结合的奇妙成果，学习新的知识和技能、探索世界给了我一种无可替代的满足与幸福感。

校园生活

大学我最大的收获就是，我们宿舍的舍友感情很好。虽然大家性格不同、经历不同，但大家相互包容。大家各自都有小毛病，但是相互包容，使得我们能共同面对困难。我们班级也是，因为专业的原因，我们班有团体课程，在团体课程上我们分成三个小组。记得有一次，我们要互相评价对方，一个人坐在中间，其他人环绕着他，对他进行评价。我心里既有忐忑也有期待。我很期待看到我在别人眼里面是什么样子，但不知道在别人眼里面是不是一个美好的形象。那次我从小组成员的口中，得到了很多很多的鼓励。有人说我"努力"，有人夸奖我"有行动力"，还有人记得我以前对她的善意，这些都让我感到心里面暖暖的。

专业感悟

鲁迅先生曾言："愿中国青年都摆脱冷气，只是向上走，不必听自暴自弃者流的话。能做事的做事，能发声的发声。有一分热，发一分光。就令萤火一般，也可以在黑暗里发一点光，不必等候炬火。"这句话在相当长的一段时间里鼓励着我，也指引着我的发展。社会工作在我心里，最大的魅力是"改变"，真正从现实出发，不仅学习理论，更能解决实务问题，关怀这个世界。我希望将来的自己能够如萤火一般，发出一点点光和热，做出一点点改变，使一小部分群体的生活得到改善。

理想

得益于专业教育，我们在大四上了一次自我探索与专业成长课。在课上，我发现以前理想只是在小学作文里面出现的东西，离我们很远很远，所以那次分享是很困难的，我们太久不提理想了，于是忘记了理想其实是像月亮一样的东西，挂在天上，让我们在行走的时候能够抬起头来看到、指引我们。理想能够在我们最艰难，最痛苦的时候，给我们一丝丝慰藉，给我们托底的东西。这次小组让我重新看到了理想，看到了它在我们生活里的重要作用，也警醒了我——理想不仅仅是愿望，更包含了为愿望付出行动的意愿。那次分享给了我很大的体悟。

职业规划

职业规划是对职业生涯乃至人生进行持续的系统的计划的过程，它包括职业定位、目标设定和通道设计三个要素。职业规划很重要的一点是：它不适用于其他人，仅仅适用于自己。围绕的中心是自己。而事实上我们很多人的职业规划围绕的都不是自己，而是外在的东西，金钱，或者是其他什么。而这些东西终究不是自己的，是会变的。

有时候我们想要的太多，反而会做更多的无用功，职业规划是一个一步一步做的事情，从想要的结果往后推，一步一步努力，这样走的路才能更顺。

金钱

金钱是什么？我们在小组里、生活中、宿舍里都有很多讨论，不止一次，我们提起了金钱，在理想里、在职业规划里、在理想的我与现实的我里。我们太强调"钱"的事情。后来有一次老师说："你们发现了吗，老是提钱的人，其实都是缺乏安全感的人。"我恍然，金钱从来就不能让人感觉到真正的快乐。真正让我们感觉到快乐的，是与人的联系、与世界的联系，以及感受到自我存在的那一刻。人生的快乐，无非源自这三个刹那，而金钱与这些无关。只不过有些东西无论再怎么努力也抓不住，与之相比，好像金钱是更容易得到的。但这些金钱永远无法替代的联结，可以在失落孤寂、我们最难过的日子里，给我们一丝抚慰。

综合感悟

其实，除了上面的那些方面，我觉得最重要的是自我探索和成长。

无论是大学还是整段生命，自我探索和成长都是重要的一个主题。人生是一列行驶的列车，考研、保研、出国、工作、恋爱都是一个个站点，到站了你可以选择是否下车，而自我探索就是你要在车上做的事情，这个事一直得做，不然到站了就会迷茫，我到底是不是要下车，或者是看到别人下车就跟着下去了，过得恍恍惚惚。探索我是一个什么样子的人，理想的自己是什么样子，现实和理想有哪些差距，会让自己清醒。多经历挫折和困难，这一定不是坏事。学着接纳自己，大胆地赞美和保持自己的优点，学着接纳和爱这个不完美的自己，而非任由环境揉捏，这样灵魂才可能是自由的。

其实很长一段时间，我都是一个比较紧张的状态。出国、保研，还是考研，四年来，我一直纠结哪个才是最好的选择。其实，无所谓最好，只要你听从内心的安排努力去经历过程，坦然面对结果，就是正确的。

关系和联结让我们体验到生命的美妙，但最重要的关系，其实是自己和自己的相处。自己可以做自己的朋友、亲人、爱人，在最难过的日子里，是自己的鼓励、抚慰支撑着自己走下去的。

也不知道是不是专业给我带来的潜移默化的影响，我每次遇到事情，无论是让我失望、愤怒，或者是让我伤心的事情，我在陷入情绪的时候，都带有一丝清醒，我能明白为什么我会感受到这样的情绪，也能理解别人为什么会这么做。当然理解并不意味着摆脱情绪，把事情完美处理，但是我能明显地感觉到，在遇到问题的时候，我不会一股脑地被情绪摆布，好像有另外一个自己，在帮我处理问题，在情绪中多了一丝冷静和思考。或许这就是自我探索与成长课，以及三年专业课带给我的一种宝贵的，自我发展的能力。

自我探索是一生的课题，人们终其一生都要不断探索和挖掘自己，这个过程有趣又有挑战，这样的信念是我有力的支撑。

回首过去，我以诚待人、无愧于心，那一步步脚印深深浅浅，尽是我点点滴滴的写照；展望未来，我昂首阔步、满怀信心，那四余载大学清歌款款，便是我前进路上的坚强后盾。

第五篇　德学思

千里凉棚，没有不散的筵席；愿诸君不论面对何种困难，无论孤独与否，都不要忘记，人生的乐趣仍然是有的；愿你我今后走在一条开满桃花的路上，云蒸霞蔚，前途似锦。

——宇航学院　刘鲁石

自学摄影的经历让我明白，找到一件事本身的乐趣并把这件事坚持做好，结果就会水到渠成。相反，苛求所谓的结果，却忽略中间过程的参与感与体验感，结果往往不那么尽如人意。

——宇航学院　张芸倩

心若计较，处处都是怨言，心若放宽，时时都是春天。没有高不可及的目标，没有巨大的声势，花开无声，处处都是意想不到的风景。

——宇航学院　韩　慧

"人"字有两笔，其中的一笔掌握在我们自己的手里，可以凭着自己的意愿，汪洋恣肆地挥洒，而另一笔，则是与遇见的人一起写就的。

——宇航学院　李雅轩

"否定之否定"，若有事物让我开始否定自己，那我也学会了找到一种方式否定这一"否定"来证明自己，给自己信心和鼓励。

——机电学院　刘润菲

时光荏苒，在这些弥漫着理想与追求的岁月里，在这个燃烧着激情与活力的校园里，我留下了自己的足迹。毕业，是一场青春的盛宴。四年得失不尽相同，却总有相同的温馨触动心底。

——光电学院　赵雪惠

往事如画，坐在一朵花里，一纸素影，一笔静香。五月的最后一天，熬着夜，为自己的大学生活写篇文章。时光如白驹过隙，再回首，希望你还怀揣着理想。毕业季将至，不论你是否有所遗憾，请你记得，有些故事，美就美在，一开场，你自己就在那里。

——光电学院 齐佩杉

人生天地之间，若白驹之过隙，忽然而已。大学四年生活，还未来得及细细品尝，就将与我挥手作别。四年前，我将要步入大学，有对家的不舍，有对未知的不安，也有对大学生活的期待。我的逐梦之旅即将开启。四年后的今天，回顾大学四年，如四季一般，每年都有每年特有的色彩。

——光电学院 翁熙仪

青年才子，当有不忘故土的使命感和责任感，亦要有尊重知识的品德与情怀。

——信息与电子学院 邓艾琳

那条从清晨到傍晚走过无数次的，从图书馆到信教到新一，经过篮球场到女子小区的直路。那些一路相伴相扶持的同学们，感谢时光让我们相遇，也感谢岁月的流逝让我每当想起你们，想到的只有美好。

——信息与电子学院 徐春园

我的大学四年时光就是在不断面临新的问题，不断摸索答案，最终得以解决的过程中循环，而我经过这四年的经验积累，也逐渐认识到，这就是我作为一个人在社会的洪流中会面临的状况。只不过，我努力的目标是将这个循环保持在一个良性的状态，在面临新的问题时寻找有利于我个人发展的答案，不断奋斗并将其解决。

——信息电子学院 孙子烁

在校的生活中，我渐渐地明白了人生的真谛：一个人，可以没历史丰碑般伟大，但应该奋斗终生；一个人没有智者观察世界的悟性，但要懂得去热爱生活。

——信息与电子学院　张立奇

绿树成荫，烁金岁月，又是一年毕业季。此时此刻，那些追梦奋斗的场景总会在脑海中一一浮现。和同学在实验室搭电路时的小心翼翼、和伙伴在办公室写策划时的焦思苦虑、和国防生战友们在操场练体能时的酣畅淋漓，每一个场景都反复撩起我心中的依恋和不舍，让我无时无刻不回味自己的北理工时光。

——信息与电子学院　李　帅

大学生活中，要能够明确自己的定位。也要能够逐渐学会调整自己的状态，向着最终能够适应社会的方式靠拢。摆正自己的位置，能够做到不过分迷恋眼前的风景，能够按照自己的计划和安排一步步地完成自己的理想，能够做到不过分追求功利，真正做一些有意义、有价值的事情。

——自动化学院　张笑然

四年前那个九月的阳光在记忆中依然清晰明媚，而转眼间本科时光却已然走到尾声。回首这四年的来路，匆忙苍白到好像只是那年良乡东路与父母告别后的一个转身，便已身穿毕业衫站在了中关村的校门前。

——自动化学院　李思敏

回首过去，我以诚待人、无愧于心，那一步步深深的脚印全是我生活点滴的写照；展望未来，我昂首阔步、满怀信心，那四年的大学生活便是我前进路上的坚强后盾。

——计算机学院　肖　达

真正的离别，没有什么"长亭古道"，也没有什么"劝君更尽一杯酒"，只不过是在一个寻常的早晨，一些人留在了昨天。那些人，成了回忆时含泪的微笑；那些景，成了遥远的定格。

——计算机学院 夏计强

大学四年，涓涓的时光洗刷掉眼前的细沙，洗亮了我的双眼，洗清了我心中笃定的道路。

——计算机学院 戴子彭

岁月不居，时节如流。时间就像一条奔腾不息的大河，更像一条波澜不惊的长河，我们划着自己懵懂的小船，跌跌撞撞，不知不觉间，已经划过了生命中最美的一段年华。

——计算机学院 辛成鑫

四年四载京工秋，一生一世北理人。在这即将告别北京理工大学之际，回首来时路。风风雨雨，起起落落，虽然没有完全达成四年前所预想的目标，但庆幸的是，四年中，不管是前路迷茫还是情绪低落，不管是他人嘲笑还是家人反对，我都没有放弃和改变自己的游戏梦想。我做到了忠于自己的内心，追随自己的梦想，并证明了它能带给我想要的生活。

——计算机学院 罗子渊

生活在不断地继续，生命在不断地奔跑。不管这一路上是鸟语花香还是狂风骤雨，永远保持一个前进的姿势。这样，当我们结束一天的奔跑，离开操场时，我们可以转过头望向仍在奔跑的人们，轻轻一挥头上的汗水，自豪而又欣慰地说："今天跑得真尽兴。"

——计算机学院 王俊博

刚进入大学时，很喜欢做加法，遇见感兴趣的就要尝试，遇见做得来的就想坚持，这固然好，但是一个人的时间和精力都是有限的，当一件事情耗尽了一个人的心力，真的很难再很完美地完成下一件事。大概是时间教会我做减法，教我确定心之所向然后持续努力，教会我及时舍弃。

——化学与化工学院　潘心怡

"肥辛甘非真味，真味只是淡；神奇卓异非至人，至人只是常。"正如最喜欢的这句话所表述的，真正非凡的成果，都是在平凡中实践所得。

——化学与化工学院　刘　渊

四年光阴，或喜、或悲、或忧、或淡，都以个性为交点，无论光与影以及光影之下将阴影远抛在身后的欢欣，雾与雪以及雪雾之中独自享受远行的风霜，书与学以及书学之间海阔天空无尽的调侃，都沿着线条平实而坚定地延伸着，成为不可或缺的一页。有时，在某个相契的情境中，会一页一页地翻出来，慢慢地回味着，如同品茶。

——化学与化工学院　李文丽

大学教会了我如何学习、生活和做人，让我从青年过渡到成年，我已不再是那个爱幻想、爱做白日梦的懵懂小孩，从我的身上能够清楚地看到岁月的车轮碾过的痕迹，我的内心已足够坚强，大学给了我一对翅膀，给了我智慧和力量，从此我就能自由地飞翔，飞向任何我想去的地方，任何风雨都不能够阻挡。

——生命学院　胡宇翔

成长是一个潜移默化的过程，我们在不动声色中逐渐独立。

——生命学院　陈夏晗

校园的每一栋楼，每一条路，都曾有我的身影。我对北理的每一个位置都稔熟于心，却又依旧充满好奇。照毕业照的那天，伴随着"咔嚓"声，我

第五篇　德学思

225